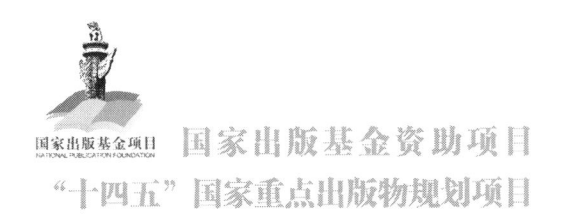

国家出版基金项目
国家出版基金资助项目
"十四五"国家重点出版物规划项目

国家通用手语系列
中国残疾人联合会 组编

历史常用词通用手语

中国聋人协会
国家手语和盲文研究中心 编

华夏出版社
HUAXIA PUBLISHING HOUSE

前　言

历史学是在一定的历史观指导下叙述和阐释人类历史进程的学科。历史课是聋校义务教育阶段和聋人高中的一门基础课程，具有鉴古知今、认识历史规律、认清历史发展趋势、培养家国情怀、拓宽国际视野的作用，也是一门落实立德树人根本任务，让学生在马克思主义唯物史观的指导下，了解中外历史发展进程、传承人类文明、培育核心素养的重要课程。根据听力残疾学生的身心特点，历史课教学需要使用手语。

20世纪90年代，中国聋人协会编辑的《中国手语》首次将有关历史方面的手语词单列，但数量很少。2016年，教育部颁布了《聋校义务教育历史课程标准（2016年版）》，聋校新的历史教材开始使用。2019年10月，《国家通用手语词典》出版，增加了表示历史事件、历史现象和历史人物的手语词，但仍不能适应聋校历史教学的需要。为此，2022年5月，国家手语和盲文研究中心会同中国聋人协会共同组织开展历史常用词国家通用手语的研究工作，以进一步丰富和完善体现历史学科特点的专业手语，使之成为全国聋人教育机构历史教学通用的规范性手语。

在常用词目选择方面，本书根据教育部《义务教育历史课程标准（2022年版）》《聋校义务教育历史课程标准（2016年版）》所规定的中国古代史、中国近代史、中国现代史、世界古代史、世界近代史、世界现代史六个方面，以及普通高中历史教材的内容，尽可能多地收入教材中出现的常用词及教学中可能会涉及的拓展词汇。词目呈现顺序与历史教材出现顺序基本一致。

在手语表达方面，本书依据手语语言学理论，通过反复讨论、比较，尽量选取能比较简明、正确地表达历史概念的形象手语动作。除个别词目外，绝大多数相同词目的手语动作与其他"国家通用手语系列"工具书保持一致。对目前尚无表达人名特别是外国人名的约定俗成的手语，本书列出两种方式供选择使用：一是收入表达国外历史人物的外国手语，二是采用汉语手指字母或"汉语手指字母＋手势"的方式表达。

《历史常用词通用手语》共收入词目998个（含列在括号中的同义词、近义词）。其中，❶❷为词目相同，词义不同的词；①②为词目和词义相同，但手语动作有差异的词。

参加历史常用词国家通用手语研究的有：国家手语和盲文研究中心顾定倩、王晨华、于缘缘、高辉、乌永胜、恒森、仇冰，中国聋人协会手语研究与推广委员会邱丽君、徐聪、陈华铭、仰国维、沈刚、胡晓云，北京手语信息采集点核心组员周旋，北京启喑实验学校孙联群，北京市健翔学校刘建华，天津市聋人学校王健，广州市启聪学校李玉敏，深圳市残联信息中心沈沁。

全书文字说明和统稿由顾定倩负责，绘图由孙联群负责。

根据中国聋人协会部署，北京、辽宁、上海、江苏、浙江、福建、江西、河南、湖北、广东、四川、甘肃12个全国手语信息采集点调查了众多聋人，提供的历史常用词手语语料达7460多个。此外，周旋还采集了820多个国内外相关地名、人物的手语语料。这些为研究工作奠定了坚实的基础。

本书得到中国残疾人联合会执行理事会理事杨洋，中国残疾人联合会教育就业部副主任韩咏梅、处长崔瑞芳和教育处干部林帅华、郑莉，华夏出版社有限公司副总编辑曾令真的关心和支持。华夏出版社国家通用手语数字推广中心刘娲、徐聪、王一博、李亚飞为本书的编辑、出版付出了辛勤的努力。人民教育出版社历史编辑室李卿、华夏出版社有限公司人文历史编辑出版中心杜晓宇为本书词目提供了专业性意见。在此，谨向所有关心、支持历史常用词通用手语研究的单位和人士表示衷心的感谢！

限于我们的专业水平和能力，本书难免存在不完善之处，希望广大读者提出意见，以便今后进一步完善。

《历史常用词通用手语》编写组

2023 年 12 月

目　　录

汉语手指字母方案 …………………………………………………………………… 1
手势动作图解符号说明 ……………………………………………………………… 11
手位和朝向图示说明 ………………………………………………………………… 13

一、一般词汇

历史　中国历史　世界历史　人类文明　年代 ………………………………… 1
朝代　年号　史前时期　旧石器时代　新石器时代　古代史 ………………… 2
近代史　现代史（当代史）　原始社会　母系社会　父系社会　奴隶社会 …… 3
封建社会　资本主义社会　社会主义社会　共产主义社会　唯物史观　时空观念 … 4
家国情怀　传统文化①　传统文化②　民族精神　革命传统　爱国主义① …… 5
爱国主义②　国际主义①　国际主义②　国际视野　四大发明　史料实证 …… 6
考古　古迹　遗址（遗迹）　遗产❶（遗物）　遗产❷　文物（文件） ………… 7
文献　档案　实物　孤本　善本　珍本 ………………………………………… 8
复制品（仿制品）　赝品　图表　神话　故事　历史人物 ……………………… 9
历史事件①　历史事件②　历史现象　发展规律　发展线索①　发展线索② … 10
历史解释　博物馆（展览馆）　纪念馆　烈士陵园　爱国主义教育基地　世界文化遗产 … 11
重点文物保护单位　跨学科　主题学习　多元性　共容性　不平衡性 ………… 12

二、中国古代史

1. 史前、古史传说

元谋人　蓝田人　北京人　山顶洞人　河姆渡人 ……………………………… 13
半坡人　良渚　陶寺　盘古　女娲　伏羲 ……………………………………… 14
神农氏（炎帝①）　有巢氏　燧人氏　炎帝②　黄帝　蚩尤 …………………… 15
颛顼　帝喾　尧　舜　鲧　禹 …………………………………………………… 16
禅让制 ……………………………………………………………………………… 17

2. 夏、商、周

夏朝　商朝　周朝　春秋战国 …………………………………………………… 17
纣王　殷墟　周武王　诸侯　王位世袭制　分封制 …………………………… 18
宗法制　春秋五霸　战国七雄　齐国　楚国　燕国 …………………………… 19
韩国　赵国　魏国　秦国　列国　商鞅 ………………………………………… 20
变法　都江堰　老子　孔子　《论语》　百家争鸣 …………………………… 21
儒家　道家　墨家　法家　孟子　荀子 ………………………………………… 22
庄子　墨子　韩非（韩非子）　孙武　《孙子兵法》　孙膑 …………………… 23

甲骨文① 甲骨文② 金文 竹简 青铜器 四羊方尊 ················· 24
后母戊鼎（司母戊鼎） 三星堆 古蜀国 金沙遗址 扁鹊 《诗经》········ 25
屈原 楚辞 《离骚》 编钟 ·· 26

3.秦、汉

秦朝 ··· 26
汉朝 中央集权 秦始皇 皇帝❶（皇❶、帝❶） 帝王❶ 君主 ············· 27
君主专制 皇后❶ 册封① 册封② 郡县制 兵马俑 ······························ 28
陈胜 吴广 项羽 西楚霸王 刘邦 汉高祖（汉高帝）······················· 29
休养生息 汉文帝 汉景帝 文景之治 汉武帝 董仲舒 ······················· 30
罢黜百家 尊崇儒术 匈奴 卫青 霍去病 汉光武帝 ·························· 31
黄巾起义 西域 张骞 蔡伦 造纸术 《九章算术》 ··························· 32
张衡 《黄帝内经》 张仲景 华佗 司马迁 《史记》 ························ 33
汉赋 乐府诗 ··· 34

4.三国、两晋、南北朝

三国 魏 蜀汉 ··· 34
吴 晋 南北朝 曹操 孙权 周瑜 ··· 35
刘备 关羽 张飞 诸葛亮 赤壁之战 鲜卑 ··· 36
孝文帝 洛阳 冯太后 祖冲之 贾思勰 《齐民要术》························ 37
郦道元 《水经注》 锺繇 王羲之 顾恺之 云冈石窟 ······················· 38
龙门石窟 ··· 39

5.隋、唐

隋朝 唐朝 隋文帝 隋炀帝 ··· 39
大运河 科举制 进士 举人 秀才 状元 ··· 40
榜眼 探花 唐高祖 唐太宗 贞观之治 魏征 ··· 41
谏臣 忠臣 奸臣 三省六部制 明经 武则天 ··· 42
武举 殿试 唐玄宗 开元盛世 杨贵妃 安禄山 ····································· 43
史思明 安史之乱 黄巢起义 五代十国 突厥 回纥 ···························· 44
吐蕃 松赞干布 文成公主 渤海国 南诏 玄奘 ····································· 45
遣唐使 鉴真 唐诗 李白 诗仙 杜甫 ··· 46
诗圣 白居易 颜真卿 柳公权 展子虔 阎立本 ····································· 47
吴道子 僧一行 孙思邈 赵州桥 长安 大明宫 ····································· 48
莫高窟 敦煌壁画 雕版印刷术 石经 ·· 49

6.辽、宋、夏、金、元

辽 ··· 49
宋朝 西夏 金 元朝 赵匡胤 王安石 ··· 50
契丹 耶律阿保机 党项 元昊 女真 阿骨打 ··· 51
宋徽宗 岳飞 金兀术 秦桧 铁木真 成吉思汗① ··································· 52
成吉思汗② 忽必烈 文天祥 行中书省（行省） 巡检司 宣政院 ····· 53
开封 毕昇 活字印刷术 指南针（司南） 火药 沈括 ························ 54

《梦溪笔谈》 郭守敬 司马光 《资治通鉴》 宋词① 宋词②··········55
苏轼（苏东坡） 李清照 辛弃疾 元曲 关汉卿 《窦娥冤》··········56
黄庭坚 米芾 蔡襄 赵孟頫 张择端 《清明上河图》··········57
李公麟 王希孟 《千里江山图》 理学 程颢 程颐··········58
朱熹 陆九渊··········59

7．明、清

明朝 清朝 朱元璋··········59
藩王 朱棣 锦衣卫 东厂 八股文 郑和··········60
戚继光 张居正 李自成 李闯王 崇祯 努尔哈赤··········61
皇太极 满洲 吴三桂 顺治 康熙 雍正··········62
乾隆 嘉庆 军机处 文字狱 郑成功 雅克萨之战··········63
《尼布楚条约》 土尔扈特 渥巴锡 达赖喇嘛 班禅（班禅额尔德尼） 金瓶掣签··········64
转世灵童 准噶尔 闭关自守（闭关锁国） 李时珍 《本草纲目》 宋应星··········65
《天工开物》 徐光启 《农政全书》 十三陵 小说 《三国演义》··········66
罗贯中 桃园三结义 草船借箭 赵云 《水浒传》 施耐庵··········67
水泊梁山 一百零八将 宋江 晁盖 林冲 武松··········68
鲁智深 《西游记》 吴承恩 唐僧 孙悟空 猪八戒··········69
沙和尚（沙僧） 西天取经 白骨精 《红楼梦》 曹雪芹 林黛玉··········70
贾宝玉 薛宝钗 王熙凤 金陵十二钗 昆曲 汤显祖··········71
《牡丹亭》 京剧 国粹 董其昌 徐渭 扬州八怪··········72
郑燮（郑板桥） 《永乐大典》 《四库全书》 王阳明（王守仁） 心学 李贽··········73
黄宗羲 顾炎武 王夫之 离经叛道 经世致用··········74

三、中国近代史

1．历史事件和现象

半殖民地 半封建 虎门销烟 鸦片战争 《南京条约》··········75
五口通商 金田起义 太平天国 《天津条约》 圆明园 《北京条约》··········76
《瑷珲条约》 洋务运动 甲午中日战争 《马关条约》 租界 公车上书··········77
变法图强 戊戌变法 百日维新 垂帘听政 义和团 八国联军··········78
《辛丑条约》 中国同盟会 三民主义 武昌起义 辛亥革命 中华民国··········79
资产阶级民主革命 国民党① 国民党② 复辟 北洋军阀 新文化运动··········80
五四运动 新民主主义革命 共产国际 中共一大 中国共产党 嘉兴南湖··········81
国共合作 黄埔军校① 黄埔军校② 国民革命军 北伐战争 反革命政变··········82
南昌起义 八七会议 土地革命 秋收起义 三湾改编 广州起义··········83
根据地 井冈山会师 红军 工农武装割据 古田会议 中华苏维埃共和国··········84
中央苏区 反"围剿"（反围攻） 长征 遵义会议 四渡赤水 强渡大渡河··········85
飞夺泸定桥 九一八事变 抗日战争 伪满洲国 东北抗日联军 兵谏··········86
西安事变 卢沟桥事变 八路军 新四军 正面战场 淞沪会战··········87
南京大屠杀 台儿庄战役 武汉会战 长沙会战 敌后战场 游击战··········88
游击队 平型关大捷 百团大战 伪军 汉奸（走狗、奴才） 皖南事变··········89

中国远征军　重庆谈判　双十协定　解放战争　解放军　土地改革 …………… 90
　　跃进大别山　辽沈战役　淮海战役　平津战役　渡江战役　民族工业 …………… 91
　　京张铁路　钱塘江大桥　京师大学堂 …………………………………………………… 92

　2．人物
　　林则徐　道光 …………………………………………………………………………………… 92
　　关天培　魏源　洪秀全　咸丰　曾国藩　李鸿章 ………………………………………… 93
　　左宗棠　张之洞　左宝贵　邓世昌　康有为　梁启超 …………………………………… 94
　　严复　光绪　慈禧太后　谭嗣同　孙中山　黄兴 ………………………………………… 95
　　袁世凯　宋教仁　陈独秀　李大钊　鲁迅　胡适 ………………………………………… 96
　　蒋介石　汪精卫　吴佩孚　孙传芳　张作霖　叶挺 ……………………………………… 97
　　溥仪　杨靖宇　张学良　杨虎城　佟麟阁　赵登禹 ……………………………………… 98
　　李宗仁　白求恩　彭德怀　张自忠　左权　东条英机 …………………………………… 99
　　刘胡兰　董存瑞　张謇　侯德榜　詹天佑　茅以升 …………………………………… 100
　　徐悲鸿　田汉　聂耳　冼星海 ……………………………………………………………… 101

四、中国现代史

　1．历史事件和现象
　　中华人民共和国　中国人民政治协商会议　共同纲领　开国大典　镇压反革命 …… 102
　　抗美援朝　志愿军　过渡时期　三大改造　农业合作化　生产合作社 ……………… 103
　　公私合营　赎买政策　定息　私有制　公有制　人民代表大会 ……………………… 104
　　宪法　民主党派　多党合作　民族区域自治　拨乱反正　改革开放 ………………… 105
　　家庭联产承包责任制　包干到户　分户经营　自负盈亏　国有经济　集体经济 …… 106
　　个体经济　私营经济　中外合资企业　外商独资企业　社会主义市场经济体制
　　　对外开放 …………………………………………………………………………………… 107
　　经济特区　马克思列宁主义　毛泽东思想　邓小平理论　"三个代表"重要思想
　　　科学发展观 ………………………………………………………………………………… 108
　　习近平新时代中国特色社会主义思想　不忘初心　牢记使命　"两个确立"
　　　核心地位 …………………………………………………………………………………… 109
　　指导地位　"四个意识"　政治意识　大局意识　核心意识　看齐意识 ……………… 110
　　"四个自信"　道路自信　理论自信　制度自信　文化自信　小康社会 ……………… 111
　　中国梦　中国式现代化　脱贫攻坚　乡村振兴　一带一路　亚洲基础设施投资银行 … 112
　　中华民族共同体　西部大开发　和平统一　一国两制　回归祖国　爱国者治港 …… 113
　　爱国者治澳　香港国安法　粤港澳大湾区　两岸关系
　　　海峡两岸关系协会（海协会）　海峡交流基金会（海基会） ………………………… 114
　　汪辜会谈　九二共识　独立自主　和平外交政策　和平共处五项原则
　　　日内瓦会议① ……………………………………………………………………………… 115
　　日内瓦会议②　万隆会议①　万隆会议②　合法席位　乒乓外交　尼克松访华 …… 116

　2．党和国家领导人
　　毛泽东　周恩来　刘少奇　朱德　邓小平 …………………………………………… 117
　　陈云　江泽民　胡锦涛　习近平 …………………………………………………………… 118

3. 人物
　　杨根思 ··· 118
　　黄继光　邱少云　王进喜　焦裕禄　雷锋　钱学森 ·· 119
　　邓稼先　袁隆平　屠呦呦 ··· 120

五、世界古代史
1. 历史事件和现象
　　古代埃及　象形文字　木乃伊　金字塔　法老 ··· 121
　　美索不达米亚　楔形文字　古巴比伦王国　《汉谟拉比法典》　古代印度　印章文字 ······· 122
　　种姓制度　佛教　古代希腊　木马计　爱琴文明　城邦 ·· 123
　　斯巴达　雅典　波斯帝国　亚历山大帝国　古代罗马　罗马共和国 ···················· 124
　　罗马帝国　《荷马史诗》　中古时期　基督教　教皇　法兰克王国 ···················· 125
　　查理曼帝国　皇帝❷（皇❷、帝❷）　帝王❷　国王　皇后❷（王后）　庄园 ······ 126
　　贵族制　世俗封建主　骑士　拜占庭帝国　大化改新　天皇制 ···························· 127
　　武士　幕府　幕府将军　高句丽　高丽王朝　伊斯兰教 ·· 128
　　麦加①　麦加②　阿拉伯帝国 ··· 129

2. 人物
　　释迦牟尼　伯里克利 ··· 129
　　斯巴达克　凯撒　屋大维　苏格拉底①　苏格拉底②　柏拉图① ······················· 130
　　柏拉图②　亚里士多德①　亚里士多德②　阿基米德　耶稣　穆罕默德 ··········· 131

六、世界近代史
1. 历史事件和现象
　　人文主义　文艺复兴　《神曲》　新航路　印第安人① ······································ 132
　　印第安人②　环球航行　殖民掠夺　贩卖黑奴　三角贸易　殖民争霸 ················ 133
　　议会　资产阶级革命　光荣革命　《权利法案》　君主立宪制　波士顿倾茶事件 ······ 134
　　来克星顿①　来克星顿②　美国独立战争　费城　第二届大陆会议　《独立宣言》 ····· 135
　　萨拉托加　联邦制　三权分立　约克镇战役　启蒙运动　巴士底狱 ···················· 136
　　法国大革命　《人权宣言》　法兰西第一共和国　反法联盟（反法同盟）　雅各宾派
　　《拿破仑法典》 ·· 137
　　法兰西第一帝国　滑铁卢　《马赛曲》　飞梭　珍妮机　工业革命 ···················· 138
　　蒸汽机　雇佣　空想社会主义　《资本论》　《共产党宣言》　国际共产主义运动 ······· 139
　　第一国际　巴黎公社　《国际歌》　拉丁美洲　独立运动　俄国 ························ 140
　　沙皇　蓄奴州　美国南北战争　《宅地法》　《解放黑人奴隶宣言》　废除奴隶制 ······ 141
　　德川幕府　倒幕运动　明治维新　殖产兴业　内燃机　进化论 ···························· 142

2. 人物
　　但丁①　但丁②　达·芬奇①　达·芬奇②　莎士比亚① ································· 143
　　莎士比亚②　马可·波罗①　马可·波罗②　哥伦布　麦哲伦　查理一世 ········· 144
　　克伦威尔　乔治·华盛顿　杰斐逊　伏尔泰①　伏尔泰②　孟德斯鸠① ············ 145
　　孟德斯鸠②　卢梭①　卢梭②　路易十六　罗伯斯庇尔　拿破仑① ··················· 146

拿破仑②　凯伊　哈格里夫斯　瓦特　斯蒂芬森　马克思 ············ 147
恩格斯　欧仁·鲍狄埃　玻利瓦尔①　玻利瓦尔②　圣马丁　章西女王 ············ 148
彼得一世（彼得大帝）　亚历山大二世　林肯　爱迪生　莱特兄弟　诺贝尔 ············ 149
牛顿　达尔文　巴尔扎克　列夫·托尔斯泰　贝多芬　梵高 ············ 150
居里夫人　海伦·凯勒　约翰·斯特劳斯 ············ 151

七、世界现代史

1．历史事件和现象

三国同盟　三国协约　萨拉热窝事件　第一次世界大战　同盟国 ············ 152
协约国　凡尔登战役　彼得格勒起义　"阿芙乐尔号"巡洋舰　冬宫　十月革命 ············ 153
苏维埃政权　布尔什维克　巴黎和会　《凡尔赛条约》　《九国公约》　国际联盟 ············ 154
集体农庄　苏联模式　民族民主运动　非暴力不合作　华夫脱运动　卡德纳斯改革 ············ 155
经济危机　证券交易所　罗斯福新政　华尔街　法西斯政权　犹太人 ············ 156
绥靖政策　慕尼黑阴谋　第二次世界大战　轴心国　偷袭珍珠港　反法西斯同盟 ············ 157
诺曼底登陆　开罗会议　雅尔塔会议　《波茨坦公告》　冷战　冷战思维 ············ 158
杜鲁门主义　马歇尔计划　柏林危机　西德　东德　北约①（北大西洋公约组织①） ············ 159
北约②（北大西洋公约组织②）　华约①（华沙条约组织①）　华约②（华沙条约组织②）
　　美苏对峙　美苏两极格局　柏林墙 ············ 160
通货膨胀　欧洲共同体　欧盟　赫鲁晓夫改革　东欧剧变　苏联解体 ············ 161
独联体　种族隔离制度　《联合国宪章》　经济全球化　世界银行
　　世界贸易组织（WTO） ············ 162
世界卫生组织（WHO）　单边主义　保护主义　维和行动　世界格局　地区冲突 ············ 163
俄乌冲突　霸权主义　强权政治　"9·11"事件　反恐　世界多极化 ············ 164
多边主义　金砖国家　不结盟运动　百年未有之大变局　人类命运共同体
　　全球治理体系 ············ 165
合作共赢　上海合作组织（上合组织）　社会信息化　文化多样性　垄断组织
　　单边制裁 ············ 166
极限施压　长臂管辖　霸道　霸凌　零和博弈　丛林规则 ············ 167
双重标准　"黑天鹅"事件　"灰犀牛"事件　不称霸　不扩张　全球发展倡议 ············ 168
全球安全倡议　全球文明倡议 ············ 169

2．人物

列宁　斯大林　甘地 ············ 169
扎格鲁尔　墨索里尼　希特勒（法西斯）　爱因斯坦　丘吉尔　戈尔巴乔夫 ············ 170
叶利钦　曼德拉 ············ 171

汉语拼音索引 ············ 173
笔画索引 ············ 182

语言文字规范　GF 0021—2019

汉语手指字母方案

（中华人民共和国教育部、国家语言文字工作委员会、中国残疾人联合会
2019年7月15日发布，2019年11月1日实施）

前　　言

本规范按照 GB/T1.1—2009 给出的规则起草。

本规范遵循下列原则起草：

稳定性原则。汉语手指字母在我国聋人教育和通用手语中已使用半个多世纪，影响深远。其简单、清楚、象形、通俗的设计原则和手指字母图示风格具有中国特色，被使用者熟识和接受。本规范保持原方案的设计原则、内容框架和图示风格。

实践性原则。本规范所作的所有修订均来自汉语手指字母使用过程中发现的问题。

时代性原则。本规范吸收现代语言学和手语语言学理论的最新成果。

规范性原则。本规范力求全面、准确地图示和说明每个手指字母的指式、位置、朝向及附加动作，图文体例、风格与 GF0020—2018《国家通用手语常用词表》保持一致。

本规范代替1963年12月29日中华人民共和国内务部、中华人民共和国教育部、中国文字改革委员会公布施行的《汉语手指字母方案》，与原《汉语手指字母方案》相比，主要变化如下：

——根据语言文字规范编写规则，采用新的编排体例；

——调整了术语"汉语手指字母"的定义；

——调整了字母"CH"的指式；

——调整了字母"A、B、C、D、H、I、L、Q、U"指式的呈现角度；

——增加了术语"远节指""近节指""中节指""书空"的定义；

——增加了表示每个汉语手指字母指式的位置说明；

——增加了《汉语拼音方案》规定的两个加符字母"Ê、Ü"指式的图示和"Ü"指式的使用说明。

本规范由中国残疾人联合会教育就业部提出。

本规范由国家语言文字工作委员会语言文字规范标准审定委员会审定。

本规范起草单位：北京师范大学、国家手语和盲文研究中心。

本规范起草人：顾定倩、魏丹、王晨华、高辉、于缘缘、恒淼、仇冰、乌永胜。

汉语手指字母方案

1 范围

本规范规定了代表汉语拼音字母的指式和表示规则。适用于全国范围内的公务活动、各级各类教育、电视和网络媒体、图书出版、公共服务、信息处理中的汉语手指字母的使用以及手语水平等级考试。

2 规范性引用文件

下列注日期的引用文件均适用于本规范。

《汉语拼音方案》（1958 年 2 月 11 日第一届全国人民代表大会第五次会议批准）

GF0020—2018《国家通用手语常用词表》（2018 年 3 月 9 日中华人民共和国教育部、国家语言文字工作委员会、中国残疾人联合会发布，2018 年 7 月 1 日实施）

3 术语和定义

下列术语和定义适用于本规范。

3.1

汉语拼音方案 scheme for the Chinese phonetic alphabet

给汉字注音和拼写普通话语音的方案。1958 年 2 月 11 日第一届全国人民代表大会第五次会议批准。采用拉丁字母，并用附加符号表示声调，是帮助学习汉字和推广普通话的工具。

3.2

手形 handshape

表达汉语手指字母时手指的屈、伸、开、合的形状。

3.3

位置 location

表达汉语手指字母时手的空间位置。

3.4

朝向 orientation

表达汉语手指字母时手指所指的方向和掌心（手背、虎口）所对的方向。

3.5

动作 movement

表达加符字母 Ê、Ü 时手的晃动动作。

3.6

指式 finger shape

含有位置、朝向和附加动作的代表拼音字母的手形。

3.7

汉语手指字母 Chinese manual alphabet

用指式代表汉语拼音字母,按照《汉语拼音方案》拼成普通话;也可构成手语词或充当手语词的语素,是手语的组成部分。

3.8

远节指 distal phalanx

带有指甲的手指节。

3.9

近节指 proximal phalanx

靠近手掌的手指节。

3.10

中节指 middle phalanx

远节指与近节指之间的手指节。

3.11

书空 tracing the character in the air

用手指在空中比画汉语拼音声调符号或隔音符号。

4 汉语手指字母指式

4.1

单字母指式

《汉语拼音方案》所规定的二十六个字母,用下列指式表示:

Aɑ	右手伸拇指,指尖朝上,食、中、无名、小指弯曲,指尖抵于掌心,手背向右。
Bb	右手拇指向掌心弯曲,食、中、无名、小指并拢直立,掌心向前偏左。
Cc	右手拇指向上弯曲,食、中、无名、小指并拢向下弯曲,指尖相对成C形,虎口朝内。

D d		右手握拳，拇指搭在中指中节指上，虎口朝后上方。
E e		右手拇、食指搭成圆形，中、无名、小指横伸，稍分开，指尖朝左，手背向外。
F f		右手食、中指横伸，稍分开，指尖朝左，拇、无名、小指弯曲，拇指搭在无名指远节指上，手背向外。
G g		右手食指横伸，指尖朝左，中、无名、小指弯曲，指尖抵于掌心，拇指搭在中指中节指上，手背向外。
H h		右手食、中指并拢直立，拇、无名、小指弯曲，拇指搭在无名指远节指上，掌心向前偏左。
I i		右手食指直立，中、无名、小指弯曲，指尖抵于掌心，拇指搭在中指中节指上，掌心向前偏左。
J j		右手食指弯曲，中节指指背向上，中、无名、小指弯曲，指尖抵于掌心，拇指搭在中指中节指上，虎口朝内。

K k		右手食指直立，中指横伸，拇指搭在中指中节指上，无名、小指弯曲，指尖抵于掌心，虎口朝内。
L l		右手拇、食指张开，食指指尖朝上，中、无名、小指弯曲，指尖抵于掌心，掌心向前偏左。
M m		右手拇、小指弯曲，拇指搭在小指中节指上，食、中、无名指并拢弯曲搭在拇指上，指尖朝前下方，掌心向前偏左。
N n		右手拇、无名、小指弯曲，拇指搭在无名指中节指上，食、中指并拢弯曲搭在拇指上，指尖朝前下方，掌心向前偏左。
O o		右手拇指向上弯曲，食、中、无名、小指并拢向下弯曲，拇、食、中指指尖相抵成O形，虎口朝内。
P p		右手拇、食指搭成圆形，中、无名、小指并拢伸直，指尖朝下，虎口朝前偏左。
Q q		右手拇指在下，食、中指并拢在上，拇、食、中指指尖相捏，指尖朝前偏左，无名、小指弯曲，指尖抵于掌心。

R r	右手拇、食指张开，食指指尖朝左，拇指指尖朝上，中、无名、小指弯曲，指尖抵于掌心，手背向外。
S s	右手拇指贴近手掌，食、中、无名、小指并拢微曲与手掌成 90 度角，掌心向前偏左。
T t	右手拇、中、无名指指尖相抵，食、小指直立，掌心向前偏左。
U u	右手拇指贴近手掌，食、中、无名、小指并拢直立，掌心向前偏左。
V v	右手食、中指直立分开成 V 形，拇、无名、小指弯曲，拇指搭在无名指远节指上，掌心向前偏左。
W w	右手食、中、无名指直立分开成 W 形，拇、小指弯曲，拇指搭在小指远节指上，掌心向前偏左。
X x	右手食、中指直立，中指搭在食指上，拇、无名、小指弯曲，拇指搭在无名指远节指上，掌心向前偏左。

Y y	右手伸拇、小指，指尖朝上，食、中、无名指弯曲，掌心向前偏左。
Z z	右手食、小指横伸，指尖朝左，拇、中、无名指弯曲，拇指搭在中、无名指远节指上，手背向外。

4.2

双字母指式

《汉语拼音方案》所规定的四组双字母（ZH，CH，SH，NG），用下列指式表示：

ZH zh	右手食、中、小指横伸，食、中指并拢，指尖朝左，拇、无名指弯曲，拇指搭在无名指远节指上，手背向外。
CH ch	右手拇指在下，食、中、无名、小指并拢在上，指尖朝左成扁"コ"形，虎口朝内。
SH sh	右手拇指贴近手掌，食、中指并拢微曲与手掌成 90 度角，无名、小指弯曲，指尖抵于掌心，掌心向前偏左。
NG ng	右手小指横伸，指尖朝左，拇、食、中、无名指弯曲，拇指搭在食、中、无名指上，手背向外。

4.3

加符字母指式

《汉语拼音方案》所规定的两个加符字母（Ê、Ü）用原字母（E、U）指式附加如下动作表示：

Êê	用 E 的指式，手上下晃动两下。
Üü	用 U 的指式，食、中、无名、小指前后晃动两下。 （不论 Ü 上两点是否省略，均用本指式表示）

4.4

声调符号和隔音符号表示方式

阴平（—）、阳平（ˊ）、上声（ˇ）、去声（ˋ）四种声调符号，用书空方式表示。隔音符号"'"也用书空方式表示。

5 使用规则

5.1

使用手

汉语手指字母、声调符号和隔音符号一般用右手表示；如用左手表示，方向作相应的改变。

5.2

手的位置

表示汉语手指字母时，手自然抬起，不超过肩宽。

表示手指字母"A、B、C、D、H、I、J、K、L、M、N、O、Q、S、T、U、V、W、X、Y、SH"时，手的位置在同侧胸前；表示手指字母"E、F、G、R、Z、ZH、CH、NG"时，手的位置在胸前正中；表示手指字母"P"时，手的位置在同侧腹部前。

5.3

图示角度

本规范的汉语手指字母图为平视图，以观看者的角度呈现。

手势动作图解符号说明

	表示沿箭头方向做直线、弧线移动，或圆形、螺旋形转动。
	表示沿箭头方向做曲线或折线移动。
	表示向同一方向重复移动。
	表示双手或双指同时向相反方向交替或交错移动。
	表示上下或左右、前后来回移动。
	表示沿箭头方向反复转动。
	表示沿箭头方向一顿，或到此终止。
	表示沿箭头方向一顿一顿移动。
	表示手指交替点动、手掌抖动或手臂颤动。
	表示双手先相碰再分开。
	表示拇指与其他手指互捻。
	表示手指沿箭头方向边移动边捏合。
	表示手指沿箭头方向收拢，但不捏合。
	表示双手沿箭头方向同时向相反方向拧动，并向两侧拉开。
	表示握拳的手按顺序依次伸出手指。

手位和朝向图示说明

	手侧立，手指指尖朝前，掌心向左或向右。
	手横立，手指指尖朝左或朝右，掌心向前或向后。
	手直立，手指指尖朝上，掌心向前或向后、向左、向右。
	手斜立，手指指尖朝左前方或右前方，掌心向左前方或右前方、左后方、右后方。
	手垂立，手指指尖朝下，掌心向前或向后、向左、向右。

	手平伸，手指指尖朝前，掌心向上或向下。
	手横伸，手指指尖朝左或朝右，掌心向上或向下。
	手侧伸，手指指尖朝左侧、右侧的斜上方或斜下方，掌心向左侧、右侧的斜上方或斜下方。
	手斜伸，手指指尖朝前、后、左、右的斜上方或斜下方，掌心向前、后、左、右的斜上方或斜下方。
	手斜伸，手指指尖朝前、后、左、右的斜上方或斜下方，掌心向前、后、左、右的斜上方或斜下方。

一、一般词汇

历史 lìshǐ
双手伸拇、小指,指尖朝上,交替向肩后转动。

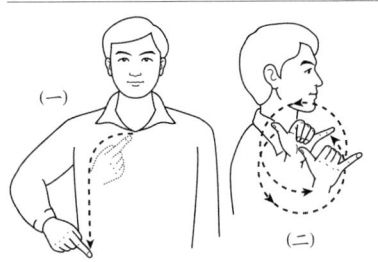

中国历史 zhōngguó lìshǐ
(一)一手伸食指,自咽喉部顺肩胸部划至右腰部,以民族服装"旗袍"的前襟线表示中国。
(二)双手伸拇、小指,指尖朝上,交替向肩后转动。

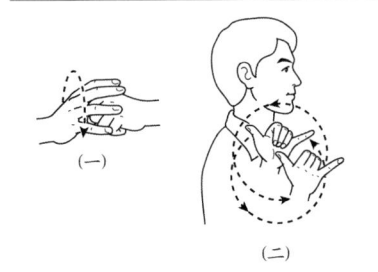

世界历史 shìjiè lìshǐ
(一)左手握拳,手背向上;右手五指微曲张开,从后向前绕左拳转动半圈。
(二)双手伸拇、小指,指尖朝上,交替向肩后转动。

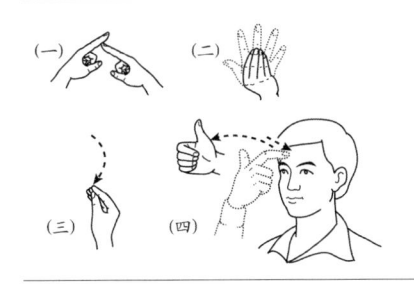

人类文明 rénlèi wénmíng
(一)双手食指搭成"人"字形。
(二)一手五指张开,指尖朝上,然后撮合。
(三)一手五指撮合,指尖朝前,撇动一下,如执毛笔写字状。
(四)一手伸拇、食指,食指点一下前额,然后边向外移出边缩回食指。

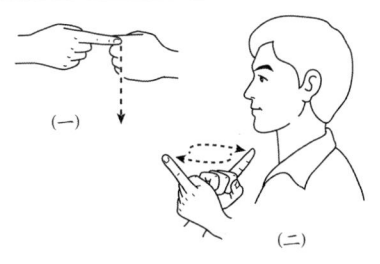

年代 niándài
(一)左手握拳,手背向外,虎口朝上;右手食指横伸,手背向外,自左手食指根部关节向下划。
(二)双手伸食指,手腕交叉相贴,然后前后转动,互换位置。

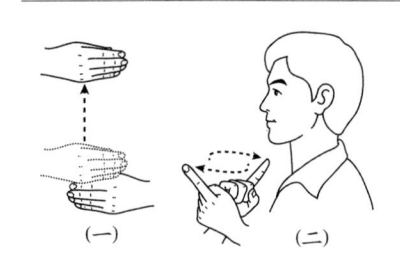

朝代　cháodài

（一）双手五指成"匚ㄥ"形，虎口朝上，上下相叠，左手在下不动，右手向上移动，表示帝王的牌位，引申为朝代。
（二）双手伸食指，手腕交叉相贴，然后前后转动，互换位置。

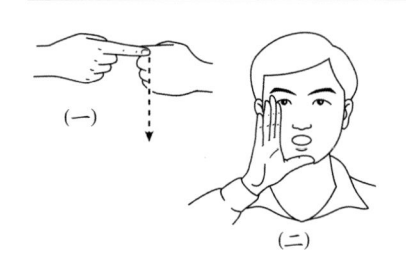

年号　niánhào

（一）左手握拳，手背向外，虎口朝上；右手食指横伸，手背向外，自左手食指根部关节向下划。
（二）一手五指成"丨"形，虎口贴于嘴边，口张开。

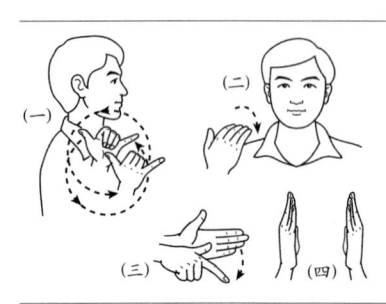

史前时期　shǐqián shíqī

（一）双手伸拇、小指，指尖朝上，交替向肩后转动。
（二）一手直立，掌心向内，向肩后挥动一下。
（三）左手侧立；右手伸拇、食指，拇指尖抵于左手掌心，食指向下转动。
（四）双手直立，掌心左右相对。

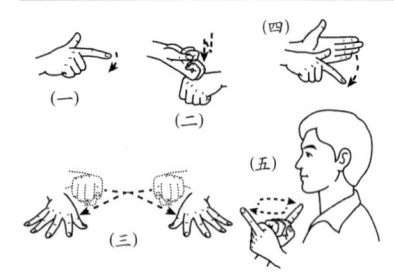

旧石器时代　jiù shíqì shídài

（一）一手伸拇、食指，手背向上，食指尖朝前，向下点动一下。
（二）左手握拳；右手食、中指弯曲，以指关节在左手背上敲两下。
（三）双手食指指尖朝前，手背向上，先互碰一下，再分开并张开五指。
（四）左手侧立；右手伸拇、食指，拇指尖抵于左手掌心，食指向下转动。
（五）双手伸食指，手腕交叉相贴，然后前后转动，互换位置。

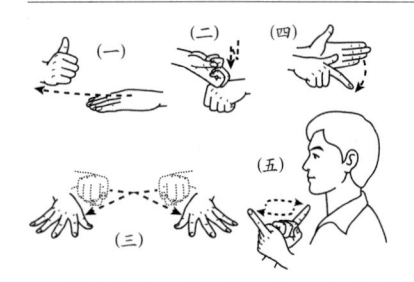

新石器时代　xīn shíqì shídài

（一）左手横伸；右手伸拇指，在左手背上从左向右划出。
（二）左手握拳；右手食、中指弯曲，以指关节在左手背上敲两下。
（三）双手食指指尖朝前，手背向上，先互碰一下，再分开并张开五指。
（四）左手侧立；右手伸拇、食指，拇指尖抵于左手掌心，食指向下转动。
（五）双手伸食指，手腕交叉相贴，然后前后转动，互换位置。

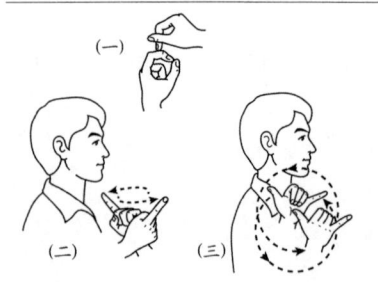

古代史　gǔdàishǐ

（一）双手拇、食指搭成"古"字形。
（二）双手伸食指，手腕交叉相贴，然后前后转动，互换位置。
（三）双手伸拇、小指，指尖朝上，交替向肩后转动。

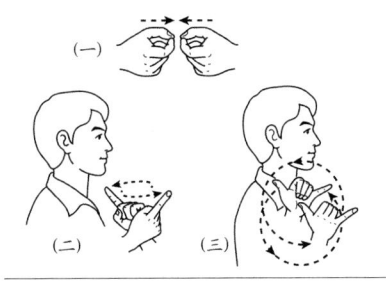

近代史 jìndàishǐ
（一）双手拇、食指相捏，虎口朝上，相互靠近。
（二）双手伸食指，手腕交叉相贴，然后前后转动，互换位置。
（三）双手伸拇、小指，指尖朝上，交替向肩后转动。

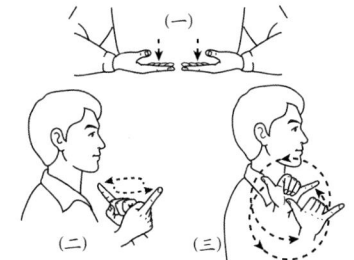

现代史（当代史） xiàndàishǐ（dāngdàishǐ）
（一）双手横伸，掌心向上，在腹前向下微动一下。
（二）双手伸食指，手腕交叉相贴，然后前后转动，互换位置。
（三）双手伸拇、小指，指尖朝上，交替向肩后转动。

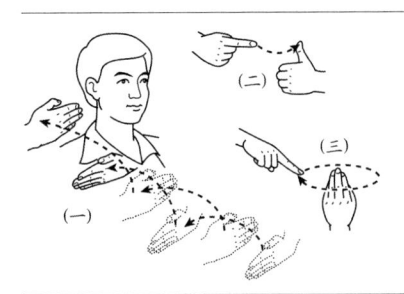

原始社会 yuánshǐ shèhuì
（一）双手横立，掌心向内，五指并拢，一前一后，交替向肩后移动。
（二）左手伸拇指；右手伸食指，碰一下左手拇指。
（三）左手五指撮合，指尖朝上；右手伸食指，指尖朝下，绕左手转动一圈。

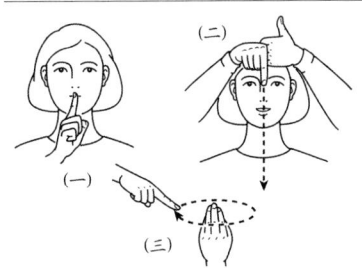

母系社会 mǔxì shèhuì
（一）右手食指直立，指尖左侧贴在嘴唇上。
（二）左手伸拇指，手背向外，置于前额；右手伸食指，指尖朝下，从左手处向下移动。
（三）左手五指撮合，指尖朝上；右手伸食指，指尖朝下，绕左手转动一圈。

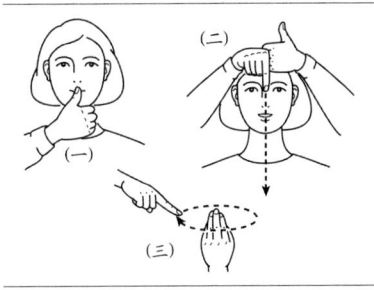

父系社会 fùxì shèhuì
（一）右手伸拇指，指尖左侧贴在嘴唇上。
（二）左手伸拇指，手背向外，置于前额；右手伸食指，指尖朝下，从左手处向下移动。
（三）左手五指撮合，指尖朝上；右手伸食指，指尖朝下，绕左手转动一圈。

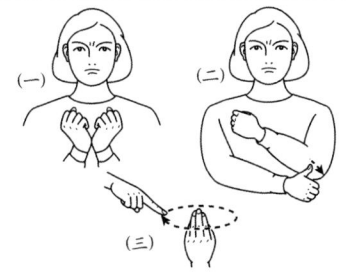

奴隶社会 núlì shèhuì
（一）双手虚握，虎口朝内，手腕相挨，表示手被上了枷锁。
（二）左臂抬起，左手握拳，手背向外；右手伸拇指，指尖在左手肘部向下划一下。
（三）左手五指撮合，指尖朝上；右手伸食指，指尖朝下，绕左手转动一圈。

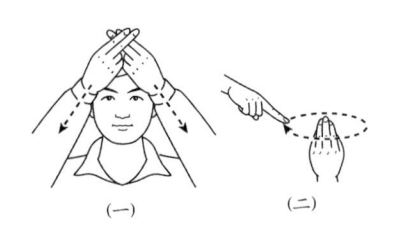

封建社会　fēngjiàn shèhuì

（一）双手食、中指并拢，手背向外，搭成"×"形，置于前额，然后向两侧斜下方移动。

（二）左手五指撮合，指尖朝上；右手伸食指，指尖朝下，绕左手转动一圈。

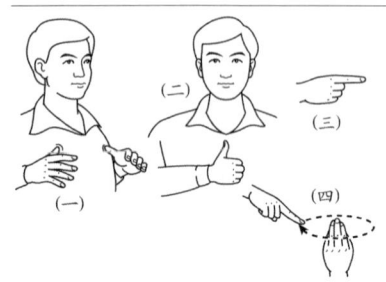

资本主义社会　zīběn zhǔyì shèhuì

（一）双手五指张开，掌心向下，拇指尖抵于胸部。

（二）一手伸拇指，贴于胸部。

（三）一手食指横伸，手背向外。"一"与"义"音近，借代。

（四）左手五指撮合，指尖朝上；右手伸食指，指尖朝下，绕左手转动一圈。

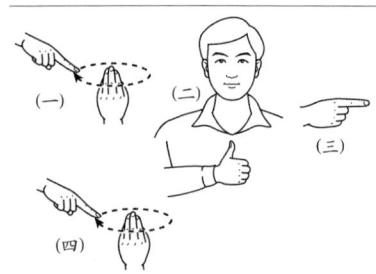

社会主义社会　shèhuì zhǔyì shèhuì

（一）左手五指撮合，指尖朝上；右手伸食指，指尖朝下，绕左手转动一圈。

（二）一手伸拇指，贴于胸部。

（三）一手食指横伸，手背向外。"一"与"义"音近，借代。

（四）左手五指撮合，指尖朝上；右手伸食指，指尖朝下，绕左手转动一圈。

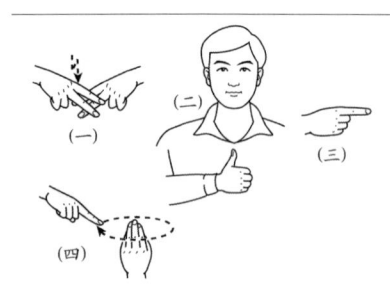

共产主义社会　gòngchǎn zhǔyì shèhuì

（一）双手食、中指搭成"共"字形，手背向上，右手向下碰两下左手。

（二）一手伸拇指，贴于胸部。

（三）一手食指横伸，手背向外。"一"与"义"音近，借代。

（四）左手五指撮合，指尖朝上；右手伸食指，指尖朝下，绕左手转动一圈。

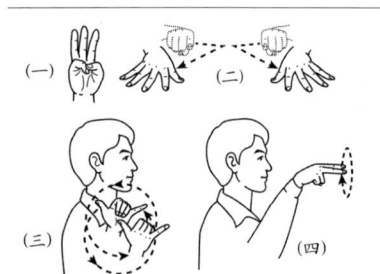

唯物史观　wéiwù-shǐguān

（一）一手打手指字母"W"的指式。

（二）双手食指指尖朝前，手背向上，先互碰一下，再分开并张开五指。

（三）双手伸拇、小指，指尖朝上，交替向肩后转动。

（四）一手食、中指分开，指尖朝前，手背向上，在面前转动一圈。

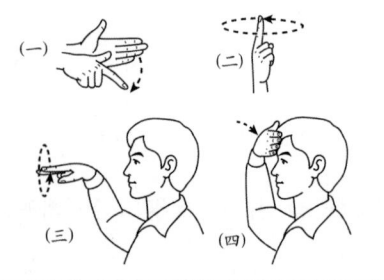

时空观念　shíkōng guānniàn

（一）左手侧立；右手伸拇、食指，拇指尖抵于左手掌心，食指向下转动。

（二）一手食指直立，在头一侧上方转动一圈。

（三）一手食、中指分开，指尖朝前，手背向上，在面前转动一圈。

（四）一手拍一下前额。

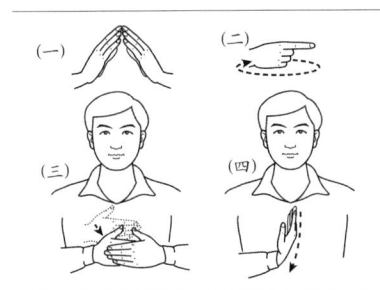

家国情怀　jiā guó qínghuái
（一）双手搭成"∧"形。
（二）一手打手指字母"G"的指式，顺时针平行转动一圈。
（三）双手横立，左手在前不动，右手自胸部向前贴向左手掌心。
（四）右手直立，掌心向右，小指外侧贴于胸部正中，从上向下移动。

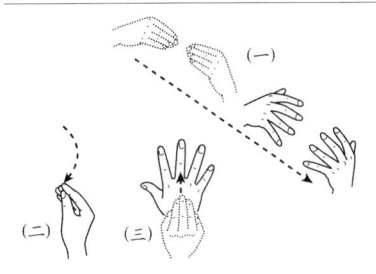

传统文化①　chuántǒng wénhuà ①
（一）双手五指撮合，指尖斜向相对，边向斜下方移动边张开。
（二）一手五指撮合，指尖朝前，撇动一下，如执毛笔写字状。
（三）一手五指撮合，指尖朝上，边向上微移边张开。
（"文化"的手语存在地域差异，可根据实际选择使用）

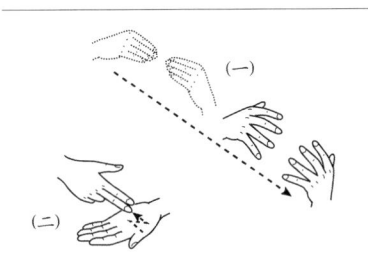

传统文化②　chuántǒng wénhuà ②
（一）双手五指撮合，指尖斜向相对，边向斜下方移动边张开。
（二）左手横伸；右手伸拇、食、中指，食、中指并拢，在左手掌心上向后划动两下。
（"文化"的手语存在地域差异，可根据实际选择使用）

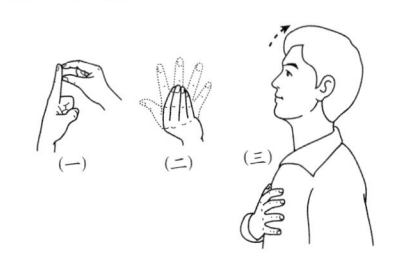

民族精神　mínzú jīngshén
（一）左手食指与右手拇、食指搭成"民"字的一部分。
（二）一手五指张开，指尖朝上，然后撮合。
（三）一手五指微曲张开，掌心贴于胸部，挺胸抬头。

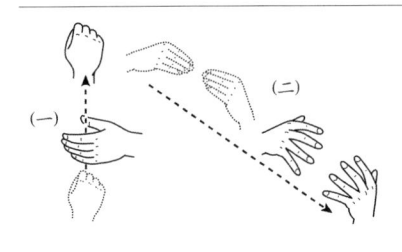

革命传统　gémìng chuántǒng
（一）左手五指弯曲，虎口朝上；右手握拳，手背向外，从左手虎口处向上一举。
（二）双手五指撮合，指尖斜向相对，边向斜下方移动边张开。

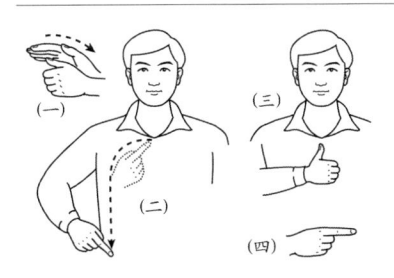

爱国主义①　àiguó zhǔyì ①
（一）左手伸拇指；右手轻轻抚摸左手拇指背，面带微笑。
（二）一手伸食指，自咽喉部顺肩胸部划至右腰部，以民族服装"旗袍"的前襟线表示中国。
（三）一手伸拇指，贴于胸部。
（四）一手食指横伸，手背向外。"一"与"义"音近，借代。
（此手语专用于表示"爱中国"的爱国主义的意思）

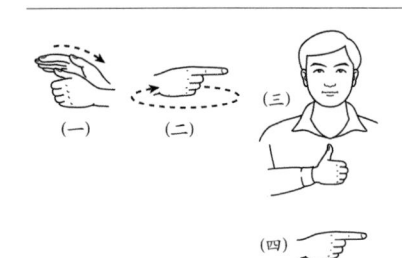

爱国主义② àiguó zhǔyì ②
（一）左手伸拇指；右手轻轻抚摸左手拇指背，面带微笑。
（二）一手打手指字母"G"的指式，顺时针平行转动一圈。
（三）一手伸拇指，贴于胸部。
（四）一手食指横伸，手背向外。"一"与"义"音近，借代。
（此手语表示泛指的爱国主义的意思）

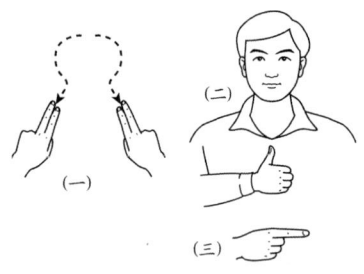

国际主义① guójì zhǔyì ①
（一）双手食、中指并拢，指尖朝前，从上向下做曲线形移动。
（二）一手伸拇指，贴于胸部。
（三）一手食指横伸，手背向外。"一"与"义"音近，借代。

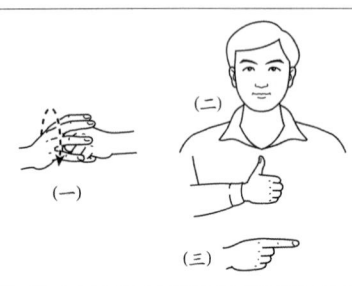

国际主义② guójì zhǔyì ②
（一）左手握拳，手背向上；右手五指微曲张开，从后向前绕左拳转动半圈。
（二）一手伸拇指，贴于胸部。
（三）一手食指横伸，手背向外。"一"与"义"音近，借代。

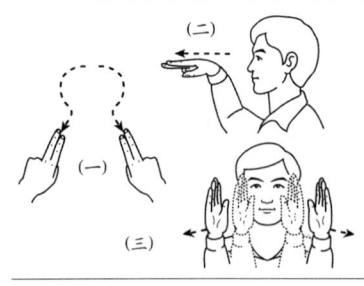

国际视野 guójì shìyě
（一）双手食、中指并拢，指尖朝前，从上向下做曲线形移动。
（二）一手食、中指分开，指尖朝前，手背向上，从眼部向前一指。
（三）双手直立，五指并拢，斜向置于脸颊两侧，然后向外移动。

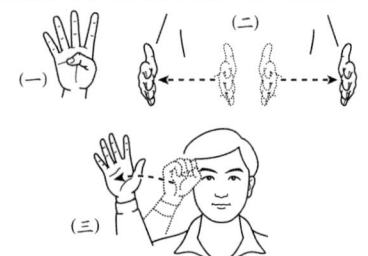

四大发明 sì dà fāmíng
（一）一手食、中、无名、小指直立分开，掌心向外。
（二）双手侧立，掌心相对，同时向两侧移动，幅度要大些。
（三）一手握拳，虎口贴于太阳穴，然后边向前移动边张开五指。

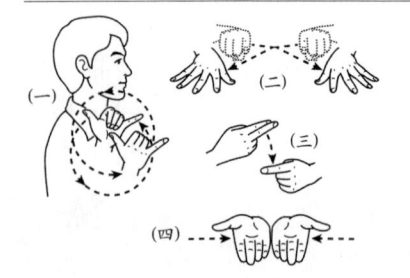

史料实证 shǐliào shízhèng
（一）双手伸拇、小指，指尖朝上，交替向肩后转动。
（二）双手食指指尖朝前，手背向上，先互碰一下，再分开并张开五指。
（三）左手食指横伸；右手食、中指相叠，敲一下左手食指。
（四）双手平伸，掌心向上，从两侧向中间移动并互碰。

考古　kǎogǔ
（一）左手横伸；右手伸拇、食、中指，食、中指并拢，在左手掌心上转动两下。
（二）双手拇、食指搭成"古"字形。
（可根据实际表示考古的动作）

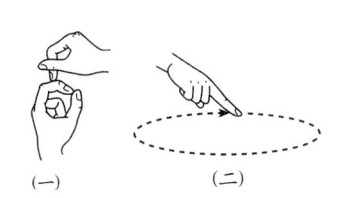

古迹　gǔjī
（一）双手拇、食指搭成"古"字形。
（二）一手伸食指，指尖朝下划一大圈。
（可根据实际表示古迹的样子）

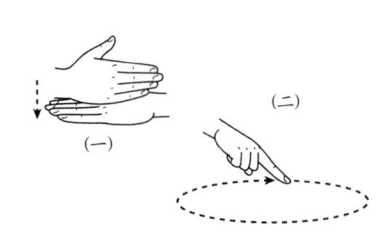

遗址（遗迹）　yízhǐ（yíjì）
（一）左手横伸；右手横立，掌心向内，置于左手背上，然后向下一按。
（二）一手伸食指，指尖朝下划一大圈。

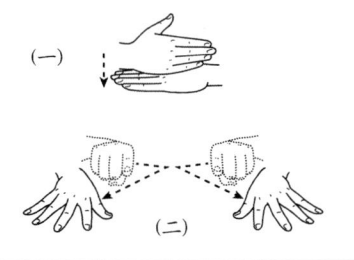

遗产❶（遗物）　yíchǎn❶（yíwù）
（一）左手横伸；右手横立，掌心向内，置于左手背上，然后向下一按。
（二）双手食指指尖朝前，手背向上，先互碰一下，再分开并张开五指。
（此手语表示家庭或个人留下的遗产）

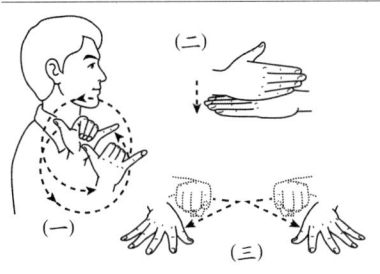

遗产❷　yíchǎn❷
（一）双手伸拇、小指，指尖朝上，交替向肩后转动。
（二）左手横伸；右手横立，掌心向内，置于左手背上，然后向下一按。
（三）双手食指指尖朝前，手背向上，先互碰一下，再分开并张开五指。
（此手语表示历史留下的文化遗产）

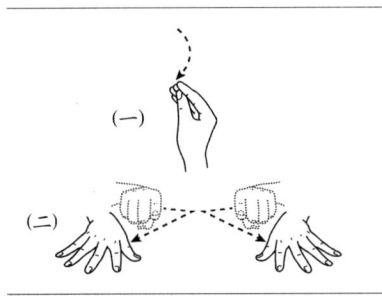

文物（文件）　wénwù（wénjiàn）
（一）一手五指撮合，指尖朝前，撇动一下，如执毛笔写字状。
（二）双手食指指尖朝前，手背向上，先互碰一下，再分开并张开五指。

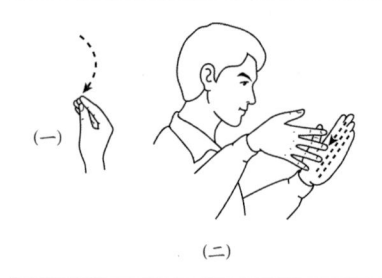

文献 wénxiàn

（一）一手五指撮合，指尖朝前，撇动一下，如执毛笔写字状。

（二）左手斜伸，掌心向内；右手侧立，五指张开，指尖对着左手，从上向下、从右向左移动几下，目光随之移动。

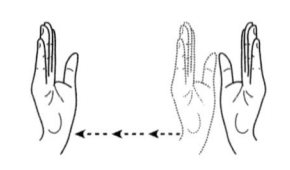

档案 dàng'àn

双手五指成"∪"形，左手不动，右手自左手旁向右一顿一顿移动几下。

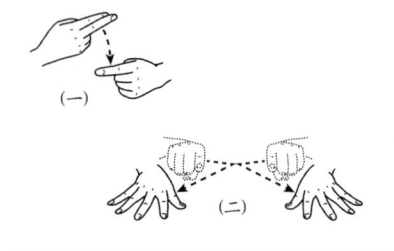

实物 shíwù

（一）左手食指横伸；右手食、中指相叠，敲一下左手食指。

（二）双手食指指尖朝前，手背向上，先互碰一下，再分开并张开五指。

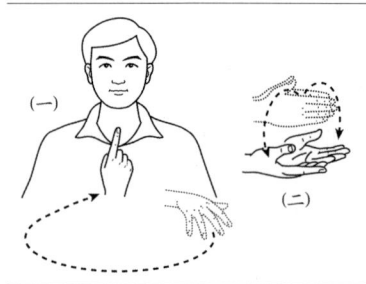

孤本 gūběn

（一）一手五指张开，掌心向下，在胸前转动半圈，然后食指直立，手背向外。

（二）双手侧立，掌心相贴，然后向两侧打开。

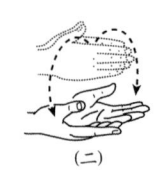

善本 shànběn

（一）一手伸拇指，向上一挑。

（二）双手侧立，掌心相贴，然后向两侧打开。

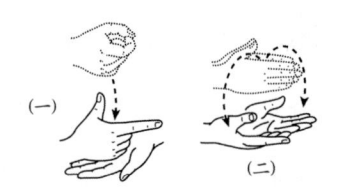

珍本 zhēnběn

（一）左手横伸；右手拇、食指相捏，边砸向左手掌心边张开，食指尖朝左前方。

（二）双手侧立，掌心相贴，然后向两侧打开。

一、一般词汇　9

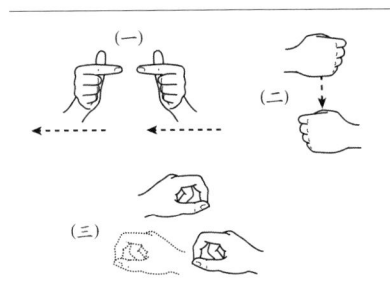

复制品（仿制品） fùzhìpǐn (fǎngzhìpǐn)
（一）双手拇、食指搭成"十"字形，同时向一侧移动一下。
（二）双手握拳，一上一下，右拳向下砸一下左拳。
（三）双手拇、食指捏成圆形，虎口朝内，左手在上不动，右手在下连打两下，仿"品"字形。

赝品 yànpǐn
（一）右手直立，掌心向左，拇指尖抵于颏部，其他四指交替点动几下，面露怀疑的表情。
（二）双手拇、食指捏成圆形，虎口朝内，左手在上不动，右手在下连打两下，仿"品"字形。

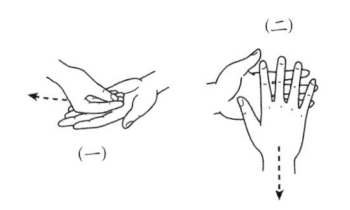

图表 túbiǎo
（一）左手横伸；右手五指撮合，指背在左手掌心上抹一下。
（二）双手五指张开，一横一竖搭成方格形，然后左手不动，右手向下移动。

神话 shénhuà
（一）双手合十。
（二）一手食指横伸，在嘴前前后转动两下。

故事 gù·shi
一手食、中指相叠，指尖朝上，转动两下。

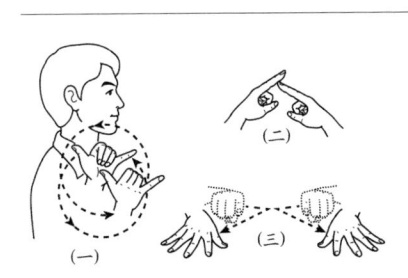

历史人物 lìshǐ rénwù
（一）双手伸拇、小指，指尖朝上，交替向肩后转动。
（二）双手食指搭成"人"字形。
（三）双手食指指尖朝前，手背向上，先互碰一下，再分开并张开五指。

历史事件① lìshǐ shìjiàn ①

（一）双手伸拇、小指，指尖朝上，交替向肩后转动。
（二）一手食、中指相叠，指尖朝前上方。
（三）双手直立，掌心前后相贴，五指张开，左手不动，右手向右转动一下。
（"事件"的手语存在地域差异，可根据实际选择使用）

历史事件② lìshǐ shìjiàn ②

（一）双手伸拇、小指，指尖朝上，交替向肩后转动。
（二）左手握拳，虎口朝上；右手伸拇、食指，食指尖朝左，向下砸一下左拳。
（"事件"的手语存在地域差异，可根据实际选择使用）

历史现象 lìshǐ xiànxiàng

（一）双手伸拇、小指，指尖朝上，交替向肩后转动。
（二）双手横伸，掌心向上，在腹前向下微动一下。
（三）一手食、中指直立并拢，掌心向斜前方，朝脸颊碰一下。

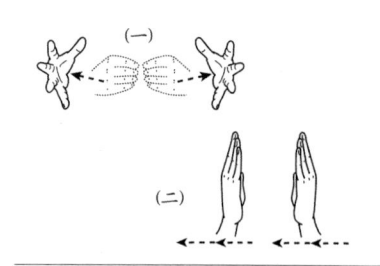

发展规律 fāzhǎn guīlǜ

（一）双手虚握，虎口朝上，然后边向两侧移动边张开五指。
（二）双手直立，掌心左右相对，向一侧一顿一顿移动几下。

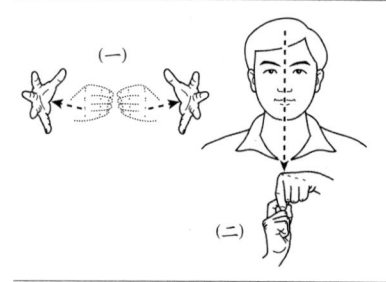

发展线索① fāzhǎn xiànsuǒ ①

（一）双手虚握，虎口朝上，然后边向两侧移动边张开五指。
（二）双手拇、食指套环，从上向下移动。

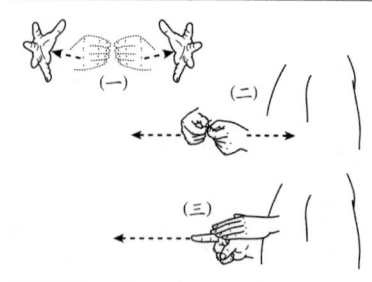

发展线索② fāzhǎn xiànsuǒ ②

（一）双手虚握，虎口朝上，然后边向两侧移动边张开五指。
（二）双手拇、食指相捏，虎口朝上，从中间向前后两侧拉开。
（三）左手平伸；右手伸食指，指尖朝前，在左手掌心下向前移动。

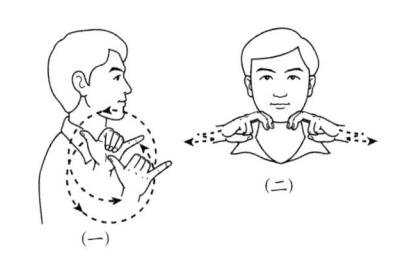

历史解释　lìshǐ jiěshì
（一）双手伸拇、小指，指尖朝上，交替向肩后转动。
（二）双手食、中指弯曲，手背向上，在嘴前同时从中间向两侧扒动两下。

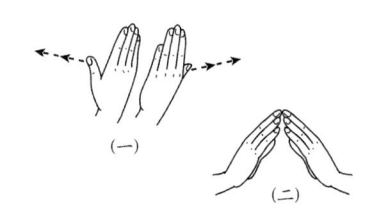

博物馆（展览馆）　bówùguǎn（zhǎnlǎnguǎn）
（一）双手直立，掌心向内，置于面前，从中间向两侧一顿一顿移动几下。
（二）双手搭成"∧"形。

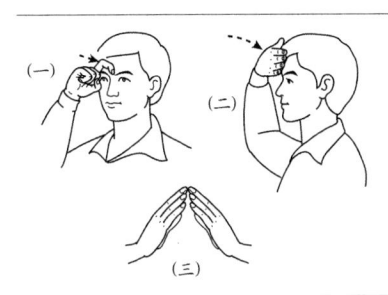

纪念馆　jìniànguǎn
（一）一手打手指字母"J"的指式，碰一下前额。
（二）一手拍一下前额。
（三）双手搭成"∧"形。

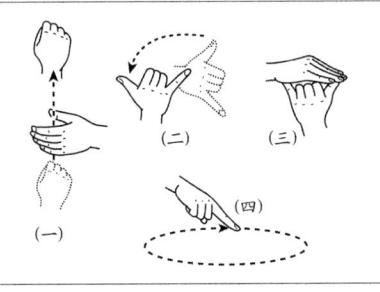

烈士陵园　lièshì língyuán
（一）左手五指弯曲，虎口朝上；右手握拳，手背向外，从左手虎口处向上一举。
（二）右手伸拇、小指，先直立，再向右转腕。
（三）左手伸拇、小指，指尖朝上；右手横伸，手背拱起，置于左手上。
（四）一手伸食指，指尖朝下划一大圈。

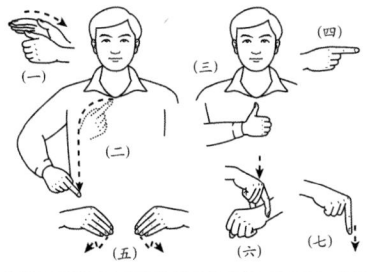

爱国主义教育基地　àiguó zhǔyì jiàoyù jīdì
（一）左手伸拇指；右手轻轻抚摸左手拇指背，面带微笑。
（二）一手伸食指，自咽喉部顺肩胸部划至右腰部。
（三）一手伸拇指，贴于胸部。
（四）一手食指横伸，手背向外。"一"与"义"音近，借代。
（五）双手五指撮合，指尖相对，手背向外，在胸前向前晃动两下。
（六）左手握拳，手背向上；右手拇、食指张开，指尖朝下，插向左手腕两侧。
（七）一手伸食指，指尖朝下一指。

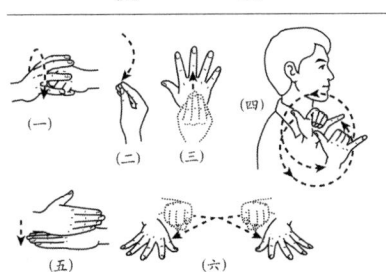

世界文化遗产　shìjiè wénhuà yíchǎn
（一）左手握拳，手背向上；右手五指微曲张开，从后向前绕左拳转动半圈。
（二）一手五指撮合，指尖朝前，撇动一下，如执毛笔写字状。
（三）一手五指撮合，指尖朝上，边向上微移边张开。
（四）双手伸拇、小指，指尖朝上，交替向肩后转动。
（五）左手横伸；右手横立，掌心向内，置于左手背上，然后向下一按。
（六）双手食指指尖朝前，手背向上，先互碰一下，再分开并张开五指。

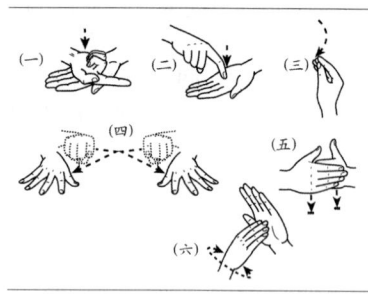

重点文物保护单位 zhòngdiǎn wénwù bǎohù dānwèi

（一）左手横伸；右手伸食指，拇指尖按于食指根部，手背向下，用力砸向左手掌心。
（二）左手横伸；右手伸食指，指尖朝下，在左手掌心上点一下。
（三）一手五指撮合，指尖朝前，撇动一下，如执毛笔写字状。
（四）双手食指指尖朝前，手背向上，先互碰一下，再分开并张开五指。
（五）左手伸拇指；右手横立，掌心向内，五指微曲，置于左手前，然后双手同时向下一顿。
（六）双手斜伸，右手指尖抵于左手掌心，并转动两下。

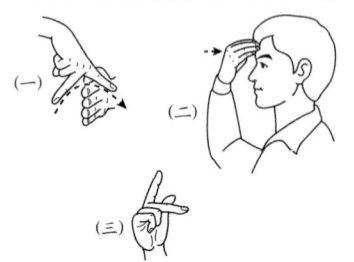

跨学科 kuàxuékē

（一）左手横立，掌心向内；右手食、中指叉开，从左手上越过。
（二）一手五指撮合，指尖朝内，按向前额。
（三）一手打手指字母"K"的指式。

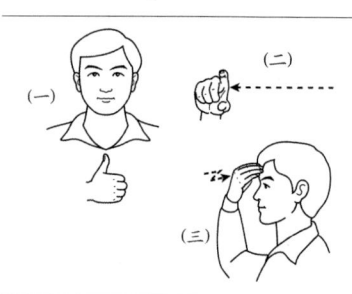

主题学习 zhǔtí xuéxí

（一）一手伸拇指，贴于胸部。
（二）一手拇、食指张开，指尖朝前，向一侧移动一下。
（三）一手五指撮合，指尖朝内，朝前额按动两下。

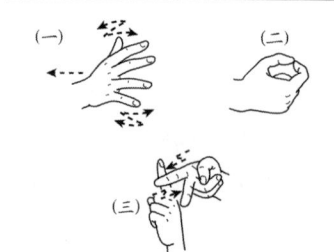

多元性 duōyuánxìng

（一）一手侧立，五指张开，边抖动边向一侧移动。
（二）一手拇、食指捏成圆形，虎口朝上。
（三）左手食指直立；右手食、中指横伸，指背交替弹左手食指背。

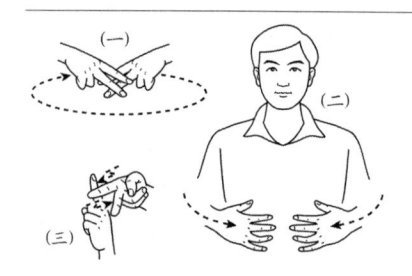

共容性 gòngróngxìng

（一）双手食、中指搭成"共"字形，手背向上，平行转动一圈。
（二）双手侧立，五指微曲，从两侧向中间一搂。
（三）左手食指直立；右手食、中指横伸，指背交替弹左手食指背。

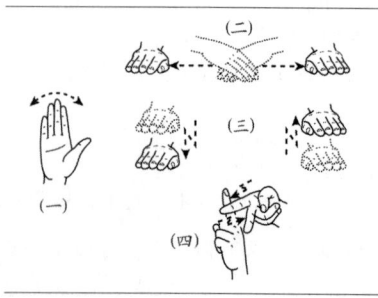

不平衡性 bùpínghéngxìng

（一）一手直立，掌心向外，左右摆动几下。
（二）双手五指并拢，掌心向下，交叉相搭，然后分别向两侧移动。
（三）双手平伸，掌心向下，上下交替微移几下，然后双手保持平衡状态。
（四）左手食指直立；右手食、中指横伸，指背交替弹左手食指背。

二、中国古代史

1. 史前、古史传说

元谋人 Yuánmóurén
（一）一手拇、食指捏成圆形，虎口朝上。
（二）一手打手指字母"M"的指式。
（三）双手食指搭成"人"字形。

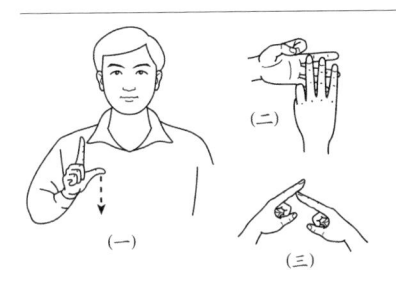

蓝田人 Lántiánrén
（一）一手打手指字母"L"的指式，沿胸的一侧划下（或一手食、中指分开，指尖朝前，手背向上，交替点动几下）。
（二）双手中、无名、小指搭成"田"字形。
（三）双手食指搭成"人"字形。
（"蓝"的手语存在地域差异，可根据实际选择使用）

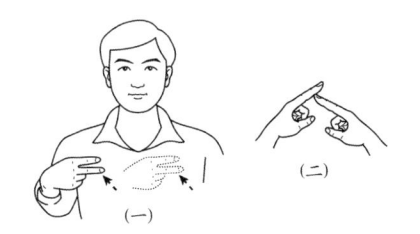

北京人 Běijīngrén
（一）右手伸食、中指，指尖先点一下左胸部，再点一下右胸部。
（二）双手食指搭成"人"字形。

山顶洞人 Shāndǐngdòngrén
（一）一手拇、食、小指直立，手背向外，仿"山"字形。
（二）左手五指成"∩"形，虎口朝右；右手五指并拢，在左手下做弧形移动，仿洞口的形状。
（三）双手食指搭成"人"字形。

河姆渡人 Hémǔdùrén
（一）双手侧立，掌心相对，相距窄些，向前做曲线形移动。
（二）右手食指直立，指尖左侧贴在嘴唇上。"母"与"姆"音同形近，借代。
（三）双手拇、食指相捏，指尖分别朝左右斜上方，虎口朝内，然后同时向下点动一下，仿河姆渡遗址景区石刻上的双鸟朝阳图像。
（四）双手食指搭成"人"字形。

半坡人　Bànpōrén

（一）一手食指横伸，手背向外，拇指在食指中部划一下。
（二）左手斜伸，指尖朝右下方；右手食、中、无名、小指并拢，指尖朝前，掌心向下，沿左手臂划向左手指尖。
（三）双手食指搭成"人"字形。

良渚　Liángzhǔ

右手伸拇、食指，掌心向内，食指尖在右眉上向右划动两下。

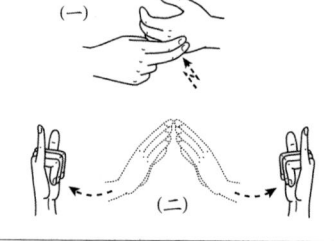

陶寺　Táosì

（一）左手五指成半圆形，虎口朝上；右手伸食、中指，指尖朝内，敲两下左手背，如用手敲陶器状。
（二）双手搭成"∧"形，然后左右分开并伸出拇、小指，指尖朝上，仿宫殿翘起的飞檐。

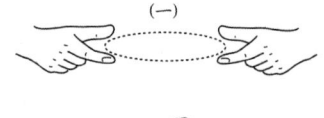

盘古　Pángǔ

（一）双手拇、食指成大圆形，虎口朝上。
（二）双手拇、食指搭成"古"字形。

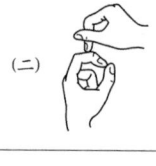

女娲　Nǚwā

（一）一手拇、食指捏一下耳垂。
（二）一手打手指字母"W"的指式。

伏羲　Fúxī

双手横立，掌心朝向一前一后，拇指相贴，其他四指并拢。

二、中国古代史　15

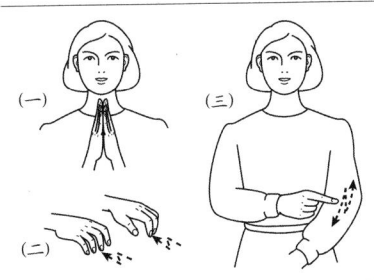

神农氏（炎帝①）　Shénnóngshì (Yándì①)

（一）双手合十。
（二）双手五指弯曲，掌心向下，一前一后，向后移动两下，模仿耙地的动作。
（三）右手伸食指，在左臂处上下划动几下。

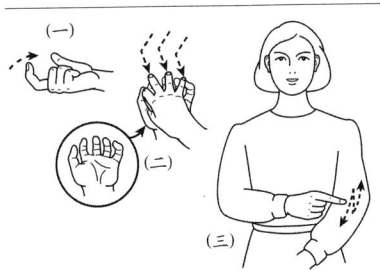

有巢氏　Yǒucháoshì

（一）一手伸拇、食指，手背向下，拇指不动，食指向内弯动一下。
（二）左手平伸，掌心向上，五指微曲；右手中、无名、小指分开，指尖朝前，手背向上，在左手上方书空"巛"，仿"巢"字的上半部。
（三）右手伸食指，在左臂处上下划动几下。

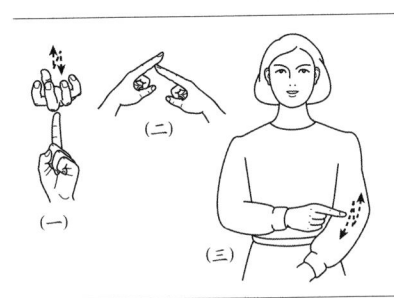

燧人氏　Suìrénshì

（一）左手食指直立；右手五指微曲，指尖朝上，在左手食指上方上下微动几下，表示火苗。
（二）双手食指搭成"人"字形。
（三）右手伸食指，在左臂处上下划动几下。

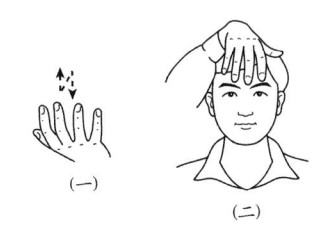

炎帝②　Yándì②

（一）一手五指微曲，指尖朝上，上下微动几下。
（二）一手手腕贴于前额，五指微曲，指尖朝下。

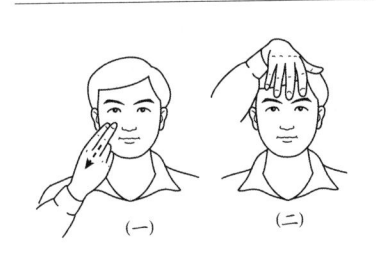

黄帝　Huángdì

（一）一手打手指字母"H"的指式，摸一下脸颊（或右手五指张开，掌心向左，晃动几下）。
（二）一手手腕贴于前额，五指微曲，指尖朝下。
（"黄"的手语存在地域差异，可根据实际选择使用）

蚩尤　Chīyóu

双手五指成半圆形，掌心向外，置于头两侧，边向两侧斜上方做弧形移动边握拳。

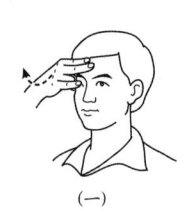

颛顼 Zhuānxū
（一）一手打手指字母"ZH"的指式，贴于前额，然后边转腕边向外做弧形移动。
（二）一手打手指字母"X"的指式，手背贴于前额。

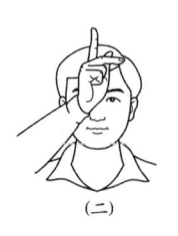

帝喾 Dìkù
（一）一手手腕贴于前额，五指微曲，指尖朝下。
（二）一手打手指字母"K"的指式，贴于前额。

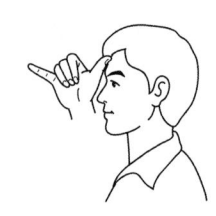

尧 Yáo
一手打手指字母"Y"的指式，拇指贴于前额。

舜 Shùn
一手打手指字母"SH"的指式，手背贴于前额。

鲧 Gǔn
一手横立，手背向外，表示"鲧"的部首，然后前后转动一下手腕。

禹 Yǔ
一手打手指字母"U"的指式，手背贴于前额，食、中、无名、小指向外晃动两下。

二、中国古代史   17

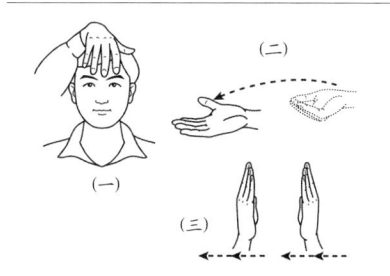

禅让制　shànràngzhì
（一）一手手腕贴于前额，五指微曲，指尖朝下。
（二）一手五指撮合，掌心向上，边向外移动边变为手平伸。
（三）双手直立，掌心左右相对，向一侧一顿一顿移动几下。

2.夏、商、周

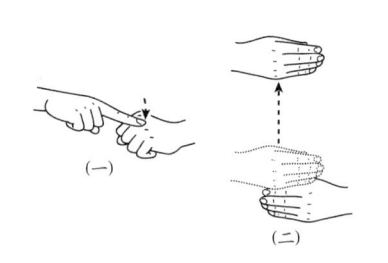

夏朝　Xià Cháo
（一）左手握拳，手背向上；右手食指点一下左手中指根部关节。
（二）双手五指成"⊏⊐"形，虎口朝上，上下相叠，左手在下不动，右手向上移动。

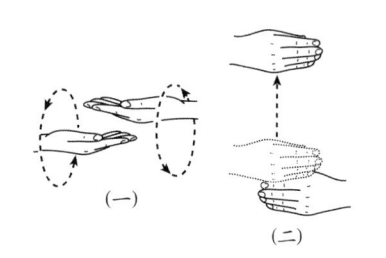

商朝　Shāng Cháo
（一）双手横伸，掌心向上，前后交替转动两下。
（二）双手五指成"⊏⊐"形，虎口朝上，上下相叠，左手在下不动，右手向上移动。

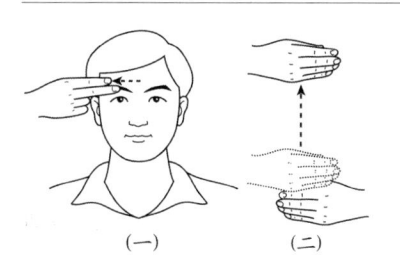

周朝　Zhōu Cháo
（一）一手食、中指横伸并拢，指面摸一下眉毛。
（二）双手五指成"⊏⊐"形，虎口朝上，上下相叠，左手在下不动，右手向上移动。

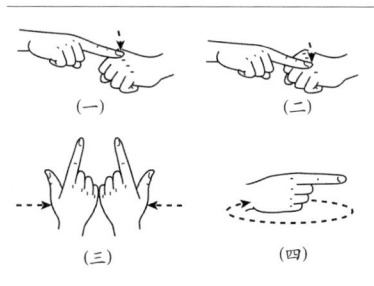

春秋战国　Chūnqiū Zhànguó
（一）左手握拳，手背向上；右手食指点一下左手食指根部关节。
（二）左手握拳，手背向上；右手食指点一下左手无名指根部关节。
（三）双手伸拇、食指，食指尖朝上，掌心向内，小指下缘互碰一下。
（四）一手打手指字母"G"的指式，顺时针平行转动一圈。

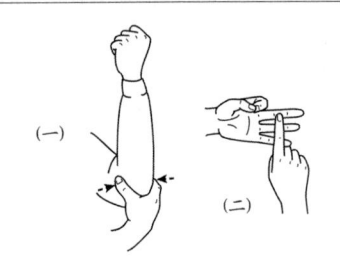

纣王　Zhòuwáng
（一）左臂抬起，左手握拳，手背向外；右手握一下左臂肘部。
（二）左手中、无名、小指与右手食指搭成"王"字形。

殷墟　Yīnxū
左手握拳，手背向上；右手食、中指弯曲，指尖朝下，然后转腕，食、中指指关节在左手背上敲一下。

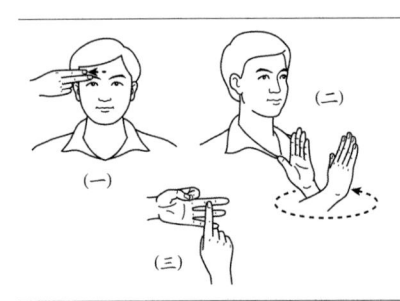

周武王　Zhōu Wǔwáng
（一）一手食、中指横伸并拢，指面摸一下眉毛。
（二）双手直立，手腕交叉相搭，平行转动一圈。
（三）左手中、无名、小指与右手食指搭成"王"字形。

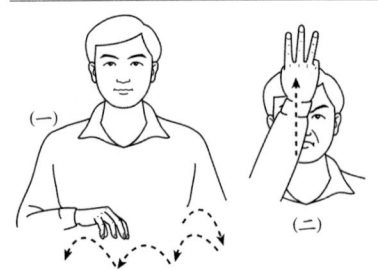

诸侯　zhūhóu
（一）一手五指弯曲，指尖朝下，在身前不同位置按动几下，表示各个列国。
（二）一手食、中、无名指直立分开，掌心向内，从下向上移至前额。

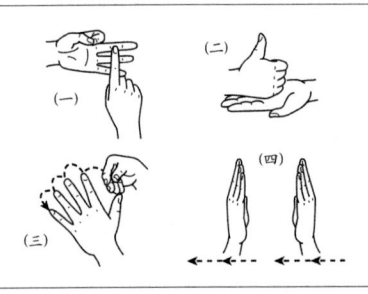

王位世袭制　wángwèi shìxízhì
（一）左手中、无名、小指与右手食指搭成"王"字形。
（二）左手横伸；右手伸拇指，置于左手掌心上。
（三）左手五指张开，掌心向内；右手五指撮合，自左手拇指依次移向小指。
（四）双手直立，掌心左右相对，向一侧一顿一顿移动几下。

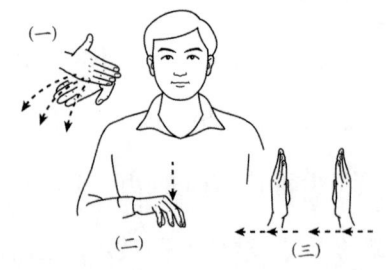

分封制　fēnfēngzhì
（一）左手平伸；右手横立，掌心向内，置于左手掌心上，然后向前方不同方向拨动几下。
（二）一手五指弯曲，指尖朝下，向下一按。
（三）双手直立，掌心左右相对，向一侧一顿一顿移动几下。

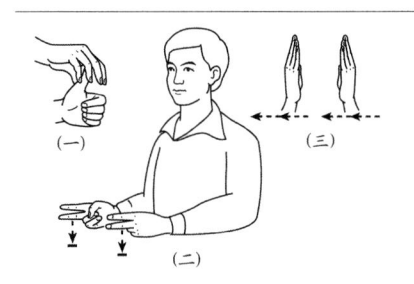

二、中国古代史　19

宗法制　zōngfǎzhì
（一）左手伸拇指；右手五指微曲，掌心向下，置于左手拇指上。
（二）双手打手指字母"F"的指式，指尖朝前，向下一顿。
（三）双手直立，掌心左右相对，向一侧一顿一顿移动几下。

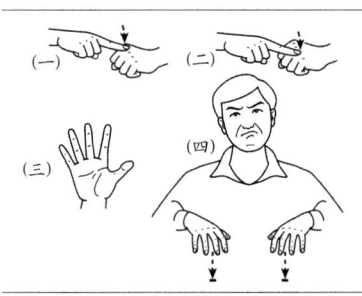

春秋五霸　Chūnqiū Wǔ Bà
（一）左手握拳，手背向上；右手食指点一下左手食指根部关节。
（二）左手握拳，手背向上；右手食指点一下左手无名指根部关节。
（三）一手五指直立张开，掌心向外。
（四）双手五指微曲，指尖朝下一顿，面露蛮横的表情。

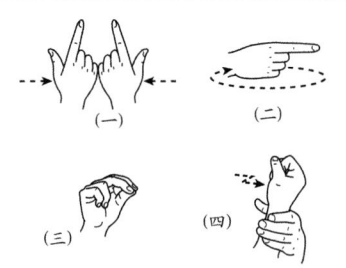

战国七雄　Zhànguó Qī Xióng
（一）双手伸拇、食指，食指尖朝上，掌心向内，小指下缘互碰一下。
（二）一手打手指字母"G"的指式，顺时针平行转动一圈。
（三）一手拇、食、中指相捏，指尖朝斜前方，虎口朝斜后方。
（四）左手五指成半圆形，虎口朝上；右手握拳，手背向外，手腕用力碰两下左手虎口。

齐国　Qíguó
（一）双手打手指字母"Q"的指式，指尖相对，虎口朝上，向下微动一下。
（二）一手打手指字母"G"的指式，顺时针平行转动一圈。

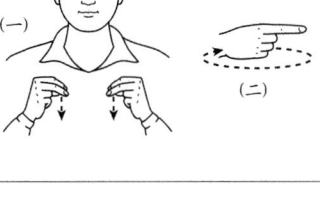

楚国　Chǔguó
（一）左手横伸；右手打手指字母"CH"的指式，指尖朝前，在左手掌心上左右移动两下。
（二）一手打手指字母"G"的指式，顺时针平行转动一圈。

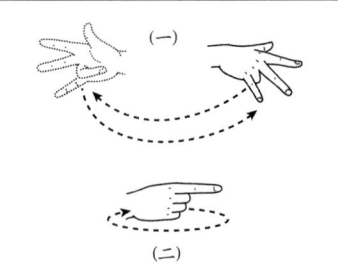

燕国　Yānguó
（一）一手伸拇、食、中、小指，仿燕子的外形，左右来回移动，如燕子飞行状。
（二）一手打手指字母"G"的指式，顺时针平行转动一圈。

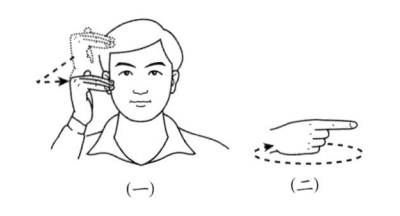

韩国　Hánguó

（一）一手五指与手掌成"┐"形，指尖抵于头一侧，然后向斜下方移动，指尖再碰向脸颊一侧。

（二）一手打手指字母"G"的指式，顺时针平行转动一圈。

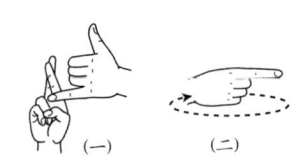

赵国　Zhàoguó

（一）左手伸拇、小指，小指横伸，手背向外；右手食、中指相叠，掌心向外，贴于左手小指。

（二）一手打手指字母"G"的指式，顺时针平行转动一圈。

魏国　Wèiguó

（一）右手打手指字母"W"的指式，手背向右，置于头一侧。

（二）一手打手指字母"G"的指式，顺时针平行转动一圈。

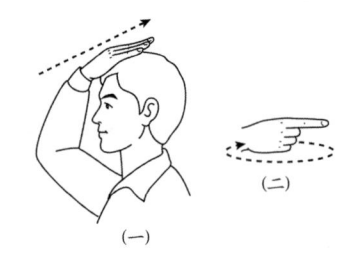

秦国　Qínguó

（一）一手五指并拢，指尖朝后，手背向上，在头顶上从低向高斜向移动一下，仿秦代士兵帽子的式样。

（二）一手打手指字母"G"的指式，顺时针平行转动一圈。

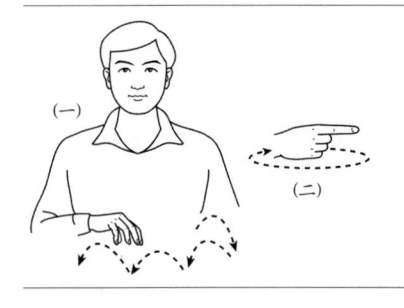

列国　lièguó

（一）一手五指弯曲，指尖朝下，在身前不同位置按动几下，表示各个列国。

（二）一手打手指字母"G"的指式，顺时针平行转动一圈。

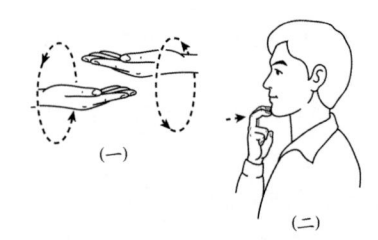

商鞅　Shāng Yāng

（一）双手横伸，掌心向上，前后交替转动两下。

（二）一手食、中指弯曲，指尖朝内，朝颏部点一下，与口结合仿"央"字的一部分。"央"与"鞅"音同形近，借代。

二、中国古代史 21

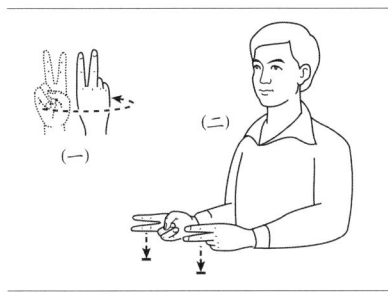

变法 biànfǎ
（一）一手食、中指直立分开，由掌心向外翻转为掌心向内。
（二）双手打手指字母"F"的指式，指尖朝前，向下一顿。

都江堰 Dūjiāng Yàn
左手斜伸；右手食、中指分开，指尖朝下，立于左手掌心上，左手前后移动两下。
（此为当地聋人手语）

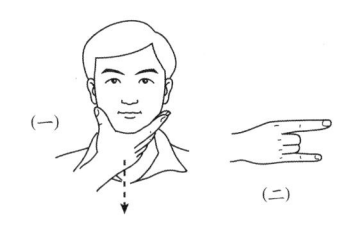

老子 Lǎozǐ
（一）一手在颏部做捋胡须的动作。
（二）一手打手指字母"Z"的指式。

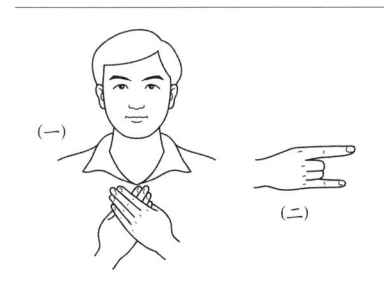

孔子 Kǒngzǐ
（一）双手斜伸，掌心向内，左手五指握住右手食、中、无名、小指。
（二）一手打手指字母"Z"的指式。

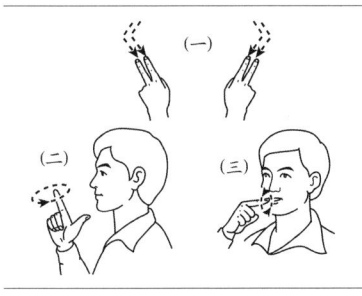

《论语》 Lúnyǔ
（一）双手伸食、中指，指尖朝前上方，书空书名号。
（二）一手打手指字母"L"的指式，逆时针平行转动一下。
（三）一手食指横伸，在嘴前前后转动两下。

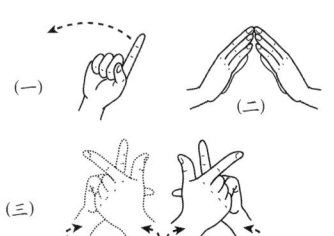

百家争鸣 bǎijiā-zhēngmíng
（一）右手伸食指，从左向右挥动一下。
（二）双手搭成"∧"形。
（三）双手伸拇、食指，食指尖朝上，中、无名、小指的中节指相贴，手腕前后交替转动两下，表示辩论。

儒家　Rújiā
（一）双手斜伸，掌心向内，左手五指握住右手食、中、无名、小指。
（二）双手搭成"∧"形。

道家　Dàojiā
（一）双手侧立，掌心相对，向前移动。
（二）双手搭成"∧"形。

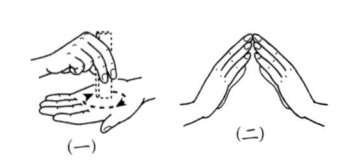

墨家　Mòjiā
（一）左手横伸；右手拇、食、中指相捏，指尖朝下，在左手掌心上方顺时针转动两下，如研墨状。
（二）双手搭成"∧"形。

法家　Fǎjiā
（一）双手打手指字母"F"的指式，指尖朝前，向下一顿。
（二）双手搭成"∧"形。

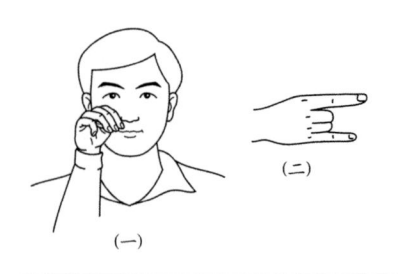

孟子　Mèngzǐ
（一）一手打手指字母"M"的指式，置于鼻翼一侧。
（二）一手打手指字母"Z"的指式。

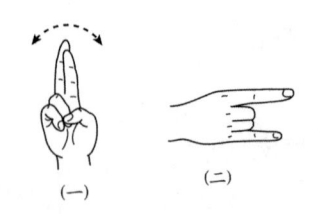

荀子　Xúnzǐ
（一）一手打手指字母"X"的指式，左右晃动两下。
（二）一手打手指字母"Z"的指式。

二、中国古代史 23

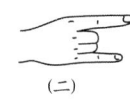

庄子　Zhuāngzǐ
（一）左手横伸；右手五指弯曲，指尖朝下，置于左手掌心上。
（二）一手打手指字母"Z"的指式。

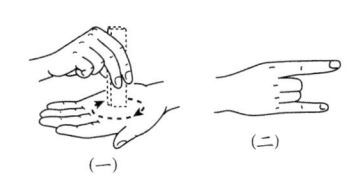

墨子　Mòzǐ
（一）左手横伸；右手拇、食、中指相捏，指尖朝下，在左手掌心上方顺时针转动两下，如研墨状。
（二）一手打手指字母"Z"的指式。

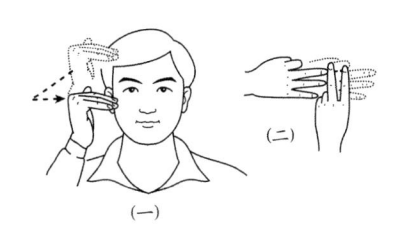

韩非（韩非子）　Hán Fēi（Hánfēizǐ）
（一）一手五指与手掌成"⌐"形，指尖抵于头一侧，然后向斜下方移动，指尖再碰向脸颊一侧。
（二）左手食、中指直立分开，手背向外；右手中、无名、小指横伸分开，手背向外，从左向右划过左手食、中指，仿"非"字形。

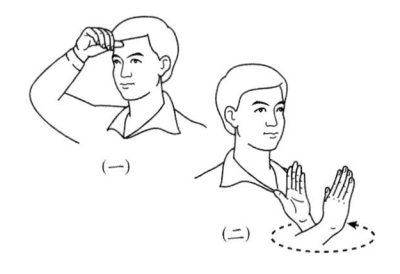

孙武　Sūn Wǔ
（一）一手打手指字母"S"的指式，拇指尖抵于前额。
（二）双手直立，手腕交叉相搭，平行转动一圈。

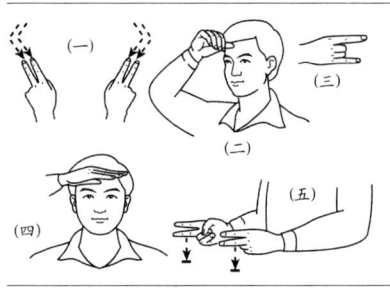

《孙子兵法》　Sūnzǐ Bīngfǎ
（一）双手伸食、中指，指尖朝前上方，书空书名号。
（二）一手打手指字母"S"的指式，拇指尖抵于前额。
（三）一手打手指字母"Z"的指式。
（四）右手横伸，掌心向下，置于前额，表示军帽帽檐。
（五）双手打手指字母"F"的指式，指尖朝前，向下一顿。

孙膑　Sūn Bìn
（一）一手打手指字母"S"的指式，拇指尖抵于前额。
（二）一手打手指字母"B"的指式。

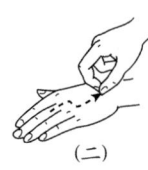

甲骨文① jiǎgǔwén ①

（一）双手平伸，手背向上，上下相叠，拇指弯动几下。
（二）左手平伸，手背向上；右手拇、食指相捏，指尖朝下，在左手背上做刻写的动作。

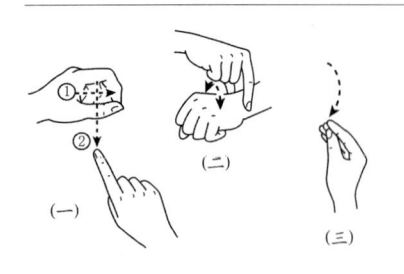

甲骨文② jiǎgǔwén ②

（一）左手拇、食指捏成圆形，虎口朝内；右手伸食指，在左手虎口上先横划一下，再竖划一下，仿"甲"字形。
（二）左手握拳，手背向上；右手拇、食指张开，卡在左手腕，左手微转两下。
（三）一手五指撮合，指尖朝前，撇动一下，如执毛笔写字状。

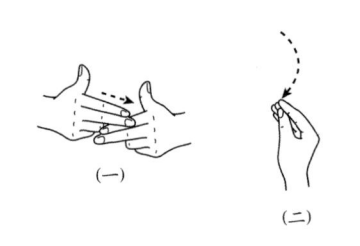

金文 jīnwén

（一）双手伸拇、食、中指，食、中指并拢，交叉相搭，右手中指蹭一下左手食指。
（二）一手五指撮合，指尖朝前，撇动一下，如执毛笔写字状。

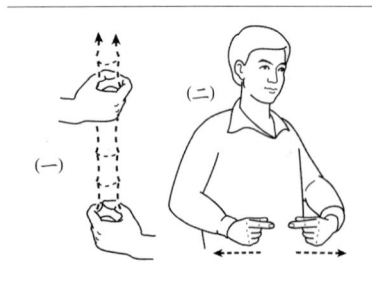

竹简 zhújiǎn

（一）双手拇、食指捏成圆形，虎口朝上，上下相叠，左手在下不动，右手向上一顿一顿移动，仿竹的外形。
（二）双手拇、食指微张，指尖相对，虎口朝上，从中间向前后方向拉开，仿竹简的形状。

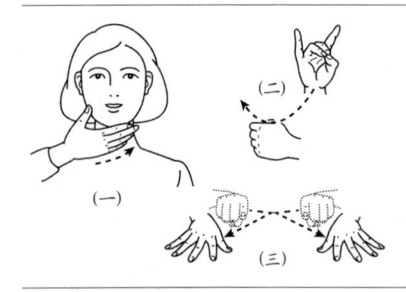

青铜器 qīngtóngqì

（一）一手横立，掌心向内，食、中、无名、小指并拢，在颔部从右向左摸一下。
（二）左手握拳，虎口朝上；右手打手指字母"T"的指式，砸一下左手虎口后向前移动，表示铜的声母。
（三）双手食指指尖朝前，手背向上，先互碰一下，再分开并张开五指。
（可根据实际表示青铜器）

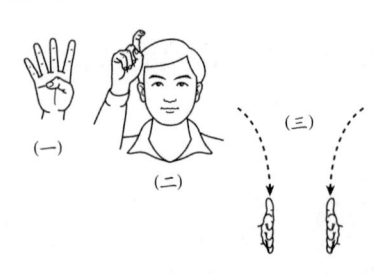

四羊方尊 Sìyángfāngzūn

（一）一手食、中、无名、小指直立分开，掌心向外。
（二）一手食指弯曲如钩，虎口贴于太阳穴，仿羊头上弯曲的角。
（三）双手斜伸，掌心相对，从上向下做上宽下窄的弧形移动，仿四羊方尊的外形。

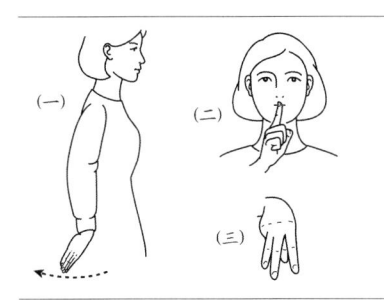

后母戊鼎（司母戊鼎） Hòumǔwùdǐng (Sīmǔwùdǐng)

（一）一手五指并拢，指尖朝下，向身后挥动一下。
（二）右手食指直立，指尖左侧贴在嘴唇上。
（三）一手拇、食、中、无名指指尖朝下，小指弯回，仿后母戊鼎的外形。

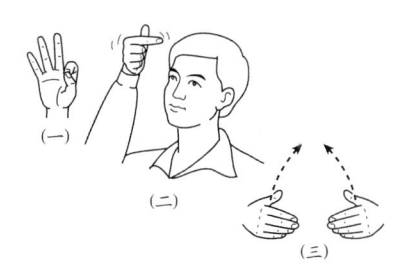

三星堆 Sānxīngduī

（一）一手中、无名、小指直立分开，掌心向外。
（二）一手拇、食指搭成"十"字形，在头前上方晃动几下，眼睛注视手的动作。
（三）双手五指弯曲，掌心相对，从下向上做弧形移动。

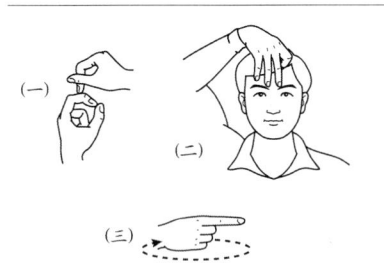

古蜀国 Gǔshǔguó

（一）双手拇、食指搭成"古"字形。
（二）一手中、无名、小指分开，指尖朝下，手背向外，置于前额。
（三）一手打手指字母"G"的指式，顺时针平行转动一圈。

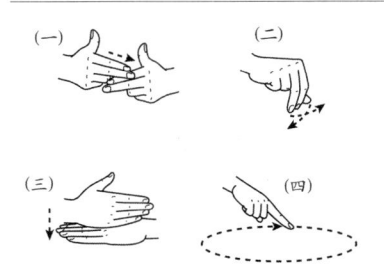

金沙遗址 Jīnshā Yízhǐ

（一）双手伸拇、食、中指，食、中指并拢，交叉相搭，右手中指蹭一下左手食指。
（二）一手拇、食、中指相捏，指尖朝下，互捻几下。
（三）左手横伸；右手横立，掌心向内，置于左手背上，然后向下一按。
（四）一手伸食指，指尖朝下划一大圈。

扁鹊 Biǎnquè

（一）右手五指成"⊐"形，指尖朝前，指间留有很小的空隙。
（二）双手手腕交叉相搭，左手食、中指分开，指尖朝右上方，手背向上，表示喜鹊的尾巴；右手拇、食指开合两下，表示喜鹊的喙。

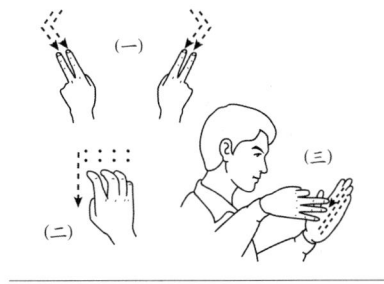

《诗经》 Shījīng

（一）双手伸食、中指，指尖朝前上方，书空书名号。
（二）一手食、中、无名、小指弯曲，指尖朝前，从上向下点动几下，如一行行的诗句。
（三）左手斜伸，掌心向内；右手伸中、无名、小指（或五指），指尖对着左手，从上向下、从右向左移动几下，目光随之移动。表示经、传、辞、词、赋等体裁。

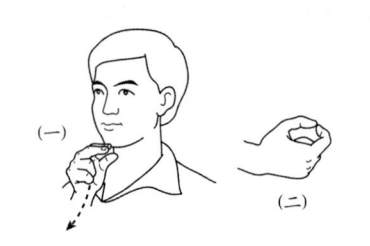

屈原 Qū Yuán

（一）一手伸拇、食、中指，食、中指并拢，虎口朝上，在颏部做捋胡须的动作，表示屈原的胡须。

（二）一手拇、食指捏成圆形，虎口朝上。

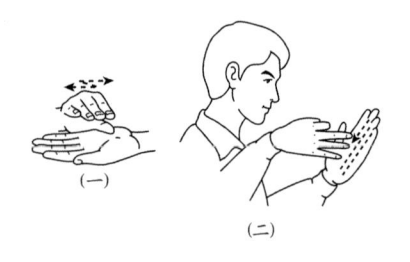

楚辞 Chǔcí

（一）左手横伸；右手打手指字母"CH"的指式，指尖朝前，在左手掌心上左右移动两下。

（二）左手斜伸，掌心向内；右手伸中、无名、小指（或五指），指尖对着左手，从上向下、从右向左移动几下，目光随之移动。

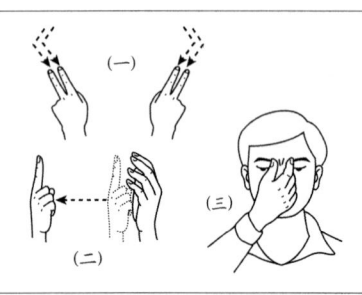

《离骚》 Lísāo

（一）双手伸食、中指，指尖朝前上方，书空书名号。

（二）左手直立，掌心向右，五指微曲；右手食指直立，从左手旁向右移动。

（三）一手拇、食指在眉间相捏，两眉紧皱。

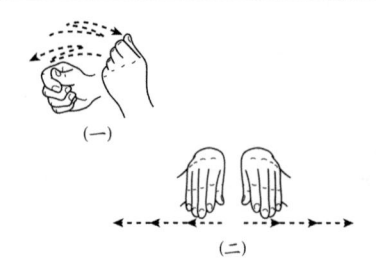

编钟 biānzhōng

（一）双手拇指按于食指中部，交替向前挥动，模仿手持木槌敲击编钟的动作。

（二）双手五指成"∩"形，虎口相对，从中间向两侧一顿一顿移动几下，表示悬挂排列的编钟。

3. 秦、汉

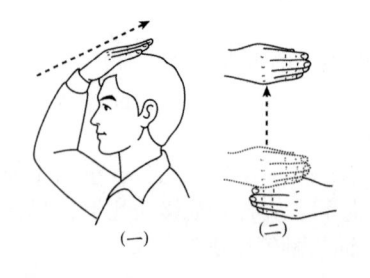

秦朝 Qín Cháo

（一）一手五指并拢，指尖朝后，手背向上，在头顶上从低向高斜向移动一下，仿秦代士兵帽子的式样。

（二）双手五指成"⊏⊐"形，虎口朝上，上下相叠，左手在下不动，右手向上移动。

二、中国古代史　27

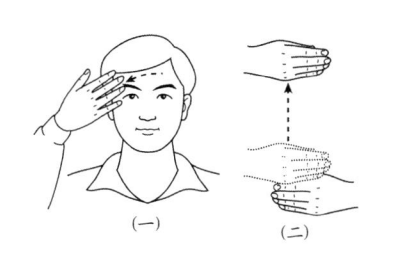

汉朝　Hàn Cháo
（一）一手五指张开，手背向外，在额头上一抹，如流汗状。
（二）双手五指成"⊏⊐"形，虎口朝上，上下相叠，左手在下不动，右手向上移动。

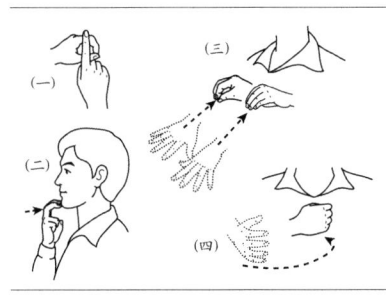

中央集权　zhōngyāng jíquán
（一）左手拇、食指与右手食指搭成"中"字形。
（二）一手食、中指弯曲，指尖朝内，朝颏部点一下，与口结合仿"央"字的一部分。
（三）双手五指张开，掌心向下，边向后上方移动边撮合。
（四）右手侧立，五指微曲张开，边向左做弧形移动边握拳。

秦始皇　Qín Shǐhuáng
一手五指并拢，指尖朝后，手背向上，在头顶上从低向高斜向移动一下。

皇帝❶（皇❶、帝❶）　huángdì ❶ (huáng ❶、dì ❶)
一手手腕贴于前额，五指微曲，指尖朝下，表示中国古代历史上的皇帝。

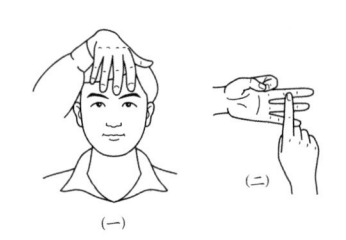

帝王❶　dìwáng ❶
（一）一手手腕贴于前额，五指微曲，指尖朝下。
（二）左手中、无名、小指与右手食指搭成"王"字形。

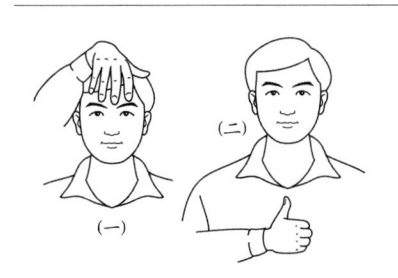

君主　jūnzhǔ
（一）一手手腕贴于前额，五指微曲，指尖朝下。
（二）一手伸拇指，贴于胸部。

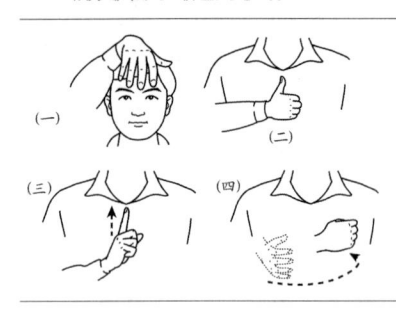

君主专制　jūnzhǔ zhuānzhì

（一）一手手腕贴于前额，五指微曲，指尖朝下。
（二）一手伸拇指，贴于胸部。
（三）一手食指直立，虎口贴于胸部，向上移动少许。
（四）右手侧立，五指微曲张开，边向左做弧形移动边握拳。

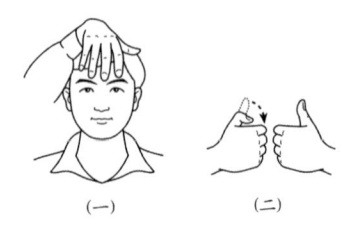

皇后❶　huánghòu ❶

（一）一手手腕贴于前额，五指微曲，指尖朝下。
（二）双手伸拇指，指面相对，手背向外，左手不动，右手拇指弯动一下。

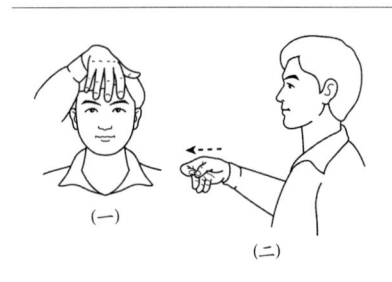

册封①　cèfēng ①

（一）一手手腕贴于前额，五指微曲，指尖朝下。
（二）一手中、无名、小指并拢，拇指按于中指，指背向下，向前移动，表示帝王将爵位、封号等赐给下属。

册封②　cèfēng ②

（一）双手虚握，虎口朝上，先靠在一起，然后右手向右移动，表示打开诏书。
（二）一手中、无名、小指并拢，拇指按于中指，指背向下，向前移动，表示帝王将爵位、封号等赐给下属。

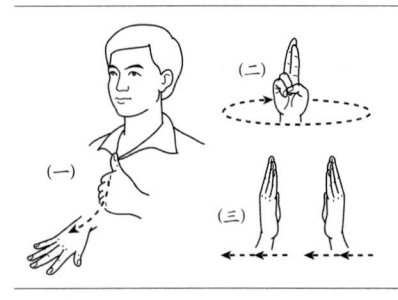

郡县制　jùnxiànzhì

（一）左手伸拇指，贴于胸部；右手五指张开，掌心向下，从左手处向前下方移动。
（二）一手打手指字母"X"的指式，顺时针平行转动一圈。
（三）双手直立，掌心左右相对，向一侧一顿一顿移动几下。

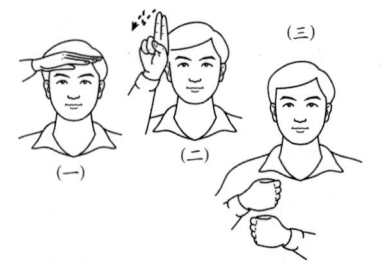

兵马俑　bīngmǎyǒng

（一）右手横伸，掌心向下，置于前额，表示军帽帽檐。
（二）一手食、中指直立并拢，虎口贴于太阳穴，向前微动两下，仿马的耳朵。
（三）双手虚握，一上一下，置于胸一侧，如持兵器状。

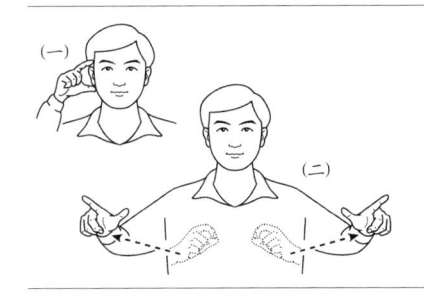

陈胜　Chén Shèng

（一）一手拇、食指微曲，指尖抵于耳部上下缘，表示"陈"字的耳刀旁。
（二）双手拇、食指相捏，虎口朝内，置于胸前，然后边向前移动边张开。

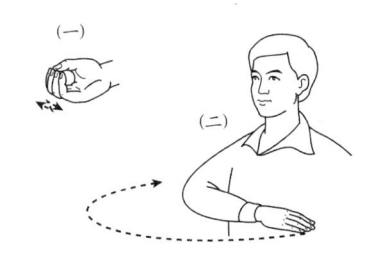

吴广　Wú Guǎng

（一）一手五指捏成球形，手背向下，左右微晃几下。
（二）一手横伸，掌心向下，五指并拢，齐胸部从一侧向另一侧做大范围的弧形移动。

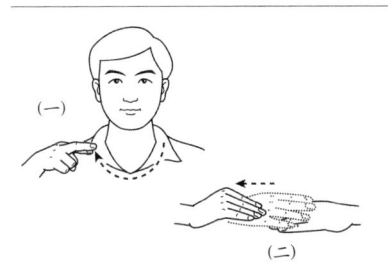

项羽　Xiàng Yǔ

（一）右手打手指字母"X"的指式，沿颈部从左向右做弧形移动。
（二）左手横伸；右手五指在左手背上轻捋一下，如摸毛絮状。

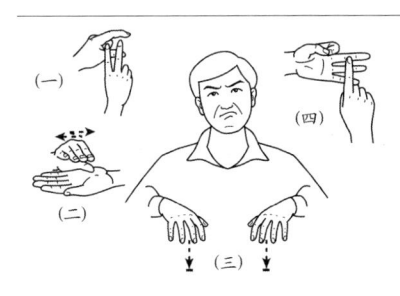

西楚霸王　Xī Chǔ Bàwáng

（一）左手拇、食指成"匚"形，虎口朝内；右手食、中指直立分开，手背向内，贴于左手拇指，仿"西"字部分字形。
（二）左手横伸；右手打手指字母"CH"的指式，指尖朝前，在左手掌心上左右移动两下。
（三）双手五指微曲，指尖朝下一顿，面露蛮横的表情。
（四）左手中、无名、小指与右手食指搭成"王"字形。

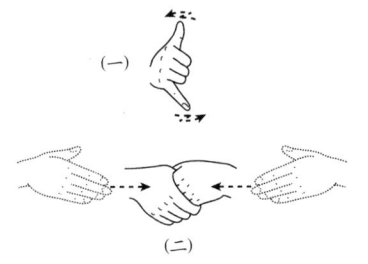

刘邦　Liú Bāng

（一）一手伸拇、小指，指尖朝外，左右晃动几下。
（二）双手横立，掌心向内，从两侧向中间移动并互握。

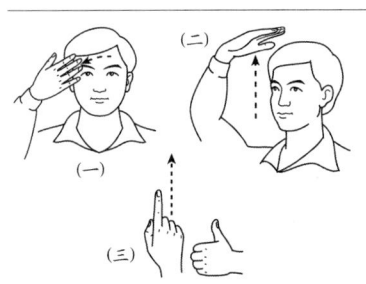

汉高祖（汉高帝）　Hàn Gāozǔ (Hàn Gāodì)

（一）一手五指张开，手背向外，在额头上一抹，如流汗状。
（二）一手横伸，掌心向下，向上移过头顶。
（三）左手伸拇指，手背向外；右手食指直立，拇指尖按于食指根部，手背向外，置于左手旁，然后向上移动。

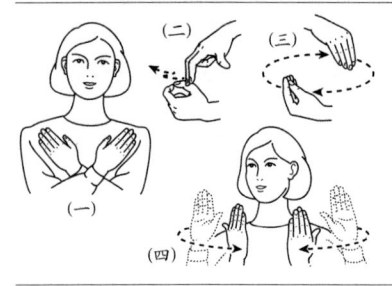

休养生息 xiūyǎng-shēngxī

（一）双手交叉，手背向外，贴于胸部，表示休息的意思。

（二）左手拇、食指捏成圆形，虎口朝上；右手伸拇、食、中指，食、中指并拢弯曲，指尖朝下，在左手虎口处向外拨动两下。

（三）双手五指撮合，指尖上下相对，交替平行转动两下。

（四）双手直立，掌心向外，然后边向前做弧形移动边翻转为掌心向内。

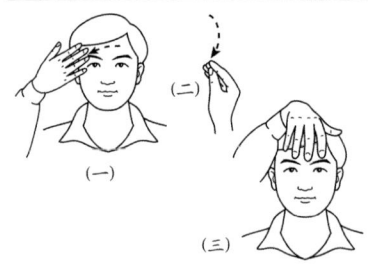

汉文帝 Hàn Wéndì

（一）一手五指张开，手背向外，在额头上一抹，如流汗状。

（二）一手五指撮合，指尖朝前，撇动一下，如执毛笔写字状。

（三）一手手腕贴于前额，五指微曲，指尖朝下。

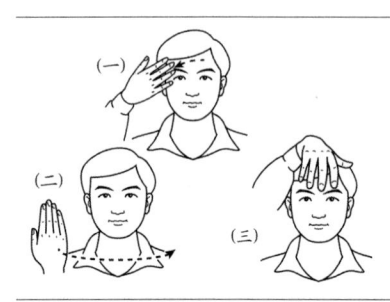

汉景帝 Hàn Jǐngdì

（一）一手五指张开，手背向外，在额头上一抹，如流汗状。

（二）一手直立，掌心向内，从一侧向另一侧做弧形移动。

（三）一手手腕贴于前额，五指微曲，指尖朝下。

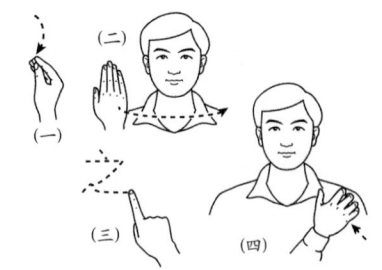

文景之治 Wén-Jǐng Zhī Zhì

（一）一手五指撮合，指尖朝前，撇动一下，如执毛笔写字状。

（二）一手直立，掌心向内，从一侧向另一侧做弧形移动。

（三）一手伸食指，指尖朝前，书空"之"字形。

（四）右手五指微曲，指尖朝内，按向左肩。

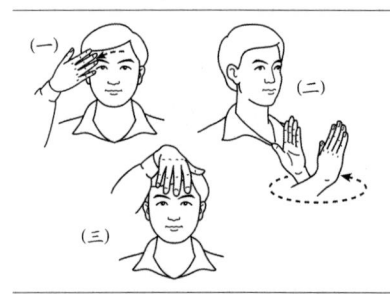

汉武帝 Hàn Wǔdì

（一）一手五指张开，手背向外，在额头上一抹，如流汗状。

（二）双手直立，手腕交叉相搭，平行转动一圈。

（三）一手手腕贴于前额，五指微曲，指尖朝下。

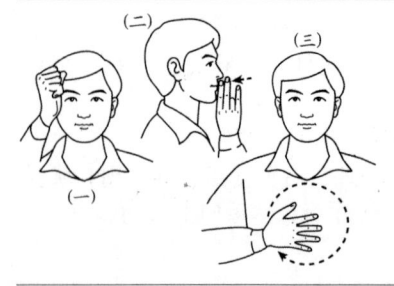

董仲舒 Dǒng Zhòngshū

（一）一手打手指字母"D"的指式，虎口朝内，贴于太阳穴。

（二）右手打手指字母"ZH"的指式，指尖朝上，掌心向左，碰一下嘴唇。

（三）一手五指张开，掌心贴胸部逆时针转动一圈。

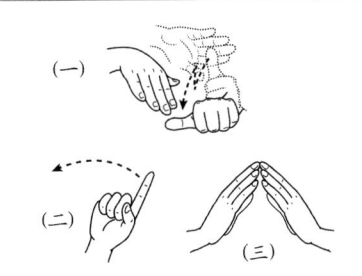

罢黜百家　bàchù bǎijiā

（一）左手伸拇指，手背向左；右手食、中、无名、小指并拢，拇指尖朝下，掌心向外，向下拍向左手拇指，左手倒下，重复一次。

（二）右手伸食指，从左向右挥动一下。

（三）双手搭成"∧"形。

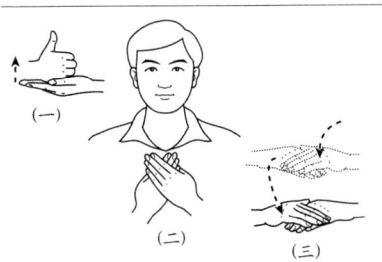

尊崇儒术　zūnchóng rúshù

（一）左手横伸；右手伸拇指，置于左手掌心上，左手向上一抬。

（二）双手斜伸，掌心向内，左手五指握住右手食、中、无名、小指。

（三）双手横伸，掌心向下，互拍手背。

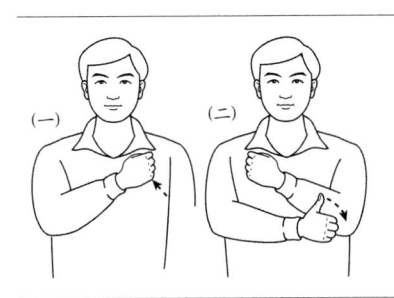

匈奴　Xiōngnú

（一）右手握拳，捶一下左胸部。

（二）左臂抬起，左手握拳，手背向外；右手伸拇指，指尖在左手肘部向下划一下。

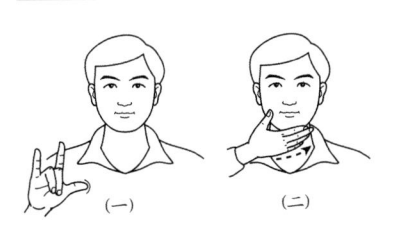

卫青　Wèi Qīng

（一）一手拇、食、小指直立，拇指尖抵于胸部一侧。

（二）一手横立，掌心向内，食、中、无名、小指并拢，在颏部从右向左摸一下。

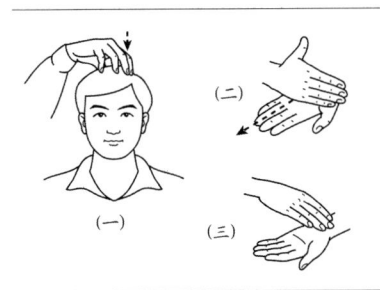

霍去病　Huò Qùbìng

（一）一手五指弯曲，指尖朝下，在头顶上点一下。

（二）左手横伸；右手侧立，置于左手掌心上，然后用力向左手指尖方向划动。

（三）左手平伸，掌心向上；右手五指并拢，食、中、无名指指尖按于左手腕的脉门处。

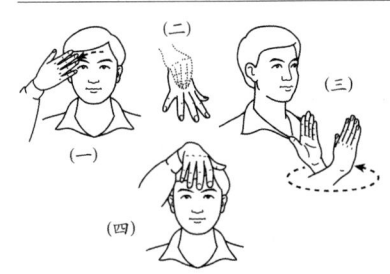

汉光武帝　Hàn Guāngwǔdì

（一）一手五指张开，手背向外，在额头上一抹，如流汗状。

（二）一手五指撮合，指尖朝下，然后张开。

（三）双手直立，手腕交叉相搭，平行转动一圈。

（四）一手手腕贴于前额，五指微曲，指尖朝下。

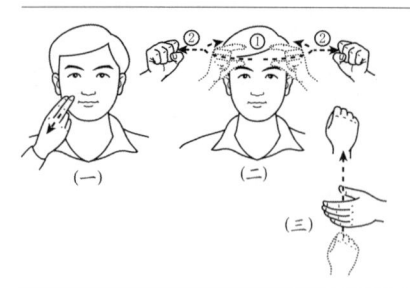

黄巾起义　Huángjīn Qǐyì
（一）一手打手指字母"H"的指式，摸一下脸颊。
（二）双手拇、食指成"⊏⊐"形，虎口朝内，从前额沿头部向后移动，然后向两侧握拳，如系头巾的动作。
（三）左手五指弯曲，虎口朝上；右手握拳，手背向外，从左手虎口处向上一举。

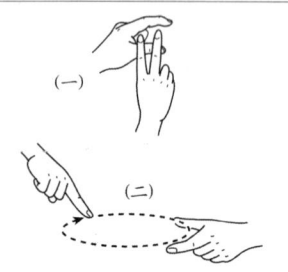

西域　Xīyù
（一）左手拇、食指成"⊏"形，虎口朝内；右手食、中指直立分开，手背向内，贴于左手拇指，仿"西"字部分字形。
（二）左手拇、食指成半圆形，虎口朝上；右手伸食指，指尖朝下，沿左手虎口划一圈。

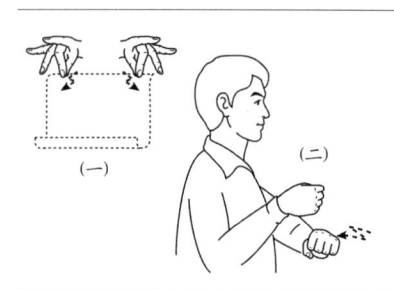

张骞　Zhāng Qiān
（一）双手拇、中指相捏，指尖朝下，微抖几下。
（二）左手握拳，向后移动几下，模仿手握缰绳骑马的动作；右手虚握，虎口朝上，模仿持节杖的动作。

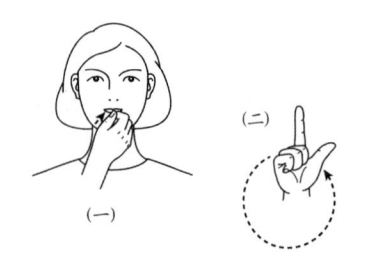

蔡伦　Cài Lún
（一）一手拇、食指相捏，指尖朝内，置于嘴边，嘴同时微动一下，如嗑葵花籽状。"葵"与"蔡"形近，借代。
（二）一手打手指字母"L"的指式，顺时针上下转动一圈。

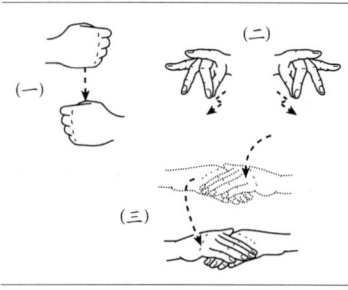

造纸术　zàozhǐshù
（一）双手握拳，一上一下，右拳向下砸一下左拳。
（二）双手拇、中指相捏，指尖朝下，微抖几下。
（三）双手横伸，掌心向下，互拍手背。

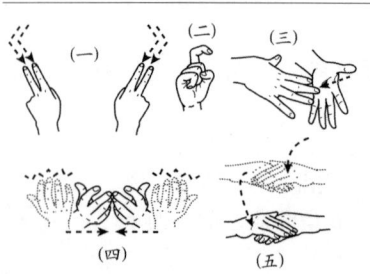

《九章算术》　Jiǔ Zhāng Suànshù
（一）双手伸食、中指，指尖朝前上方，书空书名号。
（二）一手食指弯曲，中节指指背向上，虎口朝内。
（三）左手斜伸，掌心向后上方，五指张开；右手平伸，掌心向下，五指张开，在左手掌心上从上向下移动。
（四）双手五指微曲，掌心向上，边交替点动边互碰。
（五）双手横伸，掌心向下，互拍手背。

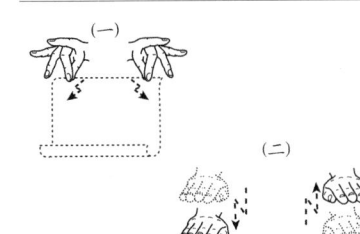

二、中国古代史　33

张衡　Zhāng Héng
（一）双手拇、中指相捏，指尖朝下，微抖几下。
（二）双手平伸，掌心向下，上下交替微移几下，然后双手保持平衡状态。

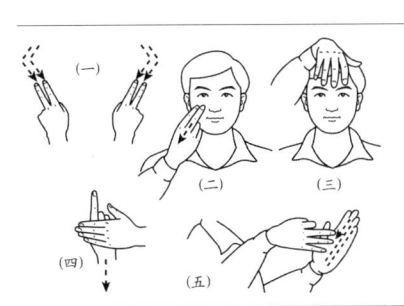

《黄帝内经》　Huángdì Nèijīng
（一）双手伸食、中指，指尖朝前上方，书空书名号。
（二）一手打手指字母"H"的指式，摸一下脸颊。
（三）一手手腕贴于前额，五指微曲，指尖朝下。
（四）左手横立；右手食指直立，在左手掌心内从上向下移动。
（五）左手斜伸，掌心向内；右手伸中、无名、小指（或五指），指尖对着左手，从上向下、从右向左移动几下，目光随之移动。

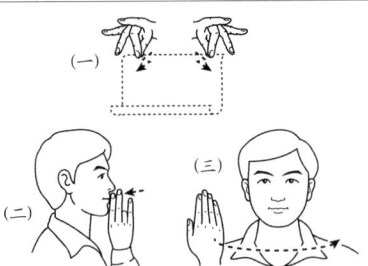

张仲景　Zhāng Zhòngjǐng
（一）双手拇、中指相捏，指尖朝下，微抖几下。
（二）右手打手指字母"ZH"的指式，指尖朝上，掌心向左，碰一下嘴唇。
（三）一手直立，掌心向内，从一侧向另一侧做弧形移动。

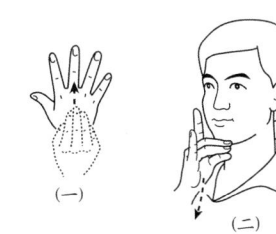

华佗　Huà Tuó
（一）一手五指撮合，指尖朝上，边向上微移边张开。
（二）一手打手指字母"T"的指式，从颔部向下移动少许，表示华佗的胡子。

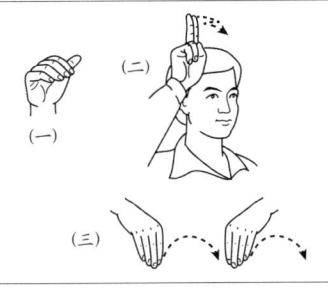

司马迁　Sīmǎ Qiān
（一）一手打手指字母"S"的指式。
（二）一手食、中指直立并拢，虎口贴于太阳穴，向前微动两下，仿马的耳朵。
（三）双手五指撮合，指尖朝下，从一侧向另一侧做弧形移动。

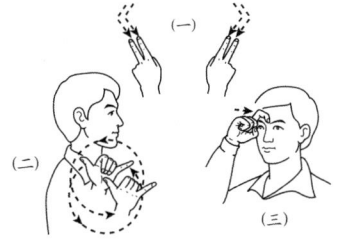

《史记》　Shǐ Jì
（一）双手伸食、中指，指尖朝前上方，书空书名号。
（二）双手伸拇、小指，指尖朝上，交替向肩后转动。
（三）一手打手指字母"J"的指式，碰一下前额。

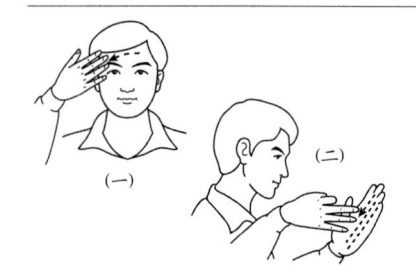

汉赋　hànfù

（一）一手五指张开，手背向外，在额头上一抹，如流汗状。

（二）左手斜伸，掌心向内；右手伸中、无名、小指（或五指），指尖对着左手，从上向下、从右向左移动几下，目光随之移动。

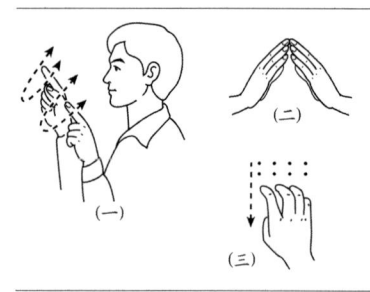

乐府诗　yuèfǔshī

（一）双手伸食指，指尖朝前上方，模仿指挥乐曲的动作。

（二）双手搭成"∧"形。

（三）一手食、中、无名、小指弯曲，指尖朝前，从上向下点动几下，如一行行的诗句。

4. 三国、两晋、南北朝

三国　Sān Guó

（一）一手中、无名、小指横伸分开，手背向外（或一手中、无名、小指直立分开，掌心向外）。

（二）一手打手指字母"G"的指式，顺时针平行转动一圈。

魏　Wèi

右手打手指字母"W"的指式，手背向右，置于头一侧，表示三国时期的"魏国"。

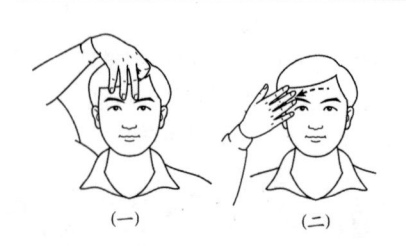

蜀汉　Shǔ-Hàn

（一）一手中、无名、小指分开，指尖朝下，手背向外，置于前额，表示三国时期的"蜀国"。

（二）一手五指张开，手背向外，在额头上一抹，如流汗状。

二、中国古代史 35

吴　Wú
一手五指捏成球形,手背向下,左右微晃几下,表示三国时期的"吴国"。

晋　Jìn
一手食、中、无名指弯曲,指尖朝后,置于头上,仿晋朝官帽的样子。

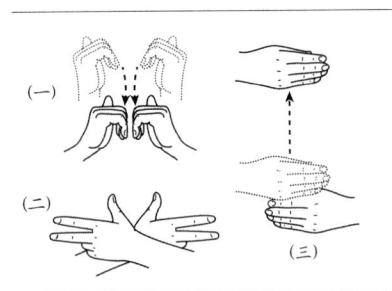

南北朝　Nán-Běi Cháo
(一)双手五指弯曲,食、中、无名、小指指尖朝下,手腕向下转动一下。
(二)双手伸拇、食、中指,手背向外,手腕交叉相搭,仿"北"字形。
(三)双手五指成"⊏⊐"形,虎口朝上,上下相叠,左手在下不动,右手向上移动。

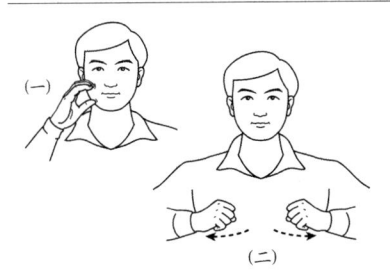

曹操　Cáo Cāo
(一)一手打手指字母"C"的指式,指尖抵于脸颊一侧。
(二)双手握拳屈肘,手背向上,在胸前做一下扩胸的动作。

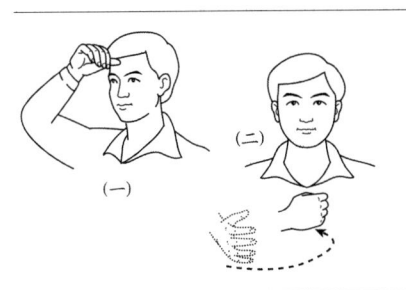

孙权　Sūn Quán
(一)一手打手指字母"S"的指式,拇指尖抵于前额。
(二)右手侧立,五指微曲张开,边向左做弧形移动边握拳。

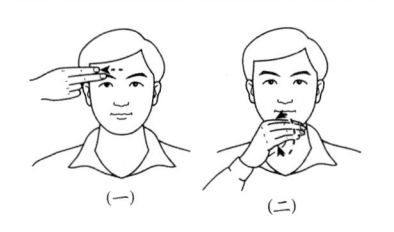

周瑜　Zhōu Yú
(一)一手食、中指横伸并拢,指面摸一下眉毛。
(二)一手五指撮合,置于嘴前,前后转动。

刘备 Liú Bèi

（一）一手伸拇、小指，指尖朝外，左右晃动几下。
（二）双手横伸，掌心向下，边右手掌拍左手背边双手同时向左移动。

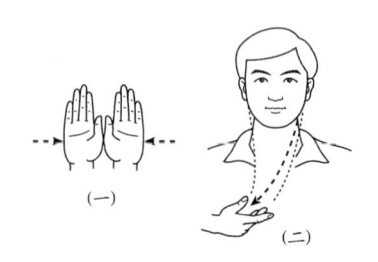

关羽 Guān Yǔ

（一）双手直立，掌心向外，从两侧向中间移动并互碰。
（二）一手做捋长胡须的动作。

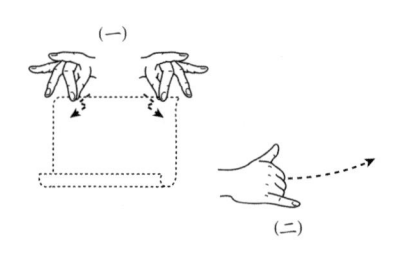

张飞 Zhāng Fēi

（一）双手拇、中指相捏，指尖朝下，微抖几下。
（二）一手伸拇、小指，手背向上，从一侧向另一侧上方移动。

诸葛亮 Zhūgě Liàng

一手虚握，在头边摇动，如扇扇子状。

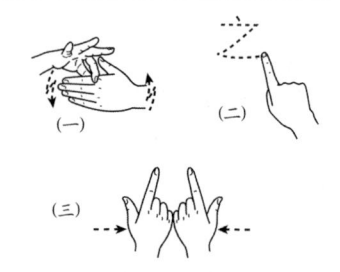

赤壁之战 Chìbì Zhī Zhàn

（一）左手横立，掌心向内；右手拇、食指捏住左手食指根部，其他三指伸出，左手随之上下摆动。
（二）一手伸食指，指尖朝前，书空"之"字形。
（三）双手伸拇、食指，食指尖朝上，掌心向内，小指下缘互碰一下。

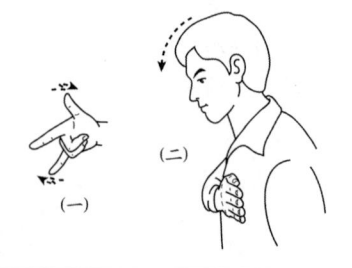

鲜卑 Xiānbēi

（一）一手伸拇、食、小指，指尖朝斜前方，左右晃动几下。
（二）右手横立，掌心贴于左胸，同时低头含胸。

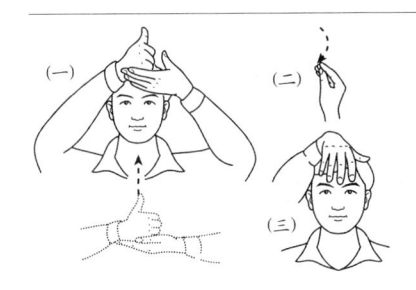

孝文帝 Xiàowéndì

（一）左手横伸；右手伸拇指，置于左手掌心上，然后左手向上抬至前额。

（二）一手五指撮合，指尖朝前，撇动一下，如执毛笔写字状。

（三）一手手腕贴于前额，五指微曲，指尖朝下。

洛阳 Luòyáng

左手五指捏成圆形，虎口朝上；右手伸拇、小指，手背向上，拇指向下碰两下左手虎口。

（此为当地聋人手语）

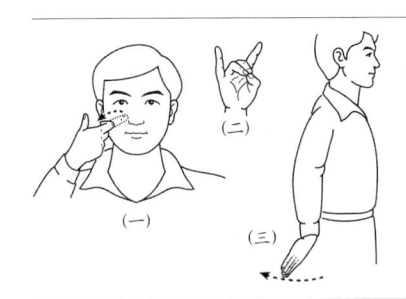

冯太后 Féng Tàihòu

（一）一手伸拇、食指，手背向外，食指在脸颊抹一下。

（二）一手打手指字母"T"的指式。

（三）一手五指并拢，指尖朝下，向身后挥动一下。

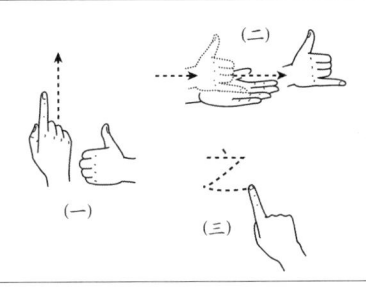

祖冲之 Zǔ Chōngzhī

（一）左手伸拇指，手背向外；右手食指直立，拇指尖按于食指根部，手背向外，置于左手旁，然后向上移动。

（二）左手平伸；右手伸拇、小指，在左手掌心上用力向外移出。

（三）一手伸食指，指尖朝前，书空"之"字形。

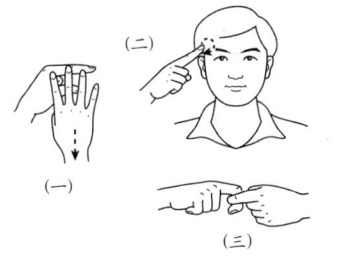

贾思勰 Jiǎ Sīxié

（一）左手拇、食指成"匚"形，虎口朝内；右手食、中、无名、小指直立分开，掌心向外，置于左手虎口上，然后向下移动，仿"贾"字的上半部。

（二）一手伸食指，在太阳穴前后转动一圈。

（三）双手食指相互勾住。"协"与"勰"音同，借代。

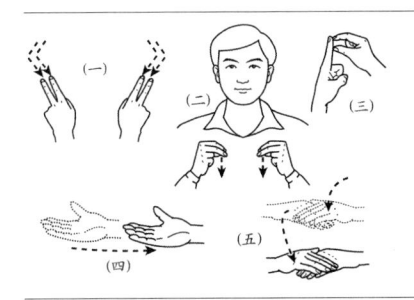

《齐民要术》 Qímín Yàoshù

（一）双手伸食、中指，指尖朝前上方，书空书名号。

（二）双手打手指字母"Q"的指式，指尖相对，虎口朝上，向下微动一下。

（三）左手食指与右手拇、食指搭成"民"字的一部分。

（四）一手平伸，掌心向上，向后移动一下。

（五）双手横伸，掌心向下，互拍手背。

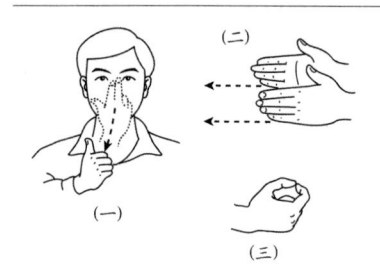

郦道元　Lì Dàoyuán

（一）一手伸拇、食、中指，食、中指并拢，先置于鼻部，然后边向外移动边缩回食、中指。"丽"与"郦"音同形近，借代。

（二）双手侧立，掌心相对，向前移动。

（三）一手拇、食指捏成圆形，虎口朝上。

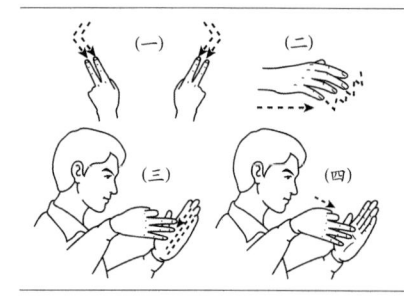

《水经注》　Shuǐ Jīng Zhù

（一）双手伸食、中指，指尖朝前上方，书空书名号。

（二）一手横伸，掌心向下，五指张开，边交替点动边向一侧移动。

（三）左手斜伸，掌心向内；右手伸中、无名、小指（或五指），指尖对着左手，从上向下、从右向左移动几下，目光随之移动。

（四）左手斜伸，掌心向内；右手伸中、无名、小指，在左手掌心上点一下。

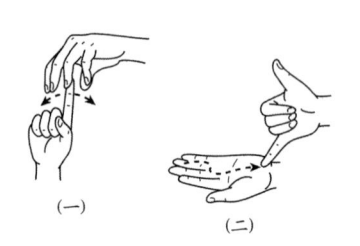

锺繇　Zhōng Yáo

（一）左手五指弯曲，指尖朝下；右手食指直立，掌心向外，在左手掌心下左右晃动两下，仿铸钟的形状。"钟"与"锺"音同，借代。

（二）左手平伸；右手伸拇、小指，指尖朝前，在左手掌心上随意向内移动一下，表示锺繇擅长书法。

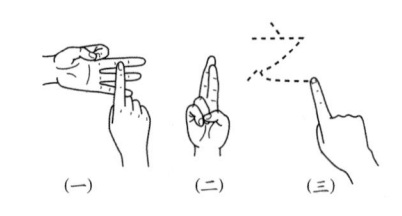

王羲之　Wáng Xīzhī

（一）左手中、无名、小指与右手食指搭成"王"字形。

（二）一手打手指字母"X"的指式。

（三）一手伸食指，指尖朝前，书空"之"字形。

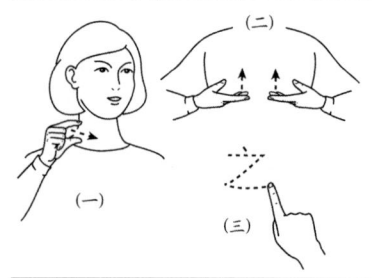

顾恺之　Gù Kǎizhī

（一）一手拇、食指张开，指尖抵于颈部，然后从后向前移动一下。

（二）双手横伸，掌心向上，在胸前同时向上移动一下。

（三）一手伸食指，指尖朝前，书空"之"字形。

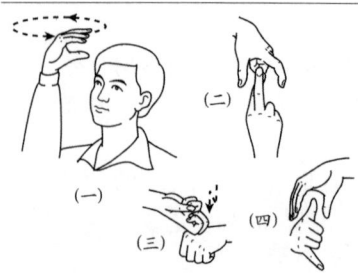

云冈石窟　Yún Gāng Shíkū

（一）一手五指成"⊃"形，虎口朝内，在头前上方平行转动两下。

（二）左手拇、食指成"冂"形，虎口朝内；右手食、中指相叠，指尖朝上，手背向内，置于左手虎口，仿"冈"字形。

（三）左手握拳；右手食、中指弯曲，以指关节在左手背上敲两下。

（四）左手五指成"∩"形，虎口朝内；右手伸拇、小指，手背向右，置于左手下。

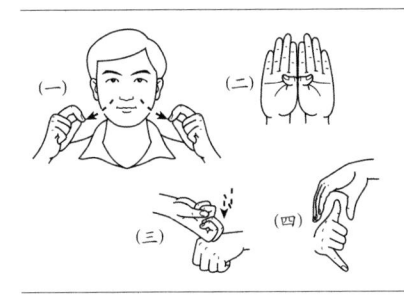

龙门石窟　Lóngmén Shíkū

（一）双手拇、食指相捏，从鼻下向两侧斜前方拉出，表示龙的两条长须。
（二）双手并排直立，掌心向外，食、中、无名、小指并拢，拇指弯回。
（三）左手握拳；右手食、中指弯曲，以指关节在左手背上敲两下。
（四）左手五指成"∩"形，虎口朝内；右手伸拇、小指，手背向右，置于左手下。

5. 隋、唐

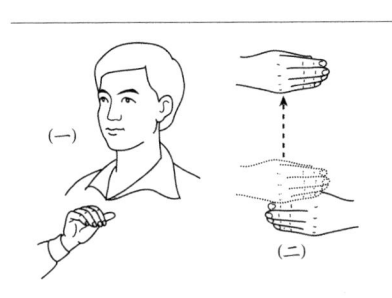

隋朝　Suí Cháo

（一）一手打手指字母"S"的指式，拇指尖抵于胸部。
（二）双手五指成"⊏⊐"形，虎口朝上，上下相叠，左手在下不动，右手向上移动。

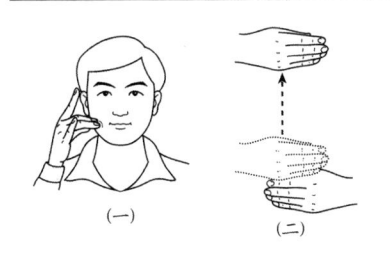

唐朝　Táng Cháo

（一）一手打手指字母"T"的指式，拇、中、无名指指尖抵于脸颊。
（二）双手五指成"⊏⊐"形，虎口朝上，上下相叠，左手在下不动，右手向上移动。

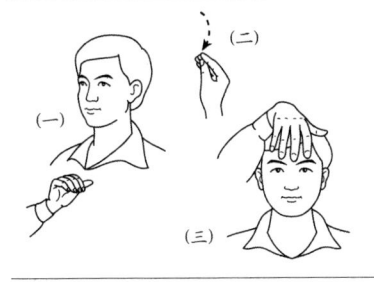

隋文帝　Suí Wéndì

（一）一手打手指字母"S"的指式，拇指尖抵于胸部。
（二）一手五指撮合，指尖朝前，撇动一下，如执毛笔写字状。
（三）一手手腕贴于前额，五指微曲，指尖朝下。

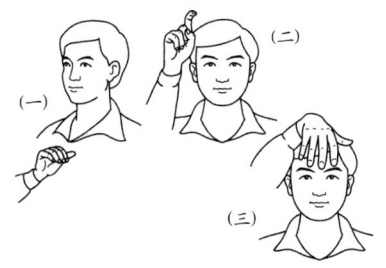

隋炀帝　Suí Yángdì

（一）一手打手指字母"S"的指式，拇指尖抵于胸部。
（二）一手食指弯曲如钩，虎口贴于太阳穴，仿羊头上弯曲的角。"羊"与"炀"音同，借代。
（三）一手手腕贴于前额，五指微曲，指尖朝下。

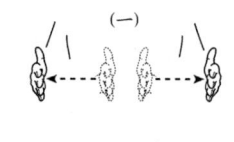

大运河　Dà Yùnhé
　　（一）双手侧立，掌心相对，同时向两侧移动，幅度要大些。
　　（二）双手横伸，掌心上下相对，向一侧移动一下。
　　（三）双手侧立，掌心相对，相距窄些，向前做曲线形移动。

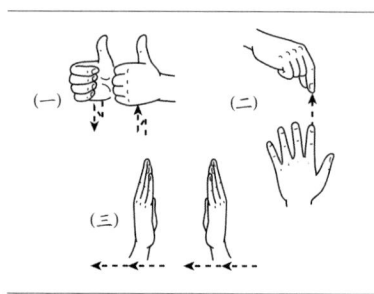

科举制　kējǔzhì
　　（一）双手伸拇指，上下交替动两下。
　　（二）左手直立，掌心向内，五指张开；右手拇、食指捏一下左手食指，然后向上移动。
　　（三）双手直立，掌心左右相对，向一侧一顿一顿移动几下。

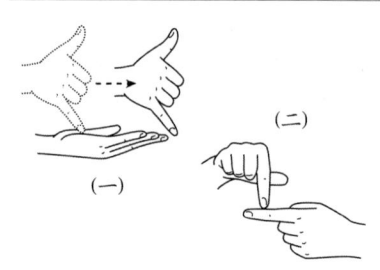

进士　jìnshì
　　（一）左手平伸；右手伸拇、小指，小指尖抵于左手掌心，向前移动。
　　（二）左手食指与右手拇、食指搭成"士"字形。

举人　jǔrén
　　（一）左手伸拇指，手背向左；右手直立，指面贴于左手指背，向左上方移动一下，表示推举的意思。
　　（二）双手食指搭成"人"字形。

秀才　xiù·cai
　　（一）左手侧立；右手伸拇指，边指尖顶向左手掌心边竖起。
　　（二）左手食指横伸；右手伸食指，在左手食指上书空"丨""丿"，仿"才"字形。

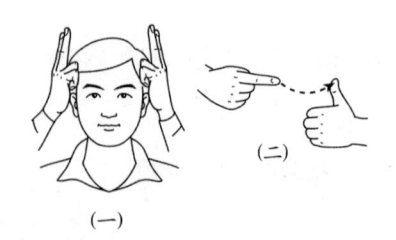

状元　zhuàng·yuan
　　（一）双手食、中指直立并拢，指面相对，置于头两侧，仿状元帽上的两支花翎。
　　（二）左手伸拇指；右手伸食指，碰一下左手拇指。

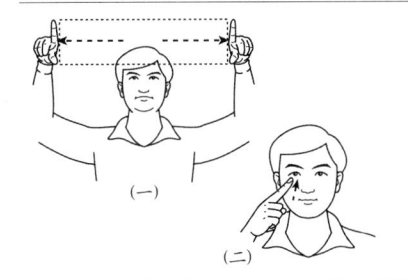

榜眼　bǎngyǎn

（一）双手拇、食指张开，指尖朝前，虎口相对，置于头前上方，从中间向两侧移动。

（二）一手伸食指，指一下眼睛。

探花　tànhuā

右手五指撮合，指尖朝上，置于左胸部，然后开合两下。

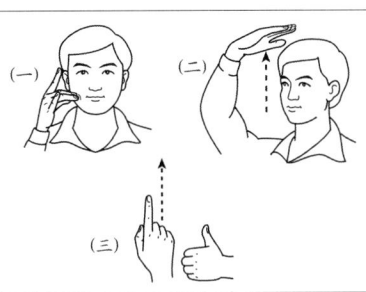

唐高祖　Táng Gāozǔ

（一）一手打手指字母"T"的指式，拇、中、无名指指尖抵于脸颊。

（二）一手横伸，掌心向下，向上移过头顶。

（三）左手伸拇指，手背向外；右手食指直立，拇指尖按于食指根部，手背向外，置于左手旁，然后向上移动。

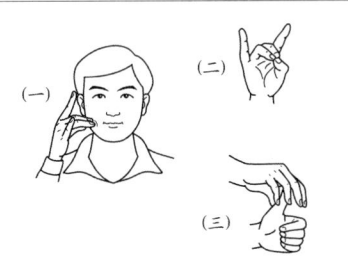

唐太宗　Táng Tàizōng

（一）一手打手指字母"T"的指式，拇、中、无名指指尖抵于脸颊。

（二）一手打手指字母"T"的指式。

（三）左手伸拇指；右手五指微曲，掌心向下，置于左手拇指上。

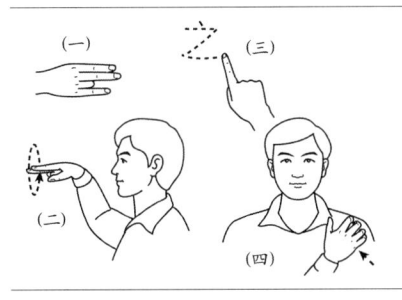

贞观之治　Zhēnguān Zhī Zhì

（一）一手打手指字母"ZH"的指式。

（二）一手食、中指分开，指尖朝前，手背向上，在面前转动一圈。

（三）一手伸食指，指尖朝前，书空"之"字形。

（四）右手五指微曲，指尖朝内，按向左肩。

魏征　Wèi Zhēng

（一）右手打手指字母"W"的指式，手背向右，置于头一侧。

（二）一手食、中指分开，指尖朝下，交替向前移动。

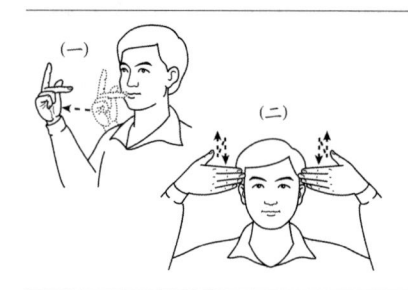

谏臣　jiànchén

（一）右手打手指字母"K"的指式，中指尖朝左，从嘴部向前移出。

（二）双手横立，掌心向内，指尖抵于太阳穴两侧，并上下晃动两下。

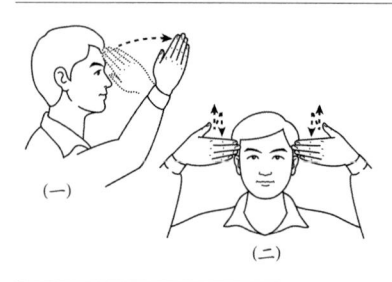

忠臣　zhōngchén

（一）一手五指并拢，食指外侧贴于前额，然后向外一挥（或一手伸拇指，虎口朝上，从前额划至鼻前）。

（二）双手横立，掌心向内，指尖抵于太阳穴两侧，并上下晃动两下。

（"忠诚"的手语存在地域差异，可根据实际选择使用）

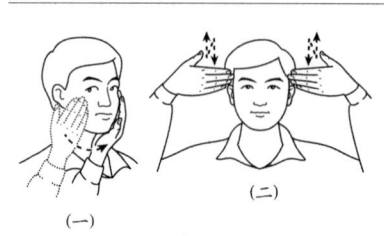

奸臣　jiānchén

（一）右手掌先贴于右脸颊，再贴于左脸颊，眼睛斜视。

（二）双手横立，掌心向内，指尖抵于太阳穴两侧，并上下晃动两下。

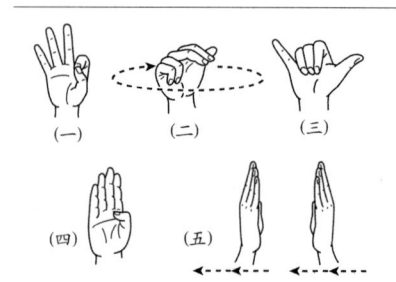

三省六部制　sānshěng-liùbùzhì

（一）一手中、无名、小指直立分开，掌心向外。

（二）一手打手指字母"SH"的指式，顺时针平行转动一圈。

（三）一手拇、小指直立，掌心向外。

（四）一手打手指字母"B"的指式。

（五）双手直立，掌心左右相对，向一侧一顿一顿移动几下。

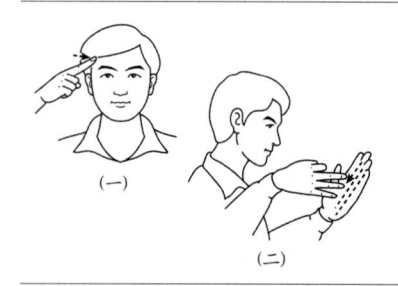

明经　míngjīng

（一）一手伸食指，点一下太阳穴。

（二）左手斜伸，掌心向内；右手伸中、无名、小指（或五指），指尖对着左手，从上向下、从右向左移动几下，目光随之移动。

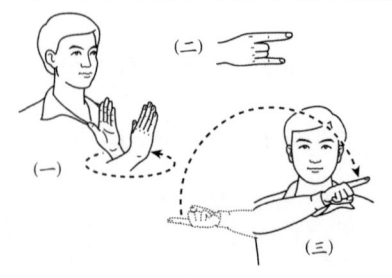

武则天　Wǔ Zétiān

（一）双手直立，手腕交叉相搭，平行转动一圈。

（二）一手打手指字母"Z"的指式。

（三）右手食指横伸，指尖朝右，掌心向上，向左做弧形移动。

武举　wǔjǔ

（一）双手直立，手腕交叉相搭，平行转动一圈。
（二）左手直立，掌心向内，五指张开；右手拇、食指捏一下左手食指，然后向上移动。

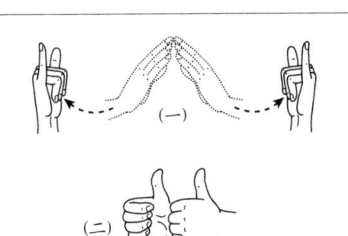

殿试　diànshì

（一）双手搭成"∧"形，然后左右分开并伸出拇、小指，指尖朝上，仿宫殿翘起的飞檐。
（二）双手伸拇指，上下交替动两下（或左手横伸；右手侧立，手背微拱，在左手掌心上向左刮动几下）。
（"考试"的手语存在地域差异，可根据实际选择使用）

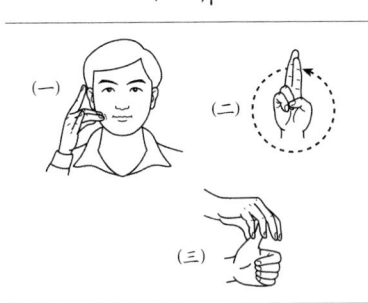

唐玄宗　Táng Xuánzōng

（一）一手打手指字母"T"的指式，拇、中、无名指指尖抵于脸颊。
（二）一手打手指字母"X"的指式，上下转动一圈。
（三）左手伸拇指；右手五指微曲，掌心向下，置于左手拇指上。

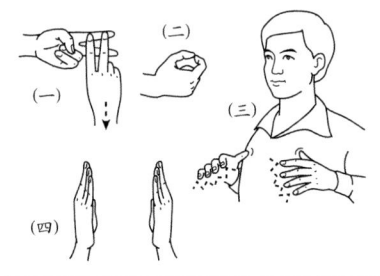

开元盛世　Kāiyuán Shèngshì

（一）双手食、中指搭成"开"字形，左手不动，右手向下移动一下。
（二）一手拇、食指捏成圆形，虎口朝上。
（三）双手五指张开，掌心向下，拇指尖抵于胸部，其他四指交替点动几下。
（四）双手直立，掌心左右相对。

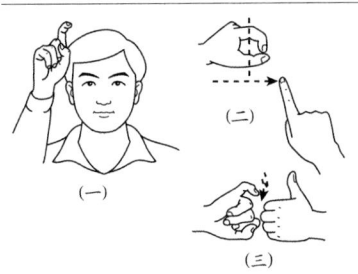

杨贵妃　Yáng Guìfēi

（一）一手食指弯曲如钩，虎口贴于太阳穴，仿羊头上弯曲的角。"羊"与"杨"音同，借代。
（二）左手拇、食指捏成圆形，虎口朝内；右手食指在左手圆形上书空"⊥"，仿"贵"字的上半部。
（三）左手伸拇指，手背向外；右手伸小指，指尖朝上，朝左手拇指弯动两下，表示皇帝的妾。

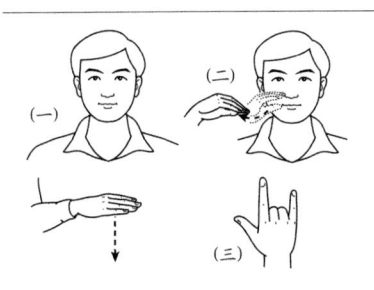

安禄山　Ān Lùshān

（一）一手横伸，掌心向下，自胸部向下一按。
（二）右手五指成"⊐"形，虎口朝内，在口鼻右侧边向右移动边撮合，并向上一翘。
（三）一手拇、食、小指直立，手背向外，仿"山"字形。

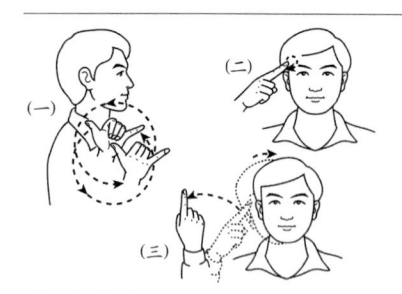

史思明 Shǐ Sīmíng

（一）双手伸拇、小指，指尖朝上，交替向肩后转动。
（二）一手伸食指，在太阳穴前后转动一圈。
（三）头微偏，一手食指抵于太阳穴，然后向外移动，头转正。

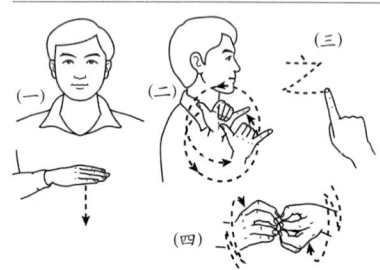

安史之乱 Ān-Shǐ Zhī Luàn

（一）一手横伸，掌心向下，自胸部向下一按。
（二）双手伸拇、小指，指尖朝上，交替向肩后转动。
（三）一手伸食指，指尖朝前，书空"之"字形。
（四）双手虚握，指尖左右相抵，前后反向拧动几下。

黄巢起义 Huáng Cháo Qǐyì

（一）一手打手指字母"H"的指式，摸一下脸颊。
（二）左手平伸，掌心向上，五指微曲；右手中、无名、小指分开，指尖朝前，手背向上，在左手上方书空"巛"，仿"巢"字的上半部。
（三）左手五指弯曲，虎口朝上；右手握拳，手背向外，从左手虎口处向上一举。

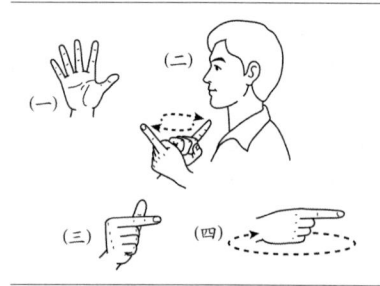

五代十国 Wǔ Dài Shí Guó

（一）一手五指直立张开，掌心向外。
（二）双手伸食指，手腕交叉相贴，然后前后转动，互换位置。
（三）一手拇、食指搭成"十"字形。
（四）一手打手指字母"G"的指式，顺时针平行转动一圈。

突厥 Tūjué

（一）一手食指横伸，置于鼻下，然后突然向一侧移动并张开五指。
（二）右手五指成半圆形，虎口朝内，沿前额从左向右移动一下。

回纥 Huíhé

（一）一手打手指字母"U"的指式，手背贴于前额。
（二）右手五指成"冂"形，虎口朝外，边捏动边沿颊部从左向右移动。

吐蕃 Tǔbō

（一）一手拇、食指成圆形，指尖稍分开，虎口朝上，从嘴部向外移动少许。

（二）左手横伸；右手在左手掌心上模仿做糌粑的动作。

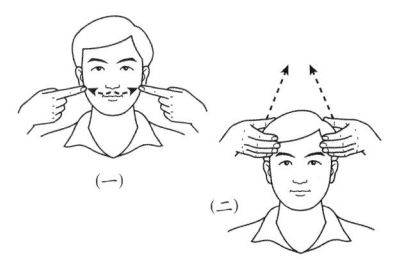

松赞干布 Sōngzàngānbù

（一）双手食指横伸，手背向外，在口鼻部同时向两侧斜上方做弧形移动，表示松赞干布翘起的胡子。

（二）双手五指成半圆形，虎口朝上，边从头两侧向头顶上方移动边靠拢，仿松赞干布帽子的形状。

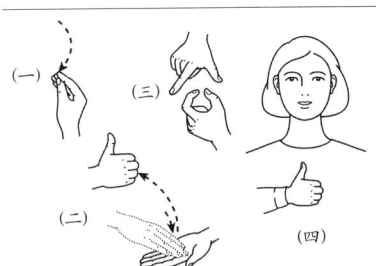

文成公主 Wénchéng Gōngzhǔ

（一）一手五指撮合，指尖朝前，撇动一下，如执毛笔写字状。

（二）左手横伸，掌心向上；右手先拍一下左手掌，再伸出拇指。

（三）双手拇、食指搭成"公"字形，虎口朝外。

（四）一手伸拇指，贴于胸部。

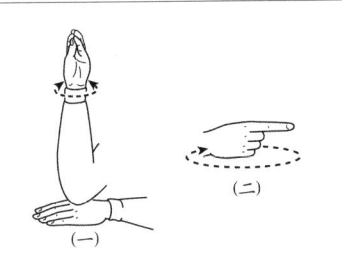

渤海国 Bóhǎiguó

（一）左手横伸；右手五指撮合，指尖朝上，肘部置于左手背上，手腕来回转动，表示中国古代历史上出现的一个少数民族政权。

（二）一手打手指字母"G"的指式，顺时针平行转动一圈。

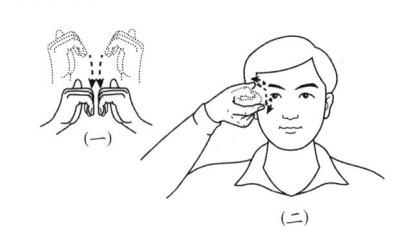

南诏 Nánzhào

（一）双手五指弯曲，食、中、无名、小指指尖朝下，手腕向下转动一下。

（二）一手拇、食指相捏，虎口朝上，在一侧太阳穴旁弹开两下。

玄奘 Xuánzàng

（一）一手打手指字母"X"的指式，上下转动一圈。

（二）一手伸拇、小指，拇指尖在头顶上从前向后划动。

（三）双手合十，双眼闭拢，头微低。

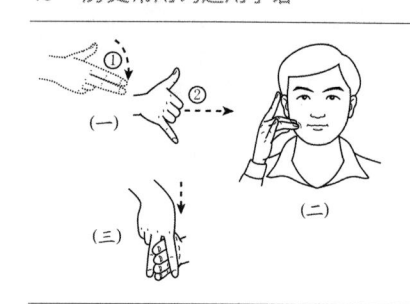

遣唐使　qiǎntángshǐ

（一）一手伸拇、食、中指，食、中指并拢，向下一挥，再伸出拇、小指，指尖朝外，从内向外移动。

（二）一手打手指字母"T"的指式，拇、中、无名指指尖抵于脸颊。

（三）左手侧立；右手食、中指分开，指尖朝下，插向左手，表示跨两国事务的意思。

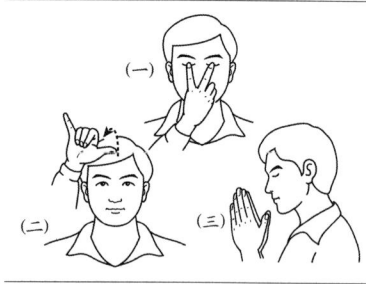

鉴真　Jiànzhēn

（一）一手食、中指指尖贴于双眼，眼闭拢，表示双目失明。

（二）一手伸拇、小指，拇指尖在头顶上从前向后划动。

（三）双手合十，双眼闭拢，头微低。

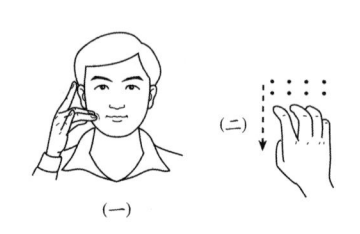

唐诗　tángshī

（一）一手打手指字母"T"的指式，拇、中、无名指指尖抵于脸颊。

（二）一手食、中、无名、小指弯曲，指尖朝前，从上向下点动几下，如一行行的诗句。

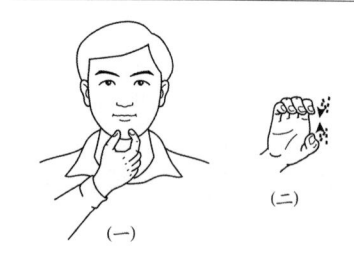

李白　Lǐ Bái

（一）一手拇、食指弯曲，指尖朝内，抵于颏部。

（二）一手五指弯曲，掌心向外，指尖弯动两下。

诗仙　shīxiān

（一）一手食、中、无名、小指弯曲，指尖朝前，从上向下点动几下，如一行行的诗句。

（二）左手拇、食指成"亻"形；右手拇、食、小指直立，手背向外，置于左手旁，仿"仙"字形。

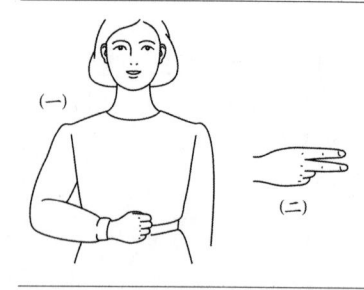

杜甫　Dù Fǔ

（一）一手打手指字母"D"的指式，置于腹部。

（二）一手打手指字母"F"的指式。

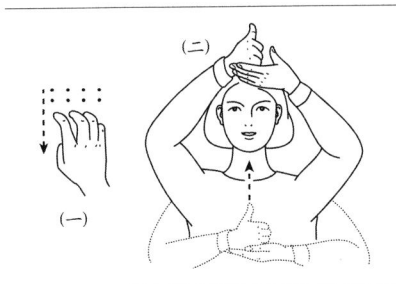

诗圣　shīshèng

（一）一手食、中、无名、小指弯曲，指尖朝前，从上向下点动几下，如一行行的诗句。

（二）左手横伸；右手伸拇指，置于左手掌心上，然后左手向上抬至前额。

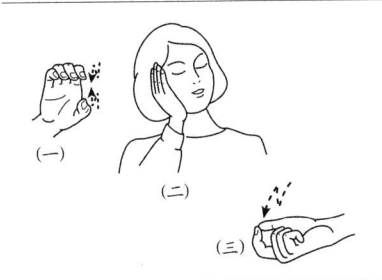

白居易　Bái Jūyì

（一）一手五指弯曲，掌心向外，指尖弯动两下。

（二）一手掌心贴于脸部，头微侧，闭眼，如睡觉状。

（三）一手拇、食指相捏，指尖朝上，向下晃动两下。

颜真卿　Yán Zhēnqīng

（一）一手直立，掌心向内，五指张开，在嘴唇部交替点动。

（二）左手食指横伸；右手食指直立，向下敲一下左手食指。

（三）一手打手指字母"Q"的指式。

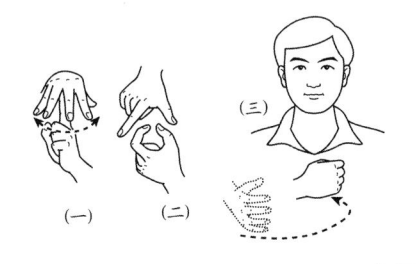

柳公权　Liǔ Gōngquán

（一）左手食指直立；右手五指张开，指尖朝下，手腕置于左手食指尖，左右晃动两下。

（二）双手拇、食指搭成"公"字形，虎口朝外。

（三）右手侧立，五指微曲张开，边向左做弧形移动边握拳。

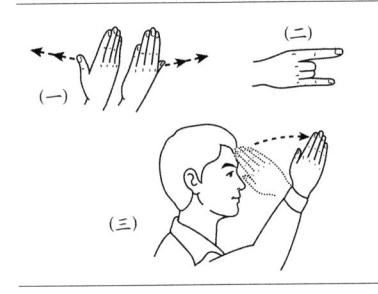

展子虔　Zhǎn Zǐqián

（一）双手直立，掌心向内，置于面前，从中间向两侧一顿一顿移动几下。

（二）一手打手指字母"Z"的指式。

（三）一手五指并拢，食指外侧贴于前额，然后向外一挥。

阎立本　Yán Lìběn

（一）左手拇、食指成"冂"形，虎口朝内；右手伸拇、食、小指，食、小指朝左下方，置于左手下，仿"阎"字部分字形。

（二）左手横伸；右手食、中指分开，指尖朝下，立于左手掌心上。

（三）双手侧立，掌心相贴，然后向两侧打开。

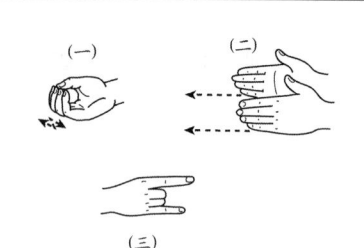

吴道子　Wú Dàozǐ

（一）一手五指捏成球形，手背向下，左右微晃几下。
（二）双手侧立，掌心相对，向前移动。
（三）一手打手指字母"Z"的指式。

僧一行　Sēng Yīxíng

（一）双手拇、食指微张，虎口朝内，在眉部向两侧斜下方做弧形移动。
（二）一手伸拇、小指，拇指尖在头顶上从前向后划动。
（三）双手合十，双眼闭拢，头微低。

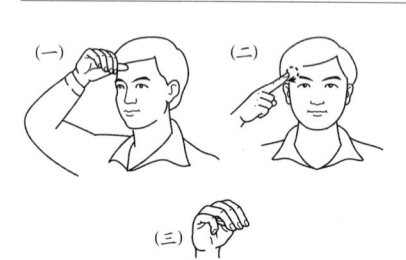

孙思邈　Sūn Sīmiǎo

（一）一手打手指字母"S"的指式，拇指尖抵于前额。
（二）一手伸食指，在太阳穴前后转动一圈。
（三）一手打手指字母"M"的指式。

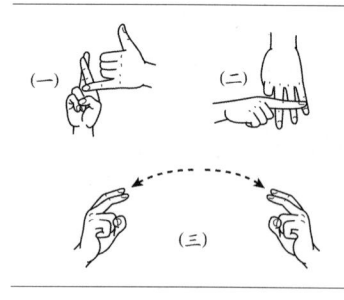

赵州桥　Zhàozhōu Qiáo

（一）左手伸拇、小指，小指横伸，手背向外；右手食、中指相叠，掌心向外，贴于左手小指。
（二）左手中、无名、小指分开，指尖朝下，手背向外；右手食指横伸，置于左手三指间，仿"州"字形。
（三）双手食、中指微曲分开，指尖相对，指背向上，从中间向两侧下方做弧形移动。

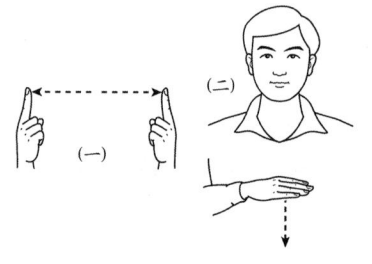

长安　Cháng'ān

（一）双手食指直立，指面左右相对，从中间向两侧拉开。
（二）一手横伸，掌心向下，自胸部向下一按。

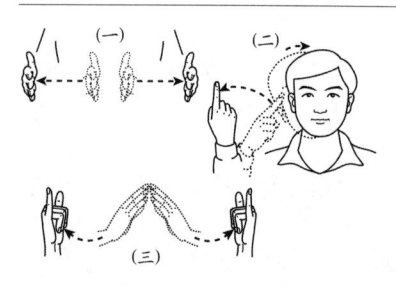

大明宫　Dàmíng Gōng

（一）双手侧立，掌心相对，同时向两侧移动，幅度要大些。
（二）头微偏，一手食指抵于太阳穴，然后向外移动，头转正。
（三）双手搭成"∧"形，然后左右分开并伸出拇、小指，指尖朝上，仿宫殿翘起的飞檐。

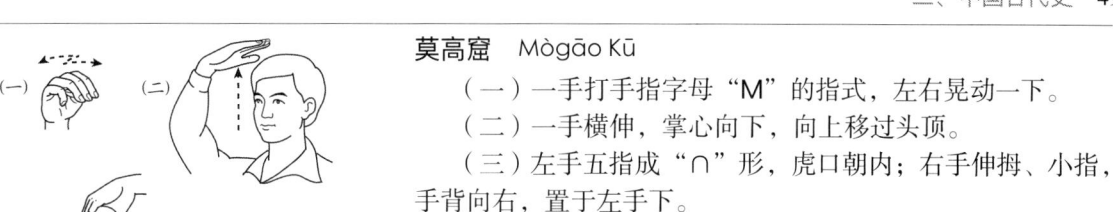

二、中国古代史　49

莫高窟　Mògāo Kū
（一）一手打手指字母"M"的指式，左右晃动一下。
（二）一手横伸，掌心向下，向上移过头顶。
（三）左手五指成"∩"形，虎口朝内；右手伸拇、小指，手背向右，置于左手下。

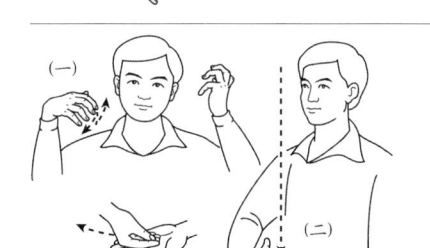

敦煌壁画　Dūnhuáng Bìhuà
（一）双手五指弯曲，左手高，右手低，置于同侧肩部上方，右手五指做弹拨的动作，如反弹琵琶状（或左手伸拇、小指，手背向外；右手伸食、中指，手背向上，在左手旁向右做曲线形移动）。
（二）一手横立，掌心向内，从上向下移动。
（三）左手横伸；右手五指撮合，指背在左手掌心上抹一下。

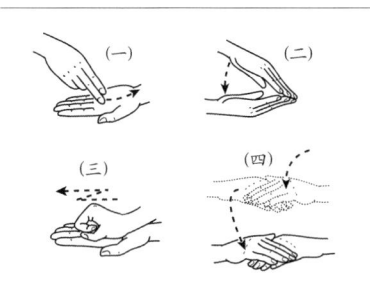

雕版印刷术　diāobǎn yìnshuāshù
（一）左手横伸；右手食、中指并拢，指尖朝下，在左手掌心上划动一下。
（二）左手平伸，掌心向上；右手斜伸，手背向前上方，指尖抵于左手指尖，然后向下一按。
（三）左手平伸；右手握拳，手背向上，在左手掌心上向前移动两下。
（四）双手横伸，掌心向下，互拍手背。

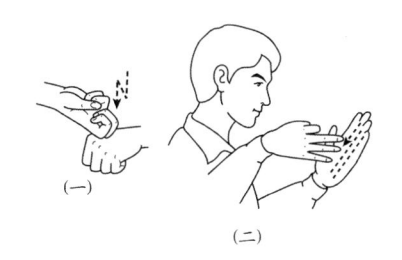

石经　shíjīng
（一）左手握拳；右手食、中指弯曲，以指关节在左手背上敲两下。
（二）左手斜伸，掌心向内；右手伸中、无名、小指（或五指），指尖对着左手，从上向下、从右向左移动几下，目光随之移动。

6. 辽、宋、夏、金、元

辽　Liáo
双手伸拇、食指，左手食指横伸，右手食指垂直于左手食指，然后向下移动一下。

宋朝　Sòng Cháo
（一）一手打手指字母"S"的指式，拇指尖抵于颏部。
（二）双手五指成"⊏⊐"形，虎口朝上，上下相叠，左手在下不动，右手向上移动。

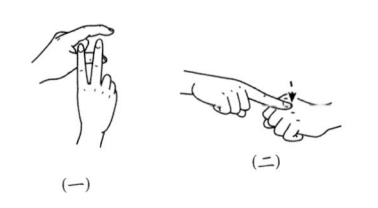

西夏　Xī Xià
（一）左手拇、食指成"⊏"形，虎口朝内；右手食、中指直立分开，手背向内，贴于左手拇指，仿"西"字部分字形。
（二）左手握拳，手背向上；右手食指点一下左手中指根部关节。

金　Jīn
双手伸拇、食、中指，食、中指并拢，交叉相搭，右手中指蹭一下左手食指。

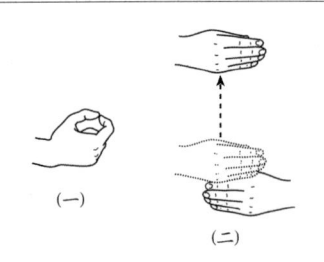

元朝　Yuán Cháo
（一）一手拇、食指捏成圆形，虎口朝上。
（二）双手五指成"⊏⊐"形，虎口朝上，上下相叠，左手在下不动，右手向上移动。

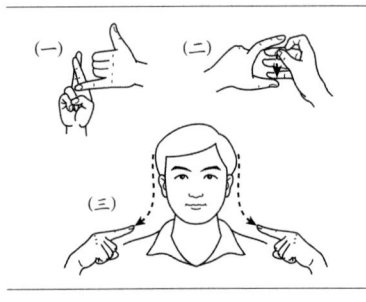

赵匡胤　Zhào Kuāngyìn
（一）左手伸拇、小指，小指横伸，手背向外；右手食、中指相叠，掌心向外，贴于左手小指。
（二）左手拇、食指成"⊏"形，虎口朝内；右手中、无名、小指横伸，置于左手"⊏"形内，拇指在中、无名、小指中间从上向下划一下，仿"匡"字形。
（三）双手食指直立，指面左右相对，在头两侧同时向下做弧形移动，仿"胤"字的外形。

王安石　Wáng Ānshí
（一）左手中、无名、小指与右手食指搭成"王"字形。
（二）一手横伸，掌心向下，自胸部向下一按。
（三）左手握拳；右手食、中指弯曲，以指关节在左手背上敲两下。

二、中国古代史　51

契丹　Qìdān
　　双手拇指按于食指中部，虎口朝上，在头两侧边来回转腕边向下移动。

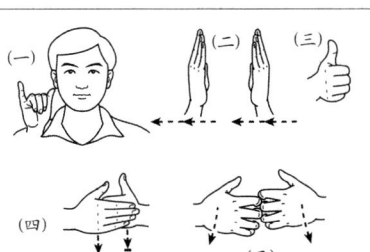

耶律阿保机　Yēlǜ Ābǎojī
　　（一）一手打手指字母"Y"的指式，置于同侧耳旁。
　　（二）双手直立，掌心左右相对，向一侧一顿一顿移动几下。
　　（三）一手打手指字母"A"的指式。
　　（四）左手伸拇指；右手横立，掌心向内，五指微曲，置于左手前，然后双手同时向下一顿。
　　（五）双手五指弯曲，食、中、无名、小指关节交错相触，向下转动一下。

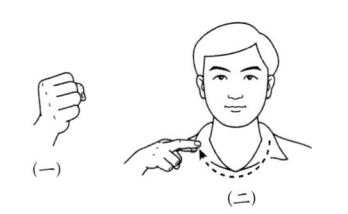

党项　Dǎngxiàng
　　（一）一手打手指字母"D"的指式。
　　（二）右手打手指字母"X"的指式，沿颈部从左向右做弧形移动。

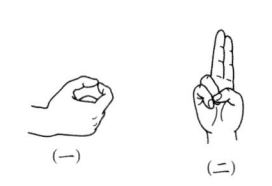

元昊　Yuán Hào
　　（一）一手拇、食指捏成圆形，虎口朝上。
　　（二）一手打手指字母"H"的指式。

女真　Nǚzhēn
　　双手五指成半圆形，指尖朝内，虎口朝上，在头两侧同时向下移动一下。

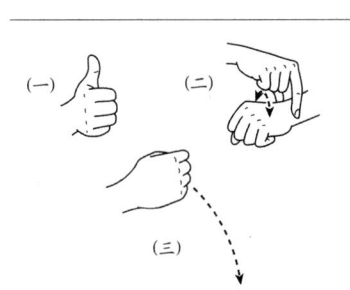

阿骨打　Āgǔdǎ
　　（一）一手打手指字母"A"的指式。
　　（二）左手握拳，手背向上；右手拇、食指张开，卡在左手腕，左手微转两下。
　　（三）一手握拳，向前下方挥动一下。

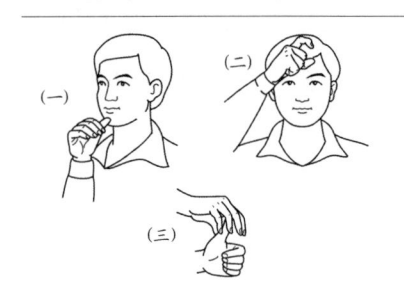

宋徽宗　Sòng Huīzōng

（一）一手打手指字母"S"的指式，拇指尖抵于颏部。
（二）一手拇、食指成半圆形，虎口朝内，贴于前额。
（三）左手伸拇指；右手五指微曲，掌心向下，置于左手拇指上。

岳飞　Yuè Fēi

（一）左手拇、食、小指直立，手背向外；右手五指弯曲，指尖朝下，在左手上弯动一下。
（二）一手伸拇、小指，手背向上，从一侧向另一侧上方移动。

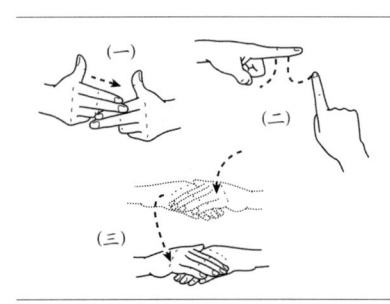

金兀术　Jīn Wùzhú

（一）双手伸拇、食、中指，食、中指并拢，交叉相搭，右手中指蹭一下左手食指。
（二）左手食指横伸；右手伸食指，在左手食指下书空"丿""乚"，仿"兀"字形。
（三）双手横伸，掌心向下，互拍手背。

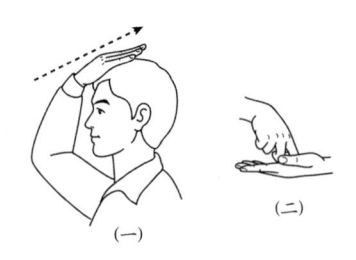

秦桧　Qín Huì

（一）一手五指并拢，指尖朝后，手背向上，在头顶上从低向高斜向移动一下。
（二）左手横伸；右手食、中指弯曲，指背贴于左手掌心。

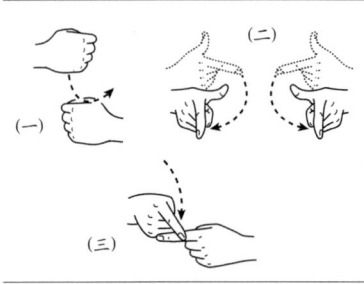

铁木真　Tiěmùzhēn

（一）双手握拳，虎口朝上，一上一下，右拳向下砸一下左拳，再向内移动。
（二）双手伸拇、食指，虎口朝上，手腕向前转动一下。
（三）左手食指横伸；右手食指直立，向下敲一下左手食指。

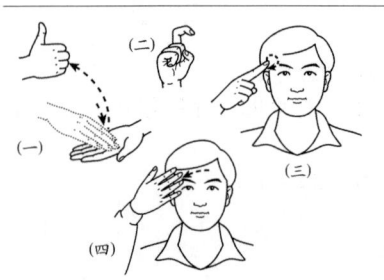

成吉思汗①　Chéngjísīhán①

（一）左手横伸，掌心向上；右手先拍一下左手掌，再伸出拇指。
（二）一手打手指字母"J"的指式。
（三）一手伸食指，在太阳穴前后转动一圈。
（四）一手五指张开，手背向外，在额头上一抹，如流汗状。

成吉思汗② Chéngjísīhán ②

一手五指撮合，指尖朝下，沿头顶转动一圈，然后虚握，虎口朝上，在头一侧向下移动。

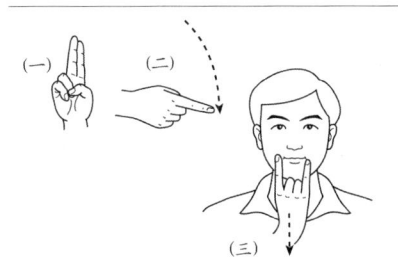

忽必烈 Hūbìliè

（一）一手打手指字母"H"的指式。
（二）一手食指直立，向下挥动一下。
（三）一手食、小指直立，掌心向内，从颏部向下移动少许，表示忽必烈的胡子。

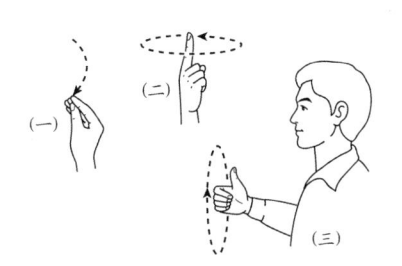

文天祥 Wén Tiānxiáng

（一）一手五指撮合，指尖朝前，撇动一下，如执毛笔写字状。
（二）一手食指直立，在头一侧上方转动一圈。
（三）一手伸拇指，在胸前从上向下顺时针转动一圈。

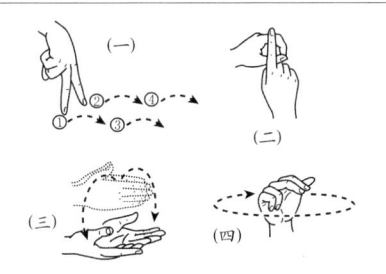

行中书省（行省） xíngzhōngshūshěng（xíngshěng）

（一）一手食、中指分开，指尖朝下，交替向前移动。
（二）左手拇、食指与右手食指搭成"中"字形。
（三）双手侧立，掌心相贴，然后向两侧打开。
（四）一手打手指字母"SH"的指式，顺时针平行转动一圈。

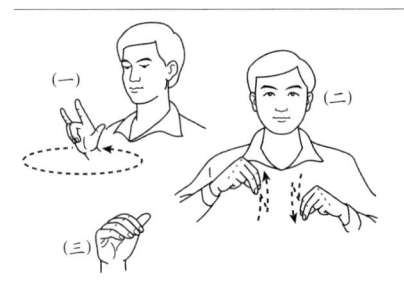

巡检司 xúnjiǎnsī

（一）一手伸拇、食、小指，掌心向前下方，平行转动一圈，目光随之移动，表示巡视的意思。
（二）双手拇、食、中指相捏，指尖朝下，上下交替动两下。
（三）一手打手指字母"S"的指式。

宣政院 xuānzhèngyuàn

（一）双手虚握，掌心向外，置于嘴部，然后边向前方两侧移动边张开五指。
（二）双手打手指字母"ZH"的指式，指尖朝前，向下一顿。
（三）双手搭成"∧"形。

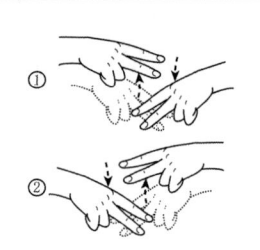

开封 Kāifēng

双手食、中指分开,手背向上,交替相搭,成"开"字形。

(此为当地聋人手语)

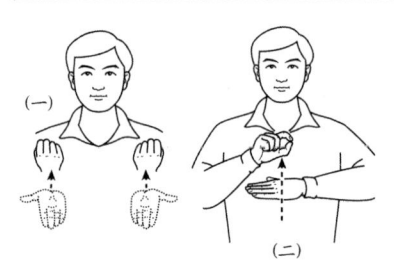

毕昇 Bì Shēng

(一)双手平伸,掌心向上,边从下向上移动边握拳,手背向外。

(二)左手横伸,掌心向下;右手拇、食指捏成圆形,虎口朝内,在左手前向上移动。

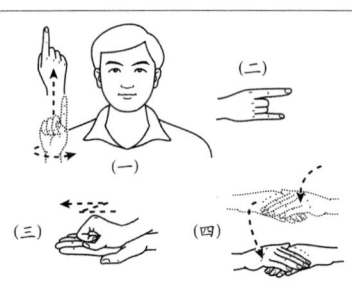

活字印刷术 huózì yìnshuāshù

(一)一手食指直立,边转动手腕边向上移动。

(二)一手打手指字母"Z"的指式。

(三)左手平伸;右手握拳,手背向上,在左手掌心上向前移动两下。

(四)双手横伸,掌心向下,互拍手背。

指南针(司南) zhǐnánzhēn (sīnán)

左手拇、食指成半圆形,虎口朝上;右手伸食指,指尖朝前,置于左手虎口上,左右微转。

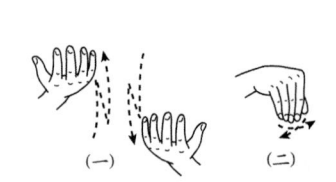

火药 huǒyào

(一)双手五指微曲,指尖朝上,上下交替动几下,如火苗跳动状。

(二)一手五指撮合,指尖朝下,互捻几下。

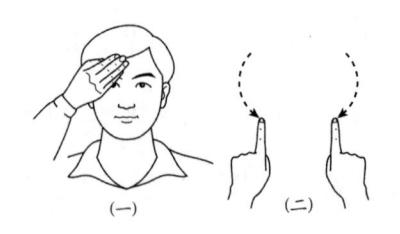

沈括 Shěn Kuò

(一)一手手背拱起,遮住一半眼睛。

(二)双手伸食指,指尖朝前,书空"( )"形。

二、中国古代史　55

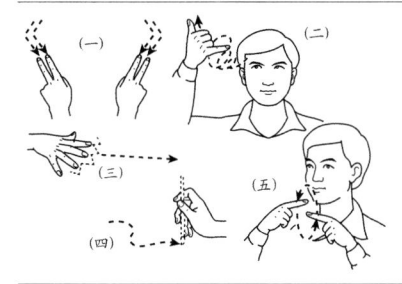

《梦溪笔谈》　Mèngxī Bǐtán
（一）双手伸食、中指，指尖朝前上方，书空书名号。
（二）一手伸拇、小指，从太阳穴向斜上方旋转移动，面露思考的表情。
（三）一手平伸，掌心向下，五指张开，边交替点动边向前移动。
（四）一手如执毛笔写字状。
（五）双手食指横伸，在嘴前前后交替转动两下。

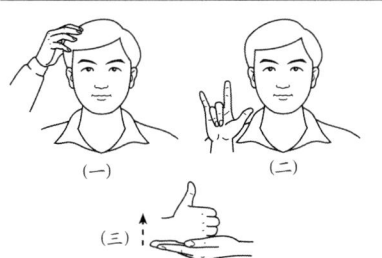

郭守敬　Guō Shǒujìng
（一）一手五指弯曲，抵于头顶一侧。
（二）一手拇、食、小指直立，掌心向外。
（三）左手横伸；右手伸拇指，置于左手掌心上，左手向上一抬。

司马光　Sīmǎ Guāng
（一）一手打手指字母"S"的指式。
（二）一手食、中指直立并拢，虎口贴于太阳穴，向前微动两下，仿马的耳朵。
（三）一手五指撮合，指尖朝下，然后张开。

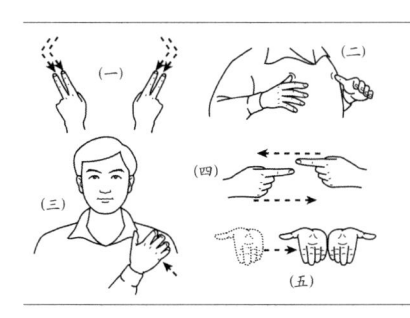

《资治通鉴》　Zīzhì Tōngjiàn
（一）双手伸食、中指，指尖朝前上方，书空书名号。
（二）双手五指张开，掌心向下，拇指尖抵于胸部。
（三）右手五指微曲，指尖朝内，按向左肩。
（四）双手食指横伸，指尖相对，手背向外，从两侧向中间交错移动。
（五）双手平伸，掌心向上，左手不动，右手移向左手并相碰。

宋词①　sòngcí ①
（一）一手打手指字母"S"的指式，拇指尖抵于颏部。
（二）左手直立，掌心向外；右手食、中指弯曲，指尖朝内，点一下左手掌心。

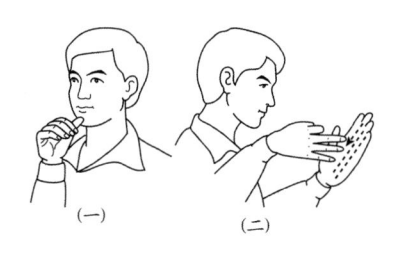

宋词②　sòngcí ②
（一）一手打手指字母"S"的指式，拇指尖抵于颏部。
（二）左手斜伸，掌心向内；右手伸中、无名、小指（或五指），指尖对着左手，从上向下、从右向左移动几下，目光随之移动。

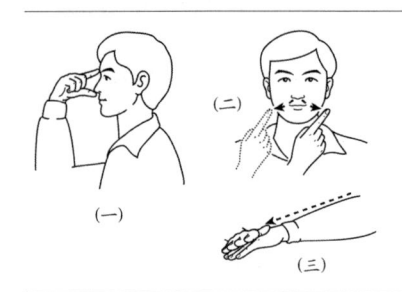

苏轼（苏东坡） Sū Shì (Sū Dōngpō)

（一）一手拇、食指成"⌐"形，拇指尖抵于鼻尖，食指尖抵于眉心。
（二）一手伸食指，在嘴两侧书写"八"，仿"东"字部分字形。
（三）左手斜伸，指尖朝右下方；右手食、中、无名、小指并拢，指尖朝前，掌心向下，沿左手臂划向左手指尖。

李清照 Lǐ Qīngzhào

（一）一手拇、食指弯曲，指尖朝内，抵于颏部。
（二）左手横伸；右手平伸，掌心向下，贴于左手掌心，边向左手指尖方向移动边弯曲食、中、无名、小指，指尖抵于掌心。
（三）一手五指撮合，指尖朝下，然后张开。

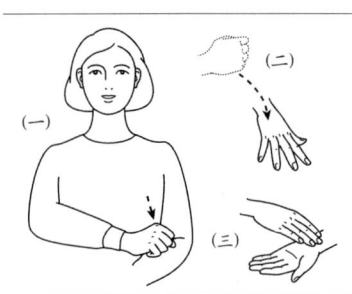

辛弃疾 Xīn Qìjí

（一）右手握拳，手背向上，捶一下左肘窝处。
（二）一手虚握，虎口朝上，边向下移动边张开五指。
（三）左手平伸，掌心向上；右手五指并拢，食、中、无名指指尖按于左手腕的脉门处。

元曲 yuánqǔ

（一）一手拇、食指捏成圆形，虎口朝上。
（二）一手横立，掌心向内，五指张开，向一侧做曲线形移动。

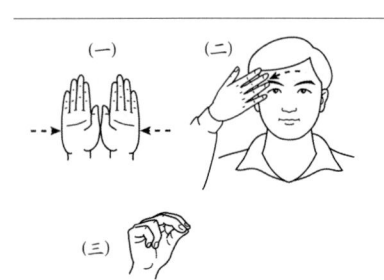

关汉卿 Guān Hànqīng

（一）双手直立，掌心向外，从两侧向中间移动并互碰。
（二）一手五指张开，手背向外，在额头上一抹，如流汗状。
（三）一手打手指字母"Q"的指式。

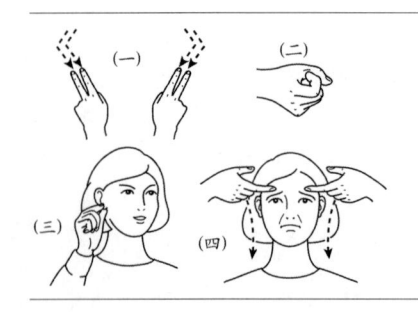

《窦娥冤》 Dòu É Yuān

（一）双手伸食、中指，指尖朝前上方，书空书名号。
（二）一手拇、食指捏成小圆形，虎口朝上，如豆子大小。"豆"与"窦"音同，借代。
（三）一手拇、食指捏一下耳垂。
（四）双手拇、食指成大圆形，虎口朝上，从上方扣向头部。

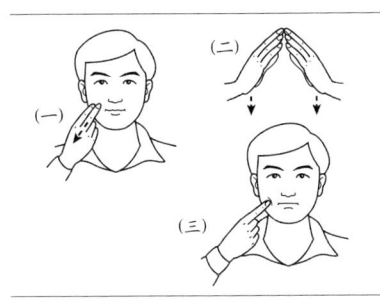

黄庭坚　Huáng Tíngjiān
（一）一手打手指字母"H"的指式，摸一下脸颊。
（二）双手搭成"∧"形，向下微动。
（三）一手食指抵于脸颊。

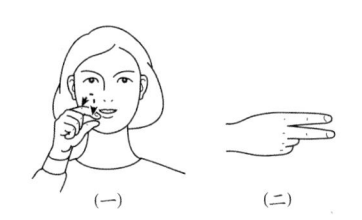

米芾　Mǐ Fú
（一）一手拇、食指微张，在嘴角处前后微转几下。
（二）一手打手指字母"F"的指式。

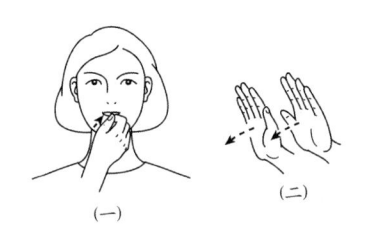

蔡襄　Cài Xiāng
（一）一手拇、食指相捏，指尖朝内，置于嘴边，嘴同时微动一下，如嗑葵花籽状。"葵"与"蔡"形近，借代。
（二）双手斜伸，掌心向外，按动一下。

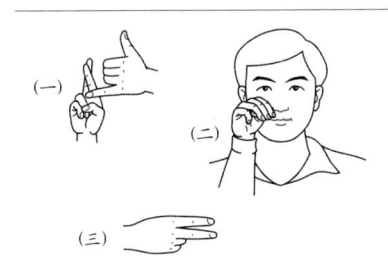

赵孟頫　Zhào Mèngfǔ
（一）左手伸拇、小指，小指横伸，手背向外；右手食、中指相叠，掌心向外，贴于左手小指。
（二）一手打手指字母"M"的指式，置于鼻翼一侧。
（三）一手打手指字母"F"的指式。

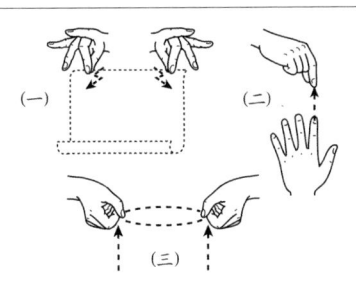

张择端　Zhāng Zéduān
（一）双手拇、中指相捏，指尖朝下，微抖几下。
（二）左手直立，掌心向内，五指张开；右手拇、食指捏一下左手食指，然后向上移动。
（三）双手虚握，虎口朝外，向上一提，如端物状。

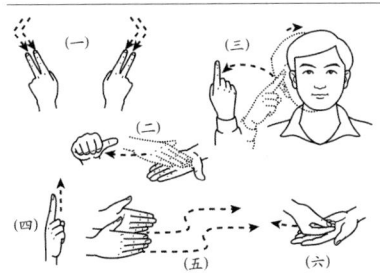

《清明上河图》　Qīngmíng Shànghé Tú
（一）双手伸食、中指，指尖朝前上方，书空书名号。
（二）左手横伸；右手平伸，掌心向下，贴于左手掌心，边向左手指尖方向移动边弯曲食、中、无名、小指，指尖抵于掌心。
（三）头微偏，一手食指抵于太阳穴，然后向外移动，头转正。
（四）一手食指直立，向上一指。
（五）双手侧立，掌心相对，相距窄些，向前做曲线形移动。
（六）左手横伸；右手五指撮合，指背在左手掌心上抹一下。

李公麟　Lǐ Gōnglín
（一）一手拇、食指弯曲，指尖朝内，抵于颊部。
（二）双手拇、食指搭成"公"字形，虎口朝外。
（三）双手拇、食、中指直立分开（或双手拇、食、小指直立），拇指尖抵于同侧太阳穴，掌心向外。

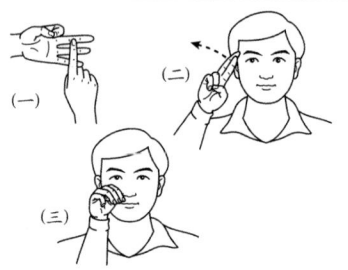

王希孟　Wáng Xīmèng
（一）左手中、无名、小指与右手食指搭成"王"字形。
（二）一手打手指字母"X"的指式，先置于太阳穴，然后向外移动。
（三）一手打手指字母"M"的指式，置于鼻翼一侧。

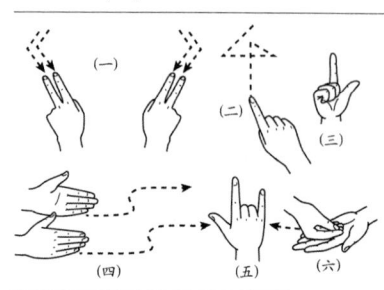

《千里江山图》　Qiānlǐ Jiāngshān Tú
（一）双手伸食、中指，指尖朝前上方，书空书名号。
（二）一手伸食指，指尖朝前，书空"千"字形。
（三）一手打手指字母"L"的指式。
（四）双手侧立，掌心相对，相距宽些，向前做曲线形移动。
（五）一手拇、食、小指直立，手背向外，仿"山"字形。
（六）左手横伸；右手五指撮合，指背在左手掌心上抹一下。

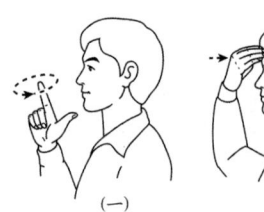

理学　lǐxué
（一）一手打手指字母"L"的指式，逆时针平行转动一下。
（二）一手五指撮合，指尖朝内，按向前额。

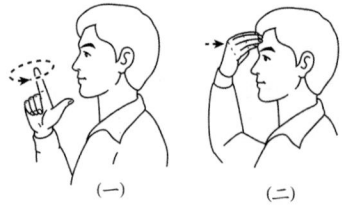

程颢　Chéng Hào
（一）双手五指成"⊏⊐"形，虎口朝内，上下相叠。
（二）一手打手指字母"H"的指式。

程颐　Chéng Yí
（一）双手五指成"⊏⊐"形，虎口朝内，上下相叠。
（二）一手打手指字母"Y"的指式。

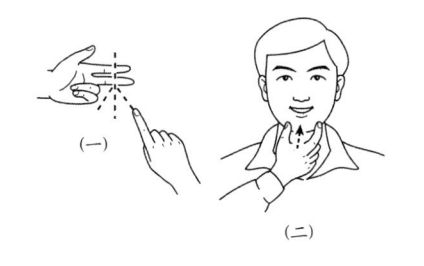

朱熹 Zhū Xī

（一）左手拇、食、中指分开，手背向外；右手伸食指，在左手食、中指上书空"丨、丿、丶"，仿"朱"字形。

（二）一手拇、食指弯曲，指尖朝颊部点一下。"喜"与"熹"音形相近，借代。

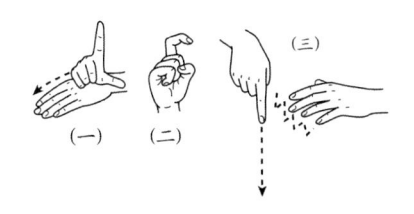

陆九渊 Lù Jiǔyuān

（一）左手横伸；右手打手指字母"L"的指式，在左手背上向指尖方向划动一下。

（二）一手食指弯曲，中节指指背向上，虎口朝内。

（三）左手横伸，掌心向下，五指张开，交替点动几下；右手伸食指，指尖朝下，在左手旁向下一指。

7. 明、清

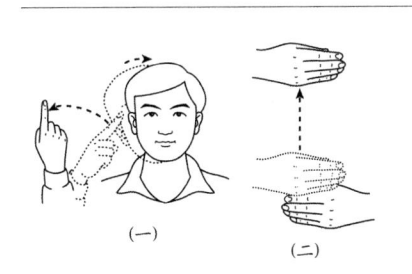

明朝 Míng Cháo

（一）头微偏，一手食指抵于太阳穴，然后向外移动，头转正。

（二）双手五指成"⊏⊐"形，虎口朝上，上下相叠，左手在下不动，右手向上移动。

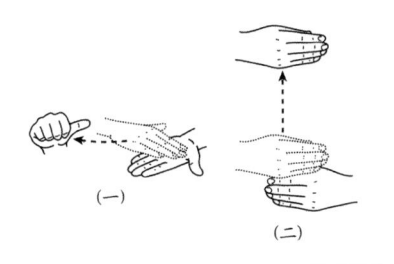

清朝 Qīng Cháo

（一）左手横伸；右手平伸，掌心向下，贴于左手掌心，边向左手指尖方向移动边弯曲食、中、无名、小指，指尖抵于掌心。

（二）双手五指成"⊏⊐"形，虎口朝上，上下相叠，左手在下不动，右手向上移动。

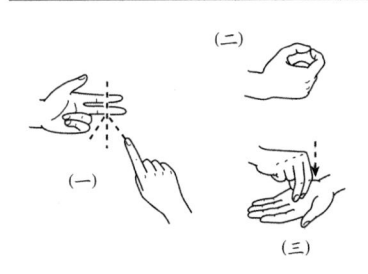

朱元璋 Zhū Yuánzhāng

（一）左手拇、食、中指分开，手背向外；右手伸食指，在左手食、中指上书空"丨、丿、丶"，仿"朱"字形。

（二）一手拇、食指捏成圆形，虎口朝上。

（三）左手横伸；右手拇、食、中指相捏，指尖朝下，按向左手掌心，模仿盖印章的动作。"章"与"璋"音同形近，借代。

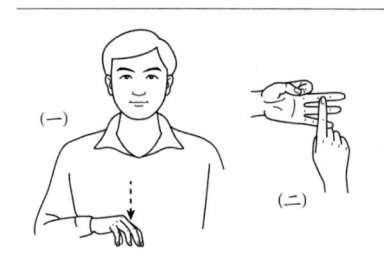

藩王 fānwáng

（一）一手五指弯曲，指尖朝下，向下一按。
（二）左手中、无名、小指与右手食指搭成"王"字形。

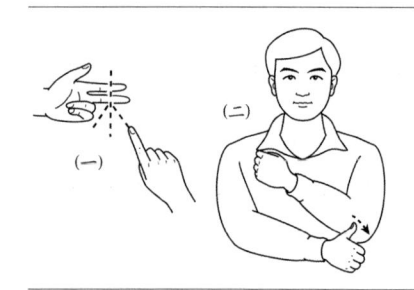

朱棣 Zhū Dì

（一）左手拇、食、中指分开，手背向外；右手伸食指，在左手食、中指上书空"丨、丿、丶"，仿"朱"字形。
（二）左臂抬起，左手握拳，手背向外；右手伸拇指，指尖在左手肘部向下划一下。"隶"与"棣"形近，借代。

锦衣卫 jǐnyīwèi

（一）右手食指横伸，手背向外，在左上臂上向左划一下。
（二）双手拇、食、小指直立，掌心向外。

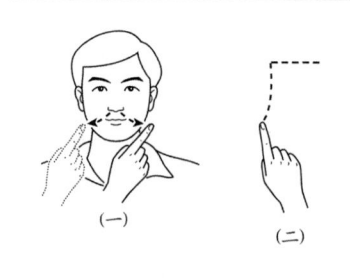

东厂 dōngchǎng

（一）一手伸食指，在嘴两侧书写"八"，仿"东"字部分字形。
（二）一手伸食指，指尖朝前，书空"厂"字形。

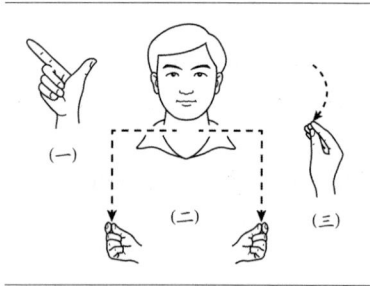

八股文 bāgǔwén

（一）一手伸拇、食指，掌心向外。
（二）双手拇、食指相捏，指尖朝前，从中间向两侧移动再折而下移。
（三）一手五指撮合，指尖朝前，撇动一下，如执毛笔写字状。

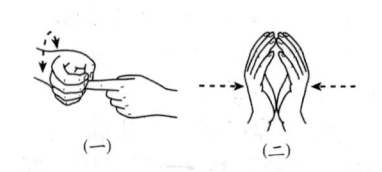

郑和 Zhèng Hé

（一）左手食指横伸，手背向外；右手五指弯曲，套入左手食指尖，然后前后转动两下。
（二）双手直立，掌心左右相对，五指微曲，从两侧向中间移动。

二、中国古代史　61

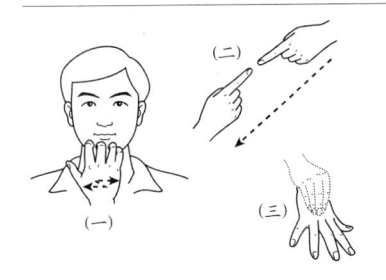

戚继光　Qī Jìguāng
（一）一手五指微曲，指尖朝内，在颏部左右微动几下。
（二）双手伸食指，指尖斜向相对，同时向斜下方移动。
（三）一手五指撮合，指尖朝下，然后张开。

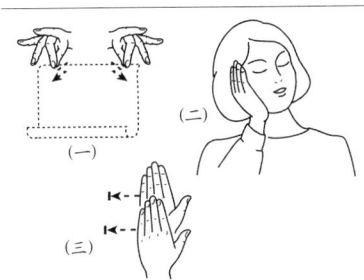

张居正　Zhāng Jūzhèng
（一）双手拇、中指相捏，指尖朝下，微抖几下。
（二）一手掌心贴于脸部，头微侧，闭眼，如睡觉状。
（三）双手直立，掌心左右相对，向前一顿。

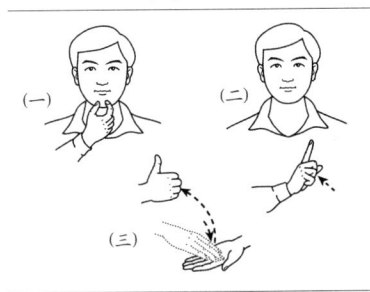

李自成　Lǐ Zìchéng
（一）一手拇、食指弯曲，指尖朝内，抵于颏部。
（二）右手食指直立，虎口朝内，贴向左胸部。
（三）左手横伸，掌心向上；右手先拍一下左手掌，再伸出拇指。

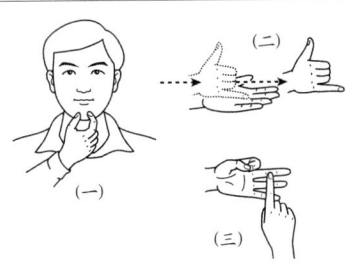

李闯王　Lǐ Chuǎngwáng
（一）一手拇、食指弯曲，指尖朝内，抵于颏部。
（二）左手平伸；右手伸拇、小指，在左手掌心上用力向外移出。
（三）左手中、无名、小指与右手食指搭成"王"字形。

崇祯　Chóngzhēn
（一）双手合十，指尖朝前，然后上举，指尖朝上。
（二）一手打手指字母"ZH"的指式。

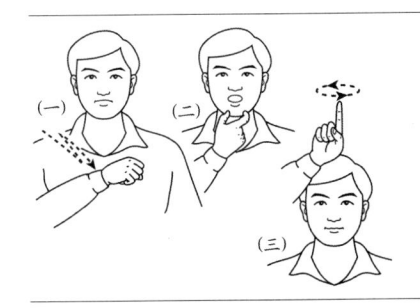

努尔哈赤　Nǔ'ěrhāchì
（一）一手握拳屈肘，向一侧挥动两下。
（二）一手拇、食指弯曲，指尖朝内，抵于颏部，口张开。
（三）一手食指直立，置于头顶，平行转动两下。

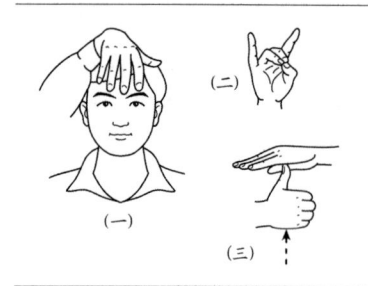

皇太极　Huángtàijí
（一）一手手腕贴于前额，五指微曲，指尖朝下。
（二）一手打手指字母"T"的指式。
（三）左手横伸；右手伸拇指，从下向上移动，指尖抵于左手掌心。

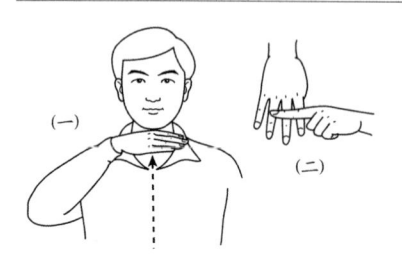

满洲　Mǎnzhōu
（一）一手横伸，掌心向下，从腹部向颏部移动。
（二）右手食、中、无名、小指分开，指尖朝下，手背向外；左手食指横伸，置于右手食、中、无名指间，仿"洲"字形。

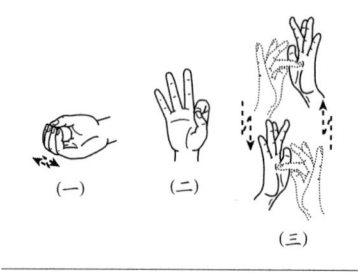

吴三桂　Wú Sānguì
（一）一手五指捏成球形，手背向下，左右微晃几下。
（二）一手中、无名、小指直立分开，掌心向外。
（三）双手直立，掌心左右相对，边中指交替点另一手掌心边双手上下移动。

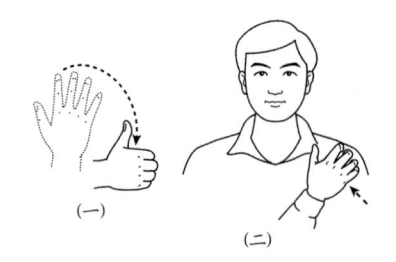

顺治　Shùnzhì
（一）右手直立，掌心向左，五指张开，边向前转腕边弯曲食、中、无名、小指，指尖抵于掌心，拇指直立。
（二）右手五指微曲，指尖朝内，按向左肩。

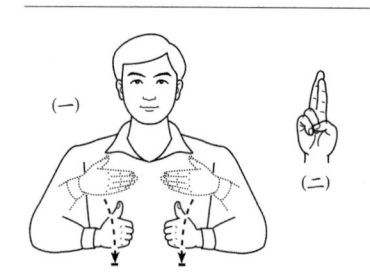

康熙　Kāngxī
（一）双手横立，掌心向内，自胸部边向下移动边弯曲食、中、无名、小指，指尖抵于掌心，向下一顿。
（二）一手打手指字母"X"的指式。

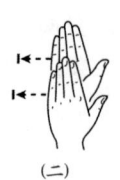

雍正　Yōngzhèng
（一）一手打手指字母"Y"的指式。
（二）双手直立，掌心左右相对，向前一顿。

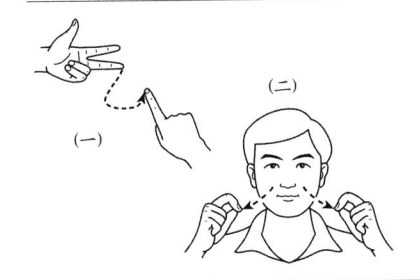

乾隆　Qiánlóng

（一）左手伸拇、食、中指，手背向外；右手伸食指，在左手中指尖处书空"L"，仿"乾"字部分字形。

（二）双手拇、食指相捏，从鼻下向两侧斜前方拉出，表示龙的两条长须。"龙"与"隆"音同，借代。

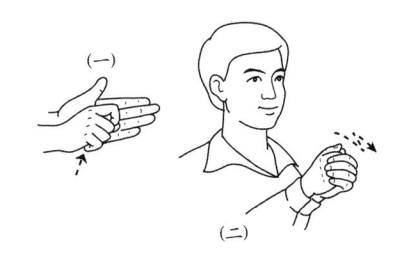

嘉庆　Jiāqìng

（一）左手侧立；右手拇、食指捏成圆形，虎口朝左，贴向左手掌心。

（二）双手作揖，向前晃动两下。

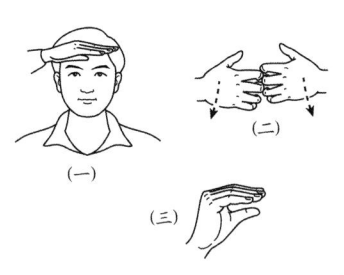

军机处　jūnjīchù

（一）右手横伸，掌心向下，置于前额，表示军帽帽檐。

（二）双手五指弯曲，食、中、无名、小指关节交错相触，向下转动一下。

（三）一手打手指字母"CH"的指式。

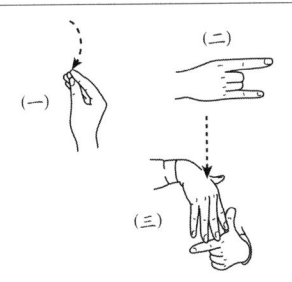

文字狱　wénzìyù

（一）一手五指撮合，指尖朝前，撇动一下，如执毛笔写字状。

（二）一手打手指字母"Z"的指式。

（三）左手伸拇、食指，食指尖朝右，手背向外；右手五指张开，指尖朝下，手背向外，从上向下移向左手食指，表示监狱的铁栏杆。

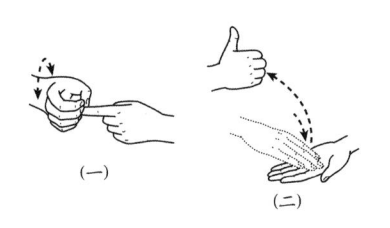

郑成功　Zhèng Chénggōng

（一）左手食指横伸，手背向外；右手五指弯曲，套入左手食指尖，然后前后转动两下。

（二）左手横伸，掌心向上；右手先拍一下左手掌，再伸出拇指。

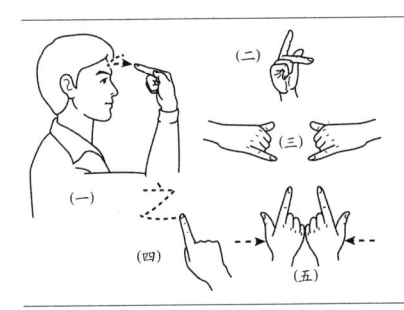

雅克萨之战　Yǎkèsà Zhī Zhàn

（一）一手拇指尖按于食指根部，食指点一下前额再弹出。

（二）一手打手指字母"K"的指式。

（三）双手伸拇、小指，指尖左右相对，手背向上。

（四）一手伸食指，指尖朝前，书空"之"字形。

（五）双手伸拇、食指，食指尖朝上，掌心向内，小指下缘互碰一下。

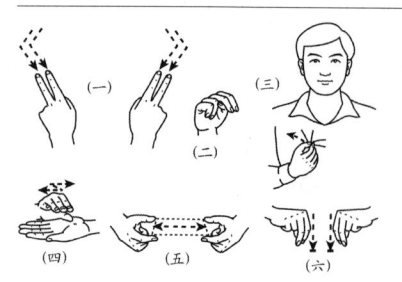

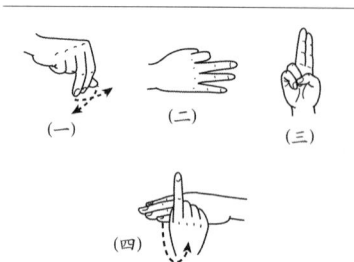

《尼布楚条约》 Níbùchǔ Tiáoyuē

（一）双手伸食、中指，指尖朝前上方，书空书名号。
（二）一手打手指字母"N"的指式。
（三）一手拇、食指揪一下胸前衣服。
（四）左手横伸；右手打手指字母"CH"的指式，指尖朝前，在左手掌心上左右移动两下。
（五）双手拇、食指张开，指尖相对，虎口朝上，从中间向两侧移动。
（六）双手拇、食、中指相捏，指尖朝下，同时向下一顿。

土尔扈特 Tǔ'ěrhùtè

（一）一手拇、食、中指相捏，指尖朝下，互捻几下。
（二）一手打手指字母"E"的指式。
（三）一手打手指字母"H"的指式。
（四）左手横伸，手背向上；右手伸食指，从左手小指外侧向上伸出。

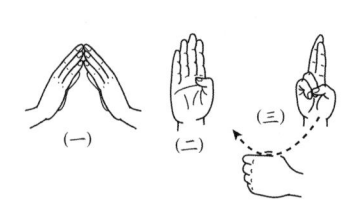

渥巴锡 Wòbāxī

（一）双手搭成"∧"形。"屋"与"渥"形近，借代。
（二）一手打手指字母"B"的指式。
（三）左手握拳，虎口朝上；右手打手指字母"X"的指式，砸一下左手虎口后向前移动，表示锡的声母。

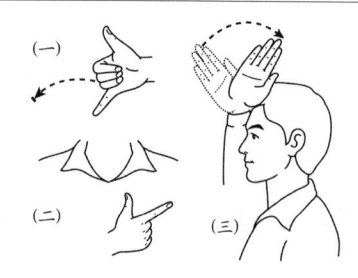

达赖喇嘛 Dálài Lǎ·ma

（一）一手伸拇、小指，向前做弧形移动，然后向下一顿。
（二）右手打手指字母"L"的指式，手背向外，贴于左胸部。
（三）右手五指并拢，指尖朝斜前方，掌心向左，置于前额，然后向后转腕，仿喇嘛头上戴的僧帽的外形。

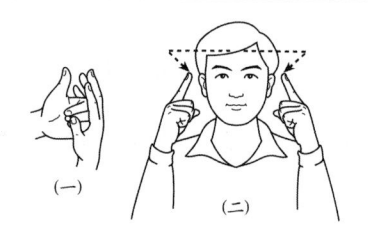

班禅（班禅额尔德尼） Bānchán (Bānchán'é'ěrdéní)

（一）左手伸拇指，手背向外；右手直立，掌心向左，五指微曲，贴于左手。
（二）双手伸食指，指尖朝上，先沿前额向两侧移动，再折而后移。

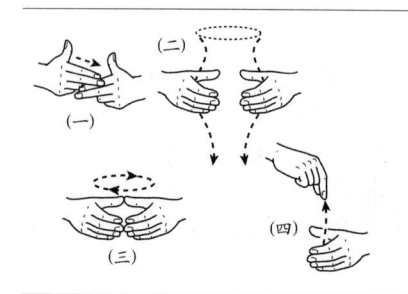

金瓶掣签 jīnpíng chèqiān

（一）双手伸拇、食、中指，食、中指并拢，交叉相搭，右手中指蹭一下左手食指。
（二）双手五指成大圆形，虎口朝上，从上向下做曲线形移动。
（三）双手五指搭成圆形，虎口朝上，平行转动两下。
（四）左手五指成半圆形，虎口朝上；右手拇、食指相捏，指尖朝下，从左手虎口内向上一提。

二、中国古代史　65

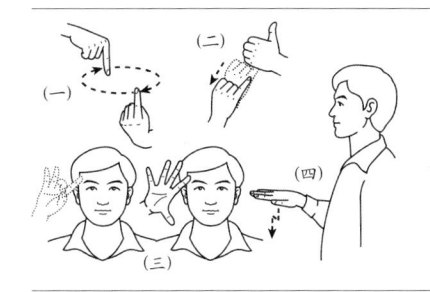

转世灵童　zhuǎnshì língtóng
（一）双手伸食指，指尖上下相对，交替平行转动两圈。
（二）左手伸拇指，其他四指攥住右手小指，然后右手小指从左手掌心内向下移出一下。
（三）一手食指尖抵于同侧前额，拇、中指相捏，然后张开。
（四）一手平伸，掌心向下，按动两下。

准噶尔　Zhǔngá'ěr
（一）左手食指直立；右手侧立，指向左手食指。
（二）一手打手指字母"G"的指式。
（三）一手打手指字母"E"的指式。

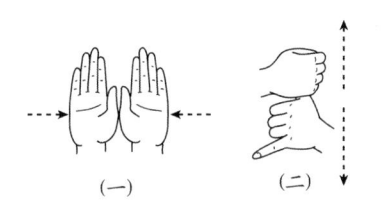

闭关自守（闭关锁国）　bìguān-zìshǒu（bìguān-suǒguó）
（一）双手直立，掌心向外，从两侧向中间移动并互碰。
（二）左手伸拇、小指，手背向外；右手握住左手拇指，然后双手边分开边分别向上下方向移动。

李时珍　Lǐ Shízhēn
（一）一手拇、食指弯曲，指尖朝内，抵于颏部。
（二）左手侧立；右手伸拇、食指，拇指尖抵于左手掌心，食指向下转动。
（三）左手平伸，掌心凹进；右手拇、食指捏成圆形，虎口朝上，在左手掌心上微转几下。

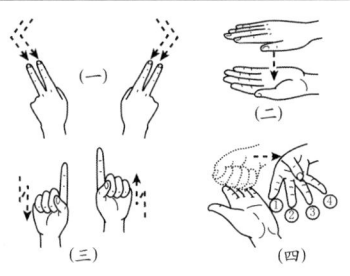

《本草纲目》　Běncǎo Gāngmù
（一）双手伸食、中指，指尖朝前上方，书空书名号。
（二）双手平伸，掌心相对，左手在下不动，右手向下拍一下左手。
（三）双手食指直立，手背向内，上下交替动几下。
（四）左手斜伸，掌心向后上方；右手握拳，在左手掌心上边向后微移边依次伸出食、中、无名、小指。

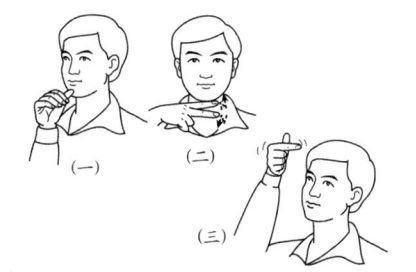

宋应星　Sòng Yìngxīng
（一）一手打手指字母"S"的指式，拇指尖抵于颏部。
（二）一手食、中指横伸，手背向上，交替弹颏部。
（三）一手拇、食指搭成"十"字形，在头前上方晃动几下，眼睛注视手的动作。

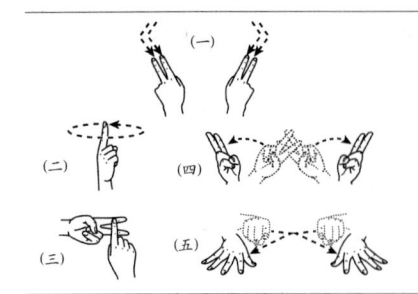

《天工开物》　Tiāngōng Kāiwù

（一）双手伸食、中指，指尖朝前上方，书空书名号。
（二）一手食指直立，在头一侧上方转动一圈。
（三）左手食、中指与右手食指搭成"工"字形。
（四）双手食、中指分开，掌心向外，交叉搭成"开"字形，置于身前，然后向两侧打开，掌心向斜上方。
（五）双手食指指尖朝前，手背向上，先互碰一下，再分开并张开五指。

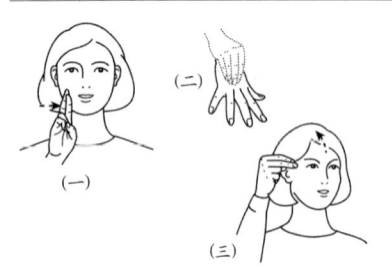

徐光启　Xú Guāngqǐ

（一）一手打手指字母"X"的指式，碰一下嘴角一侧。
（二）一手五指撮合，指尖朝下，然后张开。
（三）一手打手指字母"Q"的指式，指尖抵于太阳穴，头同时微抬。

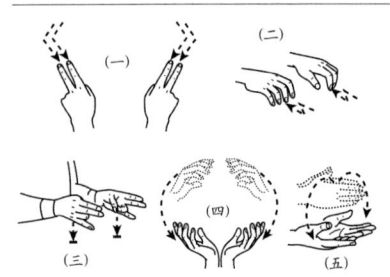

《农政全书》　Nóngzhèng Quánshū

（一）双手伸食、中指，指尖朝前上方，书空书名号。
（二）双手五指弯曲，掌心向下，一前一后，向后移动两下，模仿耙地的动作。
（三）双手打手指字母"ZH"的指式，指尖朝前，向下一顿。
（四）双手五指微曲，指尖左右相对，然后向下做弧形移动，手腕靠拢。
（五）双手侧立，掌心相贴，然后向两侧打开。

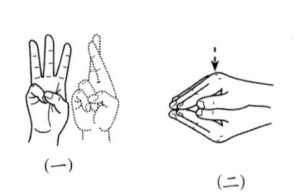

十三陵　Shísān Líng

（一）一手连续打数字"10"和"3"的手势。
（二）双手平伸，掌心相对，手背拱起，左手在下不动，右手在上，向下扣向左手。

小说　xiǎoshuō

（一）一手拇、小指相捏，指尖朝上。
（二）一手食指横伸，在嘴前前后转动两下。

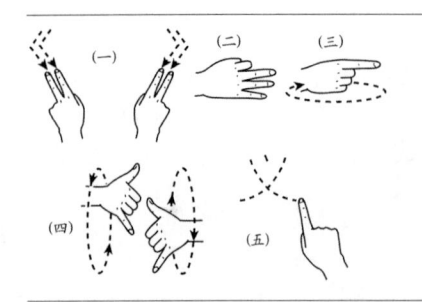

《三国演义》　Sān Guó Yǎnyì

（一）双手伸食、中指，指尖朝前上方，书空书名号。
（二）一手中、无名、小指横伸分开，手背向外（或一手中、无名、小指直立分开，掌心向外）。
（三）一手打手指字母"G"的指式，顺时针平行转动一圈。
（四）双手伸拇、小指，手背向外，前后交替转动两下。
（五）一手伸食指，指尖朝前，书空"义"字。

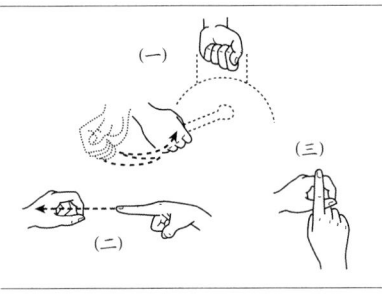

罗贯中　Luó Guànzhōng

（一）左手握拳如提锣；右手握拳如持棒槌，模仿敲锣的动作。"锣"与"罗"音同形近，借代。

（二）左手拇、食指相捏，虎口朝内；右手食指横伸，手背向上，从右向左移过左手虎口，仿"贯"字部分字形。

（三）左手拇、食指与右手食指搭成"中"字形。

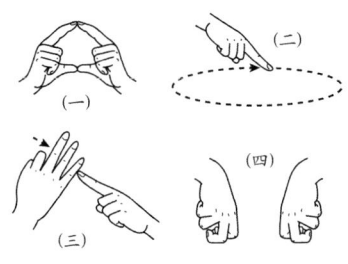

桃园三结义　táoyuán sān jiéyì

（一）双手拇、食指张开，指尖相抵，虎口朝内，仿桃的形状。

（二）一手伸食指，指尖朝下划一大圈。

（三）左手食指斜伸；右手中、无名、小指斜伸分开，手背向外，小指碰一下左手食指尖，表示三人。

（四）双手食、中指弯曲，中节指指背向下，手背左右相对。

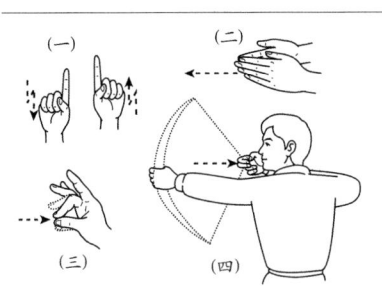

草船借箭　cǎochuán jièjiàn

（一）双手食指直立，手背向内，上下交替动几下。

（二）双手斜立，指尖相抵，向前移动，如船向前行驶状。

（三）一手拇、中指张开少许，其他三指自然伸出，边从外向内移动边拇、中指相捏。

（四）头转向左侧，眼睛朝左看；左手虚握，手臂向左伸直如握弓；右手食、中指弯曲，从左向右移动如拉弦。

赵云　Zhào Yún

（一）左手伸拇、小指，小指横伸，手背向外；右手食、中指相叠，掌心向外，贴于左手小指。

（二）一手五指成"⊃"形，虎口朝内，在头前上方平行转动两下。

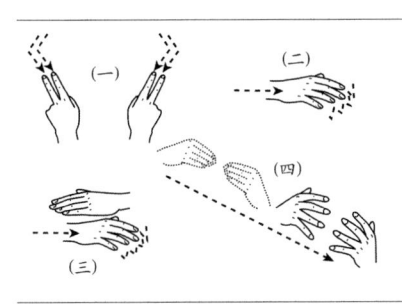

《水浒传》　Shuǐhǔ Zhuàn

（一）双手伸食、中指，指尖朝前上方，书空书名号。

（二）右手横伸，掌心向下，五指张开，边交替点动边向左侧移动。

（三）双手横伸，掌心向下，一前一后，左手在后不动，右手在前，五指张开，边交替点动边向左侧移动，表示"浒"为水边的意思。

（四）双手五指撮合，指尖斜向相对，边向斜下方移动边张开。

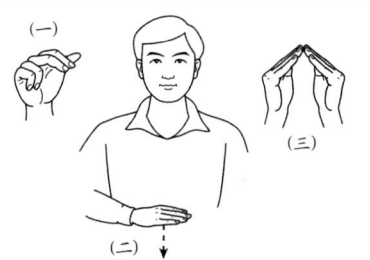

施耐庵　Shī Nài'ān

（一）一手打手指字母"SH"的指式。

（二）一手横伸，掌心向下，自腹部缓慢向下一按。

（三）双手手背拱起，食、中、无名指指尖相抵，搭成"∧"形。

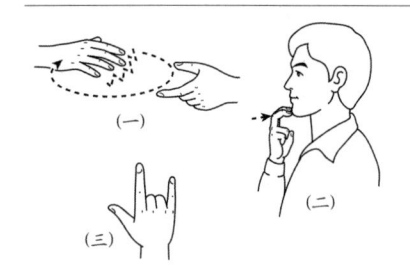

水泊梁山　shuǐpō-liángshān

（一）左手拇、食指成半圆形，虎口朝上；右手横伸，掌心向下，五指张开，边交替点动边在左手旁顺时针转动一圈。

（二）一手食、中指弯曲，指尖朝内，朝颊部点一下（此为当地聋人手语）。

（三）一手拇、食、小指直立，手背向外，仿"山"字形。

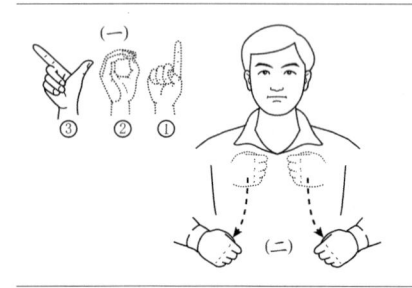

一百零八将　Yībǎilíngbā Jiàng

（一）一手连续打数字"1、0、8"的手势。

（二）双手握拳，手背向外，然后同时用力向下方两侧移动一下。

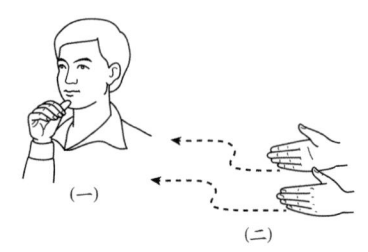

宋江　Sòng Jiāng

（一）一手打手指字母"S"的指式，拇指尖抵于颊部。

（二）双手侧立，掌心相对，相距宽些，向前做曲线形移动。

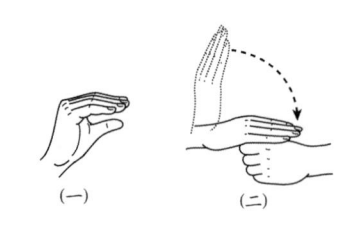

晁盖　Cháo Gài

（一）一手打手指字母"CH"的指式。

（二）左手虚握，虎口朝上；右手直立，掌心向左，盖向左手虎口。

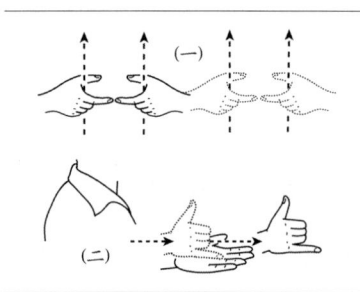

林冲　Lín Chōng

（一）双手拇、食指成大圆形，虎口朝上，在不同位置向上移动两下。

（二）左手平伸；右手伸拇、小指，在左手掌心上用力向外移出。

武松　Wǔ Sōng

（一）双手直立，手腕交叉相搭，平行转动一圈。

（二）双手拇、食指成半圆形，虎口朝上，一前一后，如端酒杯状，交替平行转动。

二、中国古代史　69

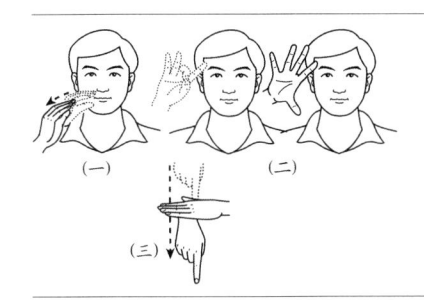

鲁智深　Lǔ Zhìshēn
（一）右手五指成"⊐"形，虎口朝内，在口鼻右侧边向右下方移动边撮合。
（二）一手食指尖抵于同侧前额，拇、中指相捏，然后张开。
（三）左手横伸，掌心向下；右手伸食指，指尖朝下，从左手内侧向下移动较长距离。

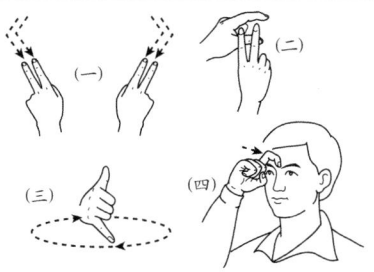

《西游记》　Xīyóu Jì
（一）双手伸食、中指，指尖朝前上方，书空书名号。
（二）左手拇、食指成"⊏"形，虎口朝内；右手食、中指直立分开，手背向内，贴于左手拇指，仿"西"字部分字形。
（三）一手伸拇、小指，顺时针平行转动两圈。
（四）一手打手指字母"J"的指式，碰一下前额。

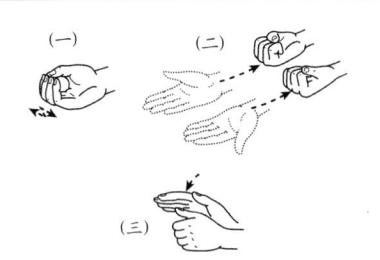

吴承恩　Wú Chéng'ēn
（一）一手五指捏成球形，手背向下，左右微晃几下。
（二）双手平伸，掌心向上，边向内移动边握拳。
（三）左手伸拇指；右手五指并拢，轻拍一下左手拇指背。

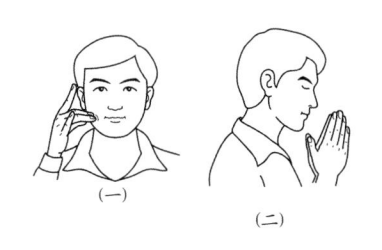

唐僧　Táng Sēng
（一）一手打手指字母"T"的指式，拇、中、无名指指尖抵于脸颊。
（二）双手合十，双眼闭拢，头微低。

孙悟空　Sūn Wùkōng
一手手腕翻转，五指并拢，指面向下，小指外侧贴于前额，模仿猴的动作。

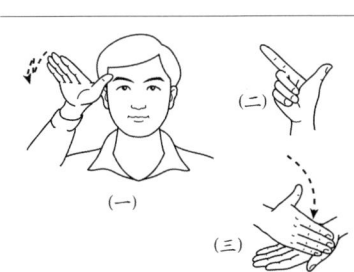

猪八戒　Zhū Bājiè
（一）一手掌心向下，拇指尖抵于太阳穴，其他四指扇动几下，仿猪的大耳朵。
（二）一手伸拇、食指，掌心向外。
（三）左手横伸；右手侧立，向左手掌心上用力一切。

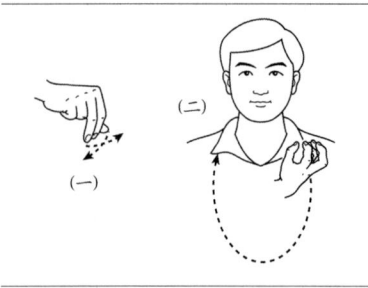

沙和尚（沙僧） Shā Hé·shang (Shā Sēng)

（一）一手拇、食、中指相捏，指尖朝下，互捻几下。

（二）一手五指弯曲，指尖朝上，从胸前一侧向另一侧做弧形移动，表示沙僧胸前佩戴的佛珠。

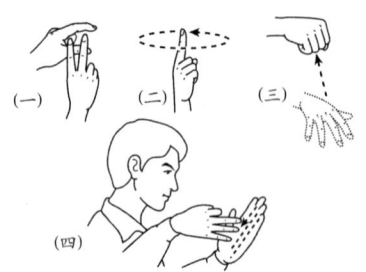

西天取经 xītiān qǔjīng

（一）左手拇、食指成"⊏"形，虎口朝内；右手食、中指直立分开，手背向内，贴于左手拇指，仿"西"字部分字形。

（二）一手食指直立，在头一侧上方转动一圈。

（三）一手五指张开，指尖朝下，边向上移动边握拳，如拿东西状。

（四）左手斜伸，掌心向内；右手伸中、无名、小指（或五指），指尖对着左手，从上向下、从右向左移动几下，目光随之移动。

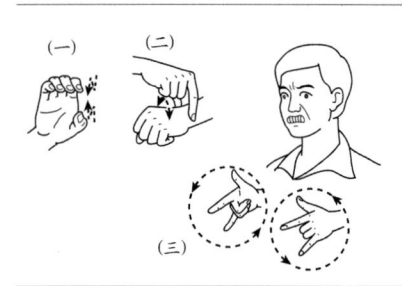

白骨精 Báigǔjīng

（一）一手五指弯曲，掌心向外，指尖弯动两下。

（二）左手握拳，手背向上；右手拇、食指张开，卡在左手腕，左手微转两下。

（三）双手伸拇、食、小指，食、小指指尖朝前，前后交替转动两下，面露恐怖的表情。

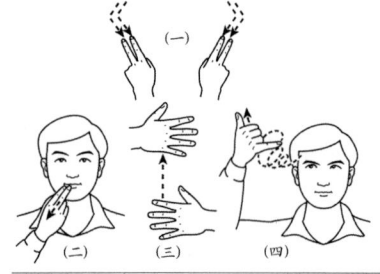

《红楼梦》 Hónglóumèng

（一）双手伸食、中指，指尖朝前上方，书空书名号。

（二）一手打手指字母"H"的指式，摸一下嘴唇。

（三）双手横立，手背向外，五指张开，左手在下不动，右手向上移动。

（四）一手伸拇、小指，从太阳穴向斜上方旋转移动，面露思考的表情。

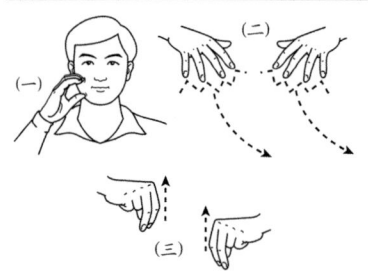

曹雪芹 Cáo Xuěqín

（一）一手打手指字母"C"的指式，指尖抵于脸颊一侧。

（二）双手平伸，掌心向下，五指张开，边交替点动边向斜下方缓慢下降，如雪花飘落状。

（三）双手拇、食、中指相捏，指尖朝下，一高一低，向上一提。

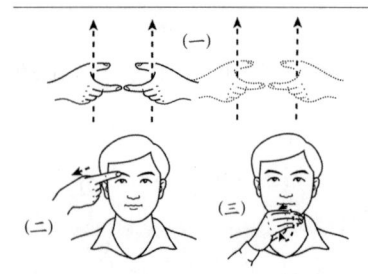

林黛玉 Lín Dàiyù

（一）双手拇、食指成大圆形，虎口朝上，在不同位置向上移动两下。

（二）右手食指横伸，手背向外，在右眉上向右划动一下。

（三）一手五指撮合，置于嘴前，前后转动。

二、中国古代史　71

贾宝玉　Jiǎ Bǎoyù
（一）左手拇、食指成"匸"形，虎口朝内；右手食、中、无名、小指直立分开，掌心向外，置于左手虎口上，然后向下移动，仿"贾"字的上半部。
（二）左手横伸；右手拇、食指相捏，边砸向左手掌心边张开，食指尖朝左前方。
（三）一手五指撮合，置于嘴前，前后转动。

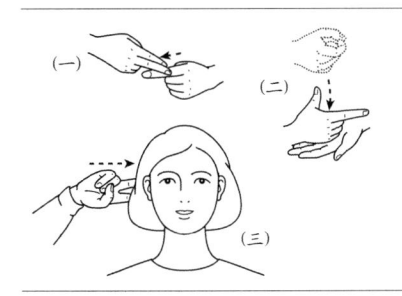

薛宝钗　Xuē Bǎochāi
（一）左手伸食指，指尖朝前；右手食、中指相叠，沿左手食指向前划一下。
（二）左手横伸；右手拇、食指相捏，边砸向左手掌心边张开，食指尖朝左前方。
（三）右手食、中指横伸分开，掌心向外，置于脑后，向左移动少许。

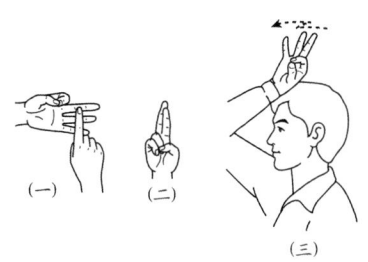

王熙凤　Wáng Xīfèng
（一）左手中、无名、小指与右手食指搭成"王"字形。
（二）一手打手指字母"X"的指式。
（三）一手拇、食指相捏，其他三指直立分开，置于头顶，向前点动两下。

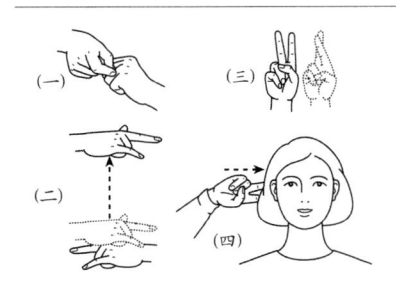

金陵十二钗　Jīnlíng Shí'èrchāi
（一）左手握拳，手背向上；右手拇、食指相捏，指尖朝下，置于左手无名指根部（或左手中指横伸，手背向上；右手拇、食指微张，指尖朝下，从左手中指向根部移动一下），表示金戒指，引申为金。
（二）双手伸拇、食、小指，手背向上，上下相叠，左手在下不动，右手向上移动一下（此为当地聋人手语）。
（三）一手连续打数字"10"和"2"的手势。
（四）右手食、中指横伸分开，掌心向外，置于脑后，向左移动少许。

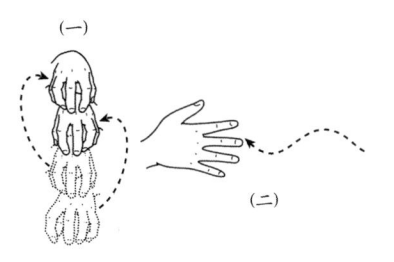

昆曲　kūnqǔ
（一）双手五指弯曲，指尖朝下，交替上叠，一手指尖抵于另一手手背（此为当地聋人表示昆曲发源地"昆山"的手语）。
（二）一手横立，掌心向内，五指张开，向一侧做曲线形移动。

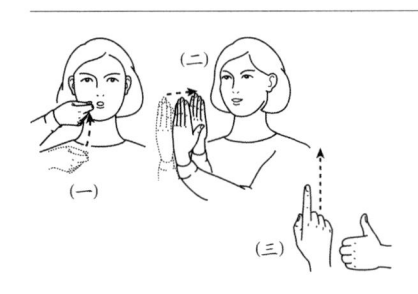

汤显祖　Tāng Xiǎnzǔ
（一）一手拇、食指相捏，从下向嘴部移动，嘴噘起，如执汤匙喝汤状。
（二）双手直立，掌心向内，左手不动，右手向内移动一下。
（三）左手伸拇指，手背向外；右手食指直立，拇指尖按于食指根部，手背向外，置于左手旁，然后向上移动。

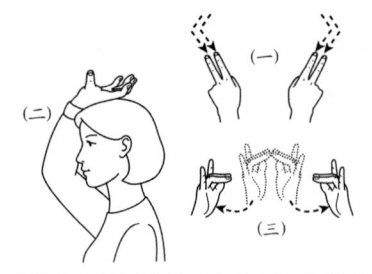

《牡丹亭》　Mǔdāntíng

（一）双手伸食、中指，指尖朝前上方，书空书名号。
（二）一手五指微曲，掌心向上，手背贴于头顶。
（三）双手打手指字母"T"的指式，拇、中、无名指指尖斜向相抵，成"∧"形，然后同时向两侧做弧形移动。

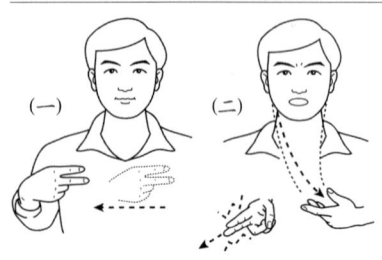

京剧　jīngjù

（一）右手伸食、中指，指尖抵于左胸部，然后划至右胸部。
（二）左手做捋长胡须的动作；右手食、中指并拢，指尖朝前，边抖动边向前移动，口张开，模仿京剧舞台的动作。

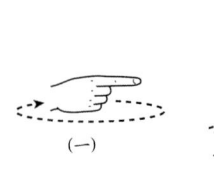

国粹　guócuì

（一）一手打手指字母"G"的指式，顺时针平行转动一圈。
（二）左手侧立；右手伸拇指，边指尖顶向左手掌心边竖起。

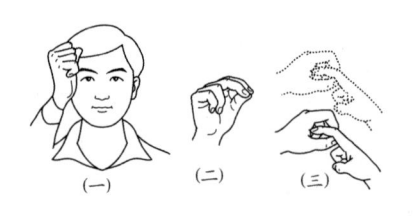

董其昌　Dǒng Qíchāng

（一）一手打手指字母"D"的指式，虎口朝内，贴于太阳穴。
（二）一手打手指字母"Q"的指式。
（三）左手拇、食指与右手食指搭成"曰"字形，虎口朝内，然后向下移动一下，仿"昌"字形。

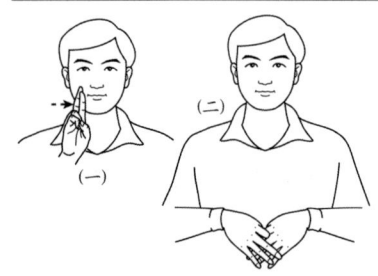

徐渭　Xú Wèi

（一）一手打手指字母"X"的指式，碰一下嘴角一侧。
（二）双手中、无名、小指搭成"田"字形，指尖朝斜下方，手背向外，贴于胃部。"胃"与"渭"音同形近，借代。

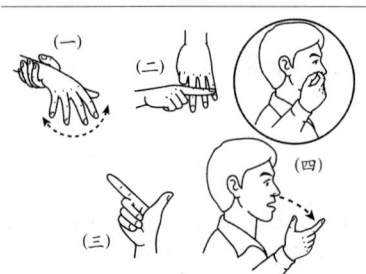

扬州八怪　Yángzhōu Bā Guài

（一）左手握住右手腕；右手五指张开，指尖朝下，左右晃动几下（此为当地聋人手语）。
（二）左手中、无名、小指分开，指尖朝下，手背向外；右手食指横伸，置于左手三指间，仿"州"字形。
（三）一手伸拇、食指，掌心向外。
（四）一手拇、食指相捏，置于鼻翼一侧，然后向前张开，面露惊奇的表情。

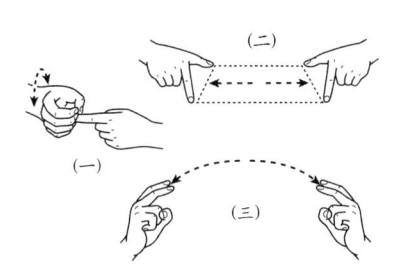

郑燮（郑板桥） Zhèng Xiè (Zhèng Bǎnqiáo)

（一）左手食指横伸，手背向外；右手五指弯曲，套入左手食指尖，然后前后转动两下。
（二）双手拇、食指张开，指尖朝下，虎口相对，从中间向两侧移动。
（三）双手食、中指微曲分开，指尖相对，指背向上，从中间向两侧下方做弧形移动。

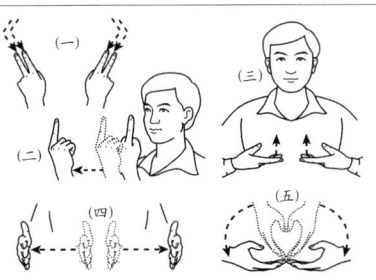

《永乐大典》 Yǒnglè Dàdiǎn

（一）双手伸食、中指，指尖朝前上方，书空书名号。
（二）双手食指直立，手背向外，置于身前，左手在后不动，右手向前移动。
（三）双手横伸，掌心向上，在胸前同时向上移动一下。
（四）双手侧立，掌心相对，同时向两侧移动，幅度要大些。
（五）双手五指微曲，指尖相对，虎口朝外，然后手腕向两侧转动，模仿翻字典的动作。

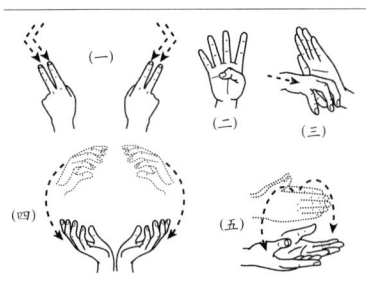

《四库全书》 Sìkù Quánshū

（一）双手伸食、中指，指尖朝前上方，书空书名号。
（二）一手食、中、无名、小指直立分开，掌心向外。
（三）左手斜伸，掌心向右下方；右手五指弯曲，指尖朝下，从后向前移入左手内。
（四）双手五指微曲，指尖左右相对，然后向下做弧形移动，手腕靠拢。
（五）双手侧立，掌心相贴，然后向两侧打开。

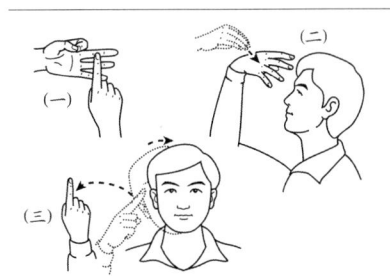

王阳明（王守仁） Wáng Yángmíng (Wáng Shǒurén)

（一）左手中、无名、小指与右手食指搭成"王"字形。
（二）头抬起，一手五指撮合，置于头上方，边向头部移动边张开。
（三）头微偏，一手食指抵于太阳穴，然后向外移动，头转正。

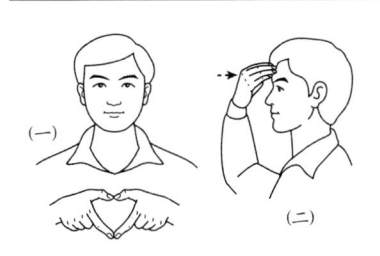

心学 xīnxué

（一）双手拇、食指张开仿"♡"形，手背向外，置于胸部。
（二）一手五指撮合，指尖朝内，按向前额。

李贽 Lǐ Zhì

（一）一手拇、食指弯曲，指尖朝内，抵于颏部。
（二）双手伸食指，指尖朝前，手背向上，左手不动，右手食指从右侧靠向左手食指。"执"与"贽"音形相近，借代。

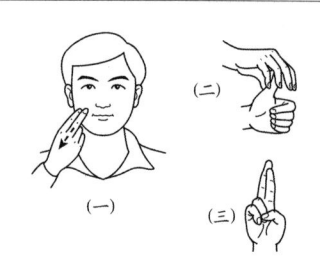

黄宗羲　Huáng Zōngxī

（一）一手打手指字母"H"的指式，摸一下脸颊。
（二）左手伸拇指；右手五指微曲，掌心向下，置于左手拇指上。
（三）一手打手指字母"X"的指式。

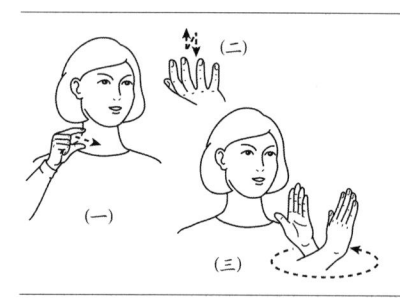

顾炎武　Gù Yánwǔ

（一）一手拇、食指张开，指尖抵于颈部，然后从后向前移动一下。
（二）一手五指微曲，指尖朝上，上下微动几下。
（三）双手直立，手腕交叉相搭，平行转动一圈。

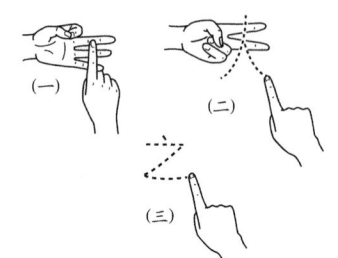

王夫之　Wáng Fūzhī

（一）左手中、无名、小指与右手食指搭成"王"字形。
（二）左手食、中指横伸分开，掌心向内；右手伸食指，在左手食、中指处书空"人"字，仿"夫"字形。
（三）一手伸食指，指尖朝前，书空"之"字形。

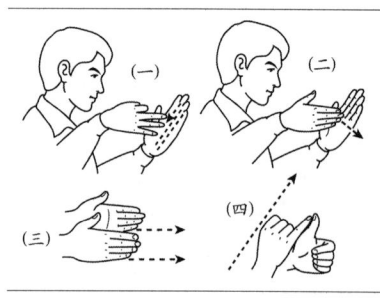

离经叛道　líjīng-pàndào

（一）左手斜伸，掌心向内；右手伸中、无名、小指（或五指），指尖对着左手，从上向下、从右向左移动几下，目光随之移动。
（二）左手斜伸，掌心向内；右手侧立，指尖对着左手，然后向右一偏。
（三）双手侧立，掌心相对，向前移动。
（四）左手伸拇指；右手伸小指，从下向上在左手拇指背上划一下。

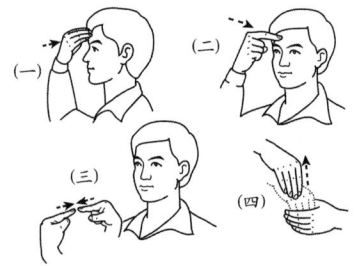

经世致用　jīngshì zhìyòng

（一）一手五指撮合，指尖朝内，按向前额。
（二）一手伸食指，点一下前额。
（三）双手伸食指，指尖前后相对，对戳一下。
（四）左手五指成"匚"形，虎口朝上；右手五指撮合，指尖朝下，从左手虎口内抽出。

三、中国近代史

1.历史事件和现象

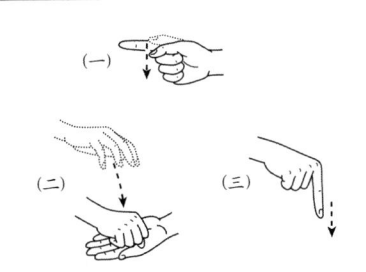

半殖民地 bànzhímíndì
（一）一手食指横伸，手背向外，拇指在食指中部划一下。
（二）左手横伸；右手五指微曲，指尖朝下，边移向左手掌心边握拳，表示侵占、把控了别国的地方。
（三）一手伸食指，指尖朝下一指。

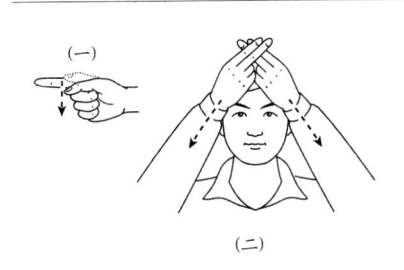

半封建 bànfēngjiàn
（一）一手食指横伸，手背向外，拇指在食指中部划一下。
（二）双手食、中指并拢，手背向外，搭成"×"形，置于前额，然后向两侧斜下方移动。

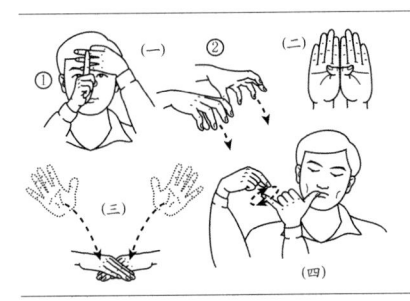

虎门销烟 Hǔmén Xiāoyān
（一）左手中、无名、小指与右手食指先搭成"王"字形，置于前额，然后双手五指弯曲，指尖朝下，如兽爪，同时向前下方按动一下。
（二）双手并排直立，掌心向外，食、中、无名、小指并拢，拇指弯回。
（三）双手五指张开，掌心向外，边交叉向下移动边撮合，右手掌压住左手背。
（四）左手伸拇、小指，拇指抵于嘴边，头微歪；右手拇、食指相捏，在左手小指上绕几圈。

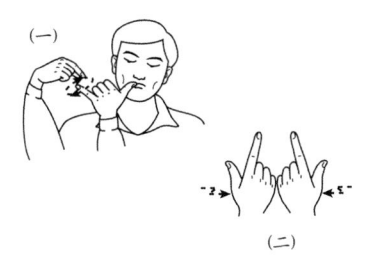

鸦片战争 Yāpiàn Zhànzhēng
（一）左手伸拇、小指，拇指抵于嘴边，头微歪；右手拇、食指相捏，在左手小指上绕几圈。
（二）双手伸拇、食指，食指尖朝上，掌心向内，小指下缘互碰两下。

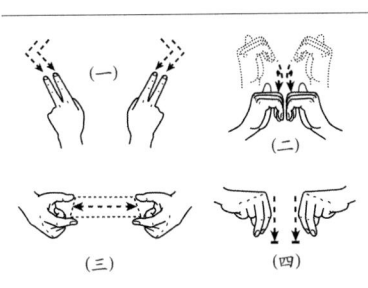

《南京条约》 Nánjīng Tiáoyuē
（一）双手伸食、中指，指尖朝前上方，书空书名号。
（二）双手五指弯曲，食、中、无名、小指指尖朝下，手腕向下转动两下。
（三）双手拇、食指张开，指尖相对，虎口朝上，从中间向两侧移动。
（四）双手拇、食、中指相捏，指尖朝下，同时向下一顿。

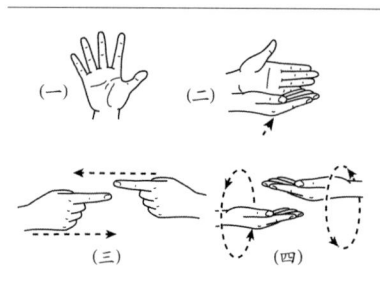

五口通商 Wǔ Kǒu tōngshāng

（一）一手五指直立张开，掌心向外。
（二）左手侧立；右手平伸，掌心凹进，仿船形，然后缓慢地靠向左手掌心。
（三）双手食指横伸，指尖相对，手背向外，从两侧向中间交错移动。
（四）双手横伸，掌心向上，前后交替转动两下。

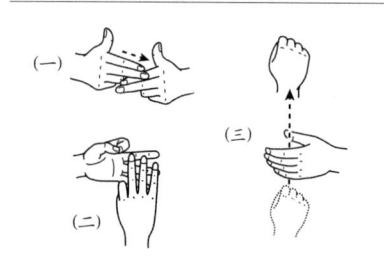

金田起义 Jīntián Qǐyì

（一）双手伸拇、食、中指，食、中指并拢，交叉相搭，右手中指蹭一下左手食指。
（二）双手中、无名、小指搭成"田"字形。
（三）左手五指弯曲，虎口朝上；右手握拳，手背向外，从左手虎口处向上一举。

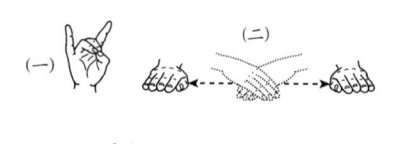

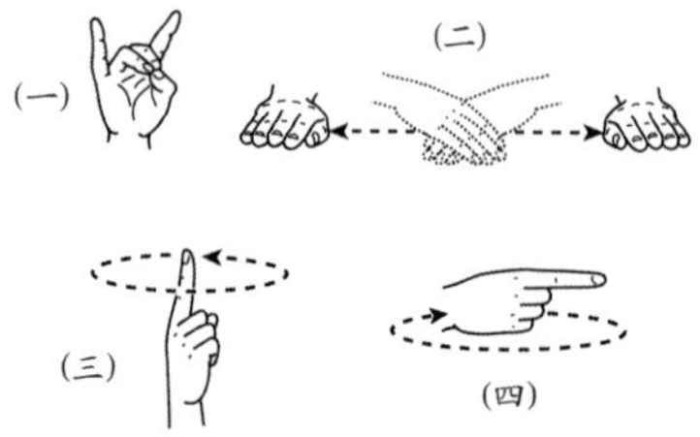

太平天国 Tàipíng Tiānguó

（一）一手打手指字母"T"的指式。
（二）双手五指并拢，掌心向下，交叉相搭，然后分别向两侧移动。
（三）一手食指直立，在头一侧上方转动一圈。
（四）一手打手指字母"G"的指式，顺时针平行转动一圈。

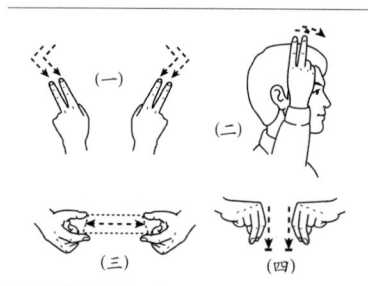

《天津条约》 Tiānjīn Tiáoyuē

（一）双手伸食、中指，指尖朝前上方，书空书名号。
（二）右手食、中指直立稍分开，掌心向左，在头一侧向前微动两下。
（三）双手拇、食指张开，指尖相对，虎口朝上，从中间向两侧移动。
（四）双手拇、食、中指相捏，指尖朝下，同时向下一顿。

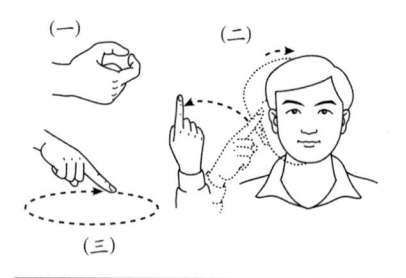

圆明园 Yuánmíng Yuán

（一）一手拇、食指捏成圆形，虎口朝上。
（二）头微偏，一手食指抵于太阳穴，然后向外移动，头转正。
（三）一手伸食指，指尖朝下划一大圈。
（此为当地聋人手语）

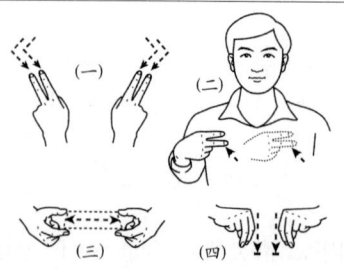

《北京条约》 Běijīng Tiáoyuē

（一）双手伸食、中指，指尖朝前上方，书空书名号。
（二）右手伸食、中指，指尖先点一下左胸部，再点一下右胸部。
（三）双手拇、食指张开，指尖相对，虎口朝上，从中间向两侧移动。
（四）双手拇、食、中指相捏，指尖朝下，同时向下一顿。

三、中国近代史

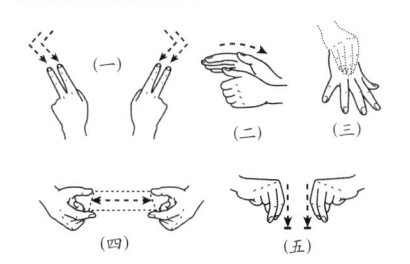

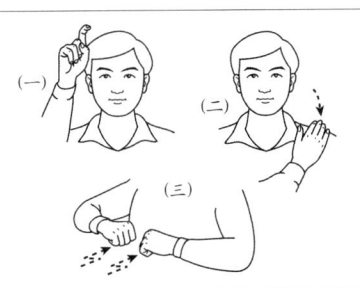

《瑷珲条约》　Àihuī Tiáoyuē
（一）双手伸食、中指，指尖朝前上方，书空书名号。
（二）左手伸拇指；右手轻轻抚摸左手拇指背。"爱"与"瑷"音同形近，借代。
（三）一手五指撮合，指尖朝下，然后张开。"辉"与"珲"音同形近，借代。
（四）双手拇、食指张开，指尖相对，虎口朝上，从中间向两侧移动。
（五）双手拇、食、中指相捏，指尖朝下，同时向下一顿。

洋务运动　Yángwù Yùndòng
（一）一手食指弯曲如钩，虎口贴于太阳穴，仿羊头上弯曲的角。"羊"与"洋"音同形近，借代。
（二）右手拍一下左肩。
（三）双手握拳屈肘，手背向上，虎口朝内，用力向后移动两下。

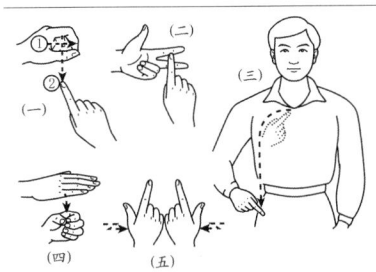

甲午中日战争　Jiǎwǔ Zhōng-Rì Zhànzhēng
（一）左手拇、食指捏成圆形，虎口朝内；右手伸食指，在左手虎口上先横划一下，再竖划一下，仿"甲"字形。
（二）左手拇、食、中指与右手食指搭成"午"字形。
（三）一手伸食指，自咽喉部顺肩胸部划至右腰部。
（四）左手虚握，虎口朝上；右手平伸，掌心向下，朝左手虎口处拍一下。
（五）双手伸拇、食指，食指尖朝上，掌心向内，小指下缘互碰两下。

《马关条约》　Mǎguān Tiáoyuē
（一）双手伸食、中指，指尖朝前上方，书空书名号。
（二）一手食、中指直立并拢，虎口贴于太阳穴，向前微动两下，仿马的耳朵。
（三）双手直立，掌心向外，从两侧向中间移动并互碰。
（四）双手拇、食指张开，指尖相对，虎口朝上，从中间向两侧移动。
（五）双手拇、食、中指相捏，指尖朝下，同时向下一顿。

租界　zūjiè
（一）左手横伸，掌心向上；右手打手指字母"K"的指式，中指尖点一下左手掌心。
（二）左手横伸；右手五指微曲，指尖朝下，边移向左手掌心边握拳，表示占据、把控了一个地方。

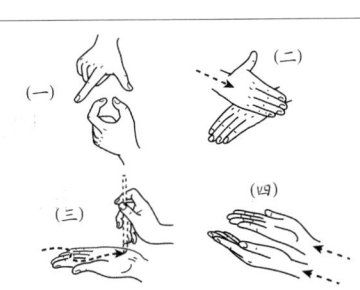

公车上书　Gōngchē Shàngshū
（一）双手拇、食指搭成"公"字形，虎口朝外。
（二）左手横伸；右手侧立，在左手背上向前划动一下。
（三）左手平伸；右手如执毛笔状，在左手掌心上方做书写的动作。
（四）双手平伸，掌心向上，同时向前上方移出。

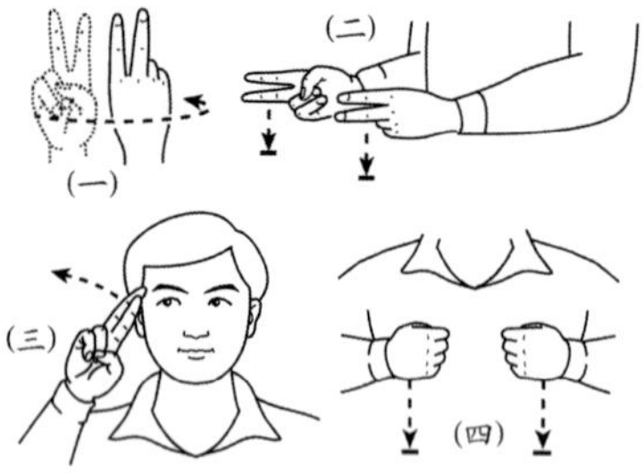

变法图强　biànfǎ-túqiáng

（一）一手食、中指直立分开，由掌心向外翻转为掌心向内。
（二）双手打手指字母"F"的指式，指尖朝前，向下一顿。
（三）一手打手指字母"X"的指式，先置于太阳穴，然后向外移动，面露期待的表情。
（四）双手握拳屈肘，同时用力向下一顿。

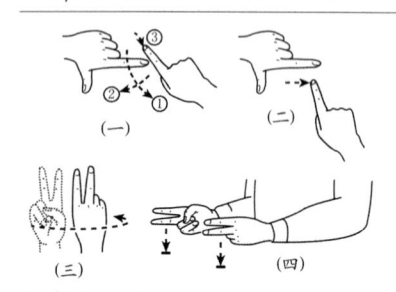

戊戌变法　Wùxū Biànfǎ

（一）左手拇、食指成"厂"字形，手背向内；右手伸食指，指尖朝前，在左手食指上书空"丨""丿""丶"，仿"戊"字形。
（二）左手拇、食指成"厂"字形，手背向内；右手伸食指，指尖朝前，在左手拇指旁书空"一"，仿"戊"字部分字形。
（三）一手食、中指直立分开，由掌心向外翻转为掌心向内。
（四）双手打手指字母"F"的指式，指尖朝前，向下一顿。

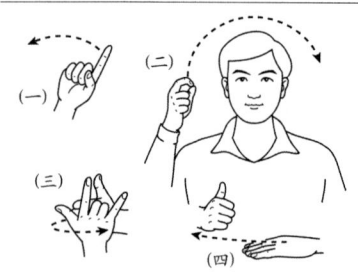

百日维新　Bǎi Rì Wéixīn

（一）右手伸食指，从左向右挥动一下。
（二）右手拇、食指捏成圆形，虎口朝内，从右向左做弧形移动，越过头顶。
（三）左手伸拇指；右手拇、食、小指直立，绕左手转动半圈。
（四）左手横伸；右手伸拇指，在左手背上从左向右划出。

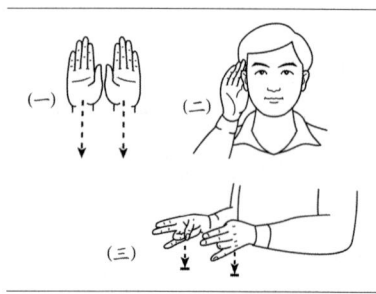

垂帘听政　chuílián tīngzhèng

（一）双手直立，掌心向外，同时向下移动一下。
（二）一手直立，掌心向外，五指微曲，贴于耳部。
（三）双手打手指字母"ZH"的指式，指尖朝前，向下一顿。

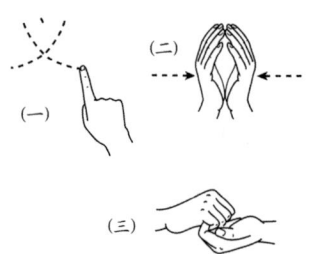

义和团　Yìhétuán

（一）一手伸食指，指尖朝前，书空"义"字。
（二）双手直立，掌心左右相对，五指微曲，从两侧向中间移动。
（三）双手五指弯曲，相互握住。

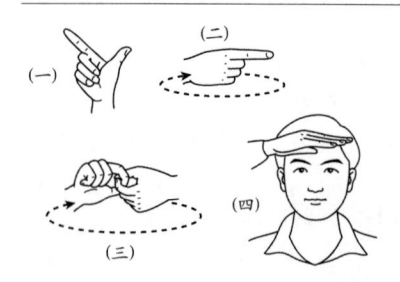

八国联军　Bā Guó Liánjūn

（一）一手伸拇、食指，掌心向外。
（二）一手打手指字母"G"的指式，顺时针平行转动一圈。
（三）双手拇、食指套环，顺时针平行转动一圈。
（四）右手横伸，掌心向下，置于前额，表示军帽帽檐。

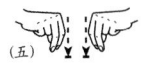

《辛丑条约》　Xīnchǒu Tiáoyuē

（一）双手伸食、中指，指尖朝前上方，书空书名号。
（二）一手食、中指相叠，指尖抵于前额。
（三）一手伸小指，绕鼻子转动一圈。
（四）双手拇、食指张开，指尖相对，虎口朝上，从中间向两侧移动。
（五）双手拇、食、中指相捏，指尖朝下，同时向下一顿。

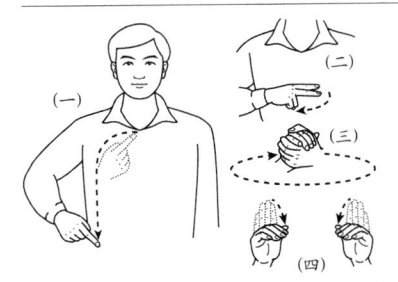

中国同盟会　Zhōngguó Tóngménghuì

（一）一手伸食指，自咽喉部顺肩胸部划至右腰部。
（二）一手食、中指横伸分开，手背向上，向前移动一下。
（三）双手一横一竖，相互握住，顺时针平行转动一圈。
（四）双手直立，掌心分别向左右斜前方，食、中、无名、小指弯动一下。

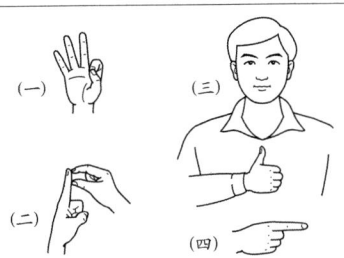

三民主义　sānmín zhǔyì

（一）一手中、无名、小指直立分开，掌心向外。
（二）左手食指与右手拇、食指搭成"民"字的一部分。
（三）一手伸拇指，贴于胸部。
（四）一手食指横伸，手背向外。"一"与"义"音近，借代。

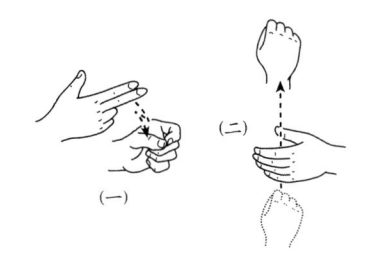

武昌起义　Wǔchāng Qǐyì

（一）左手拇、食指捏成圆形，虎口朝上；右手伸拇、食、中指，食、中指并拢，敲两下左手拇指。
（二）左手五指弯曲，虎口朝上；右手握拳，手背向外，从左手虎口处向上一举。

辛亥革命　Xīnhài Gémìng

（一）一手打数字"10"的手势，先置于嘴右侧，再置于嘴左侧。
（二）左手五指弯曲，虎口朝上；右手握拳，手背向外，从左手虎口处向上一举。

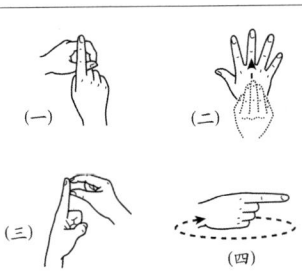

中华民国　Zhōnghuá Mínguó

（一）左手拇、食指与右手食指搭成"中"字形。
（二）一手五指撮合，指尖朝上，边向上微移边张开。
（三）左手食指与右手拇、食指搭成"民"字的一部分。
（四）一手打手指字母"G"的指式，顺时针平行转动一圈。

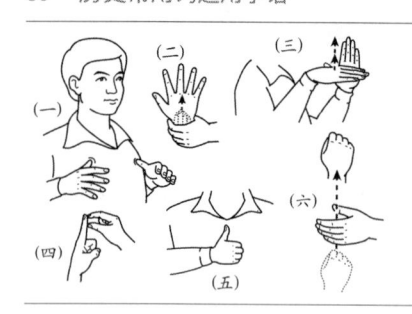

资产阶级民主革命　zīchǎn jiējí mínzhǔ gémìng

（一）双手五指张开，掌心向下，拇指尖抵于胸部。
（二）左手五指成半圆形，虎口朝上；右手五指撮合，指尖朝上，手背向外，边从左手虎口内伸出边张开。
（三）左手直立，掌心向右；右手平伸，掌心向下，在左手掌心上向上一顿一顿移动两下。
（四）左手食指与右手拇、食指搭成"民"字的一部分。
（五）一手伸拇指，贴于胸部。
（六）左手五指弯曲，虎口朝上；右手握拳，手背向外，从左手虎口处向上一举。

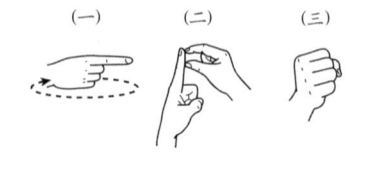

国民党①　guómíndǎng ①

（一）一手打手指字母"G"的指式，顺时针平行转动一圈。
（二）左手食指与右手拇、食指搭成"民"字的一部分。
（三）一手打手指字母"D"的指式。

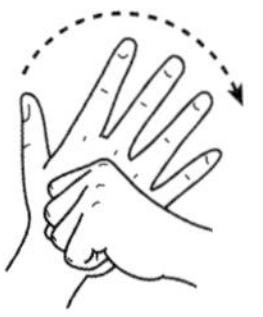

国民党②　guómíndǎng ②

左手握拳，虎口朝斜后方；右手五指张开，手背贴于左手虎口，然后向左转动一下。

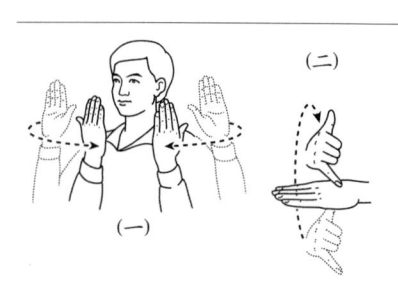

复辟　fùbì

（一）双手直立，掌心向外，然后边向前做弧形移动边翻转为掌心向内。
（二）左手横伸；右手伸拇、小指，先置于左手掌心下，然后移至左手背上，表示重新上台。

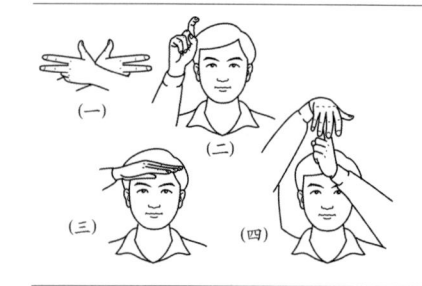

北洋军阀　Běiyáng Jūnfá

（一）双手伸拇、食、中指，手背向外，手腕交叉相搭，仿"北"字形。
（二）一手食指弯曲如钩，虎口贴于太阳穴，仿羊头上弯曲的角。"羊"与"洋"音同形近，借代。
（三）右手横伸，掌心向下，置于前额，表示军帽帽檐。
（四）右手五指微曲，指尖朝下；左手伸食指，抵于右手腕，置于前额，仿旧时军阀帽顶上的装饰。

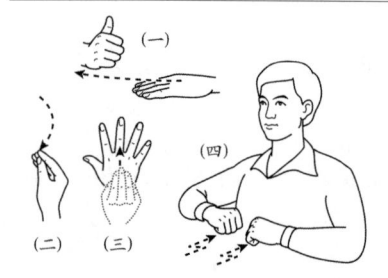

新文化运动　xīnwénhuà yùndòng

（一）左手横伸；右手伸拇指，在左手背上从左向右划出。
（二）一手五指撮合，指尖朝前，撇动一下，如执毛笔写字状。
（三）一手五指撮合，指尖朝上，边向上微移边张开。
（四）双手握拳屈肘，手背向上，虎口朝内，用力向后移动两下。

三、中国近代史 81

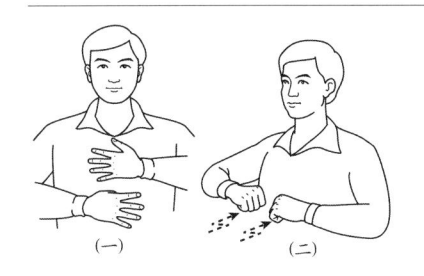

五四运动　Wǔ-Sì Yùndòng
（一）左手横立，手背向外，五指张开，在上；右手食、中、无名、小指横伸分开，手背向外，在下。
（二）双手握拳屈肘，手背向上，虎口朝内，用力向后移动两下。

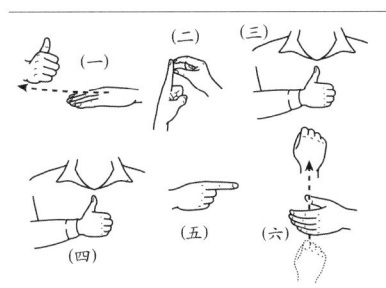

新民主主义革命　xīn mínzhǔ zhǔyì gémìng
（一）左手横伸；右手伸拇指，在左手背上从左向右划出。
（二）左手食指与右手拇、食指搭成"民"字的一部分。
（三）一手伸拇指，贴于胸部。
（四）一手伸拇指，贴于胸部。
（五）一手食指横伸，手背向外。"一"与"义"音近，借代。
（六）左手五指弯曲，虎口朝上；右手握拳，手背向外，从左手虎口处向上一举。

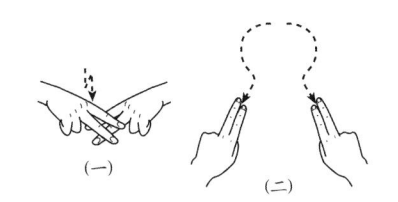

共产国际　Gòngchǎn Guójì
（一）双手食、中指搭成"共"字形，手背向上，右手向下碰两下左手。
（二）双手食、中指并拢，指尖朝前，从上向下做曲线形移动。

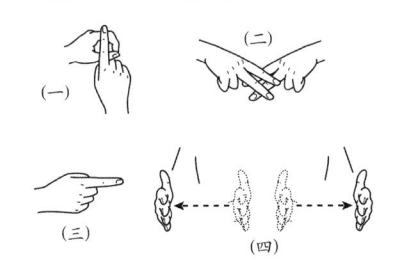

中共一大　Zhōnggòng Yī Dà
（一）左手拇、食指与右手食指搭成"中"字形。
（二）双手食、中指搭成"共"字形，手背向上。
（三）一手食指横伸，手背向外。
（四）双手侧立，掌心相对，同时向两侧移动，幅度要大些。

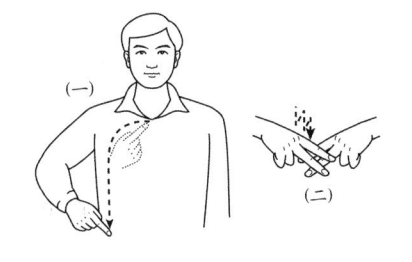

中国共产党　Zhōngguó Gòngchǎndǎng
（一）一手伸食指，自咽喉部顺肩胸部划至右腰部。
（二）双手食、中指搭成"共"字形，手背向上，右手向下碰三下左手。

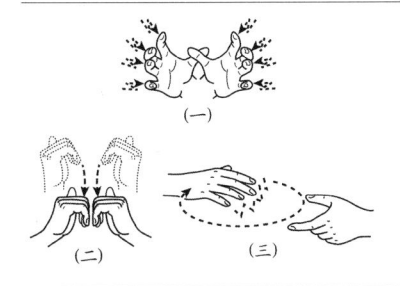

嘉兴南湖　Jiāxīng Nán Hú
（一）双手拇指相搭，其他四指弯动几下，掌心向前。
（二）双手五指弯曲，食、中、无名、小指指尖朝下，手腕向下转动一下。
（三）左手拇、食指成半圆形，虎口朝上；右手横伸，掌心向下，五指张开，边交替点动边在左手旁顺时针转动一圈。

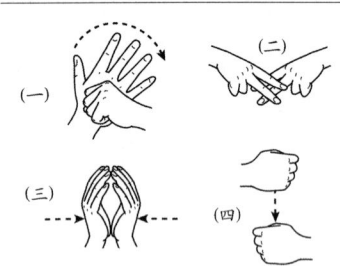

国共合作　Guó-Gòng hézuò

（一）左手握拳，虎口朝斜后方；右手五指张开，手背贴于左手虎口，然后向左转动一下。
（二）双手食、中指搭成"共"字形，手背向上。
（三）双手直立，掌心左右相对，五指微曲，从两侧向中间移动。
（四）双手握拳，一上一下，右拳向下砸一下左拳。

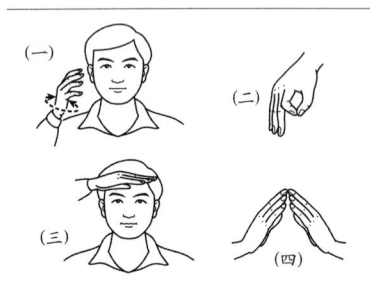

黄埔军校①　Huángpǔ Jūnxiào ①

（一）右手五指张开，掌心向左，晃动几下。
（二）一手打手指字母"P"的指式。
（三）右手横伸，掌心向下，置于前额，表示军帽帽檐。
（四）双手搭成"∧"形。

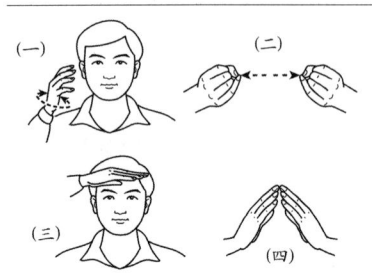

黄埔军校②　Huángpǔ Jūnxiào ②

（一）右手五指张开，掌心向左，晃动几下。
（二）双手拇、小指相捏，从中间向两侧拉开。
（三）右手横伸，掌心向下，置于前额，表示军帽帽檐。
（四）双手搭成"∧"形。
（此为当地聋人手语）

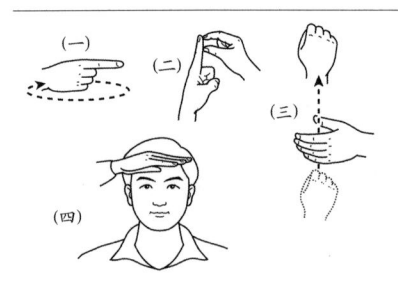

国民革命军　Guómín Gémìngjūn

（一）一手打手指字母"G"的指式，顺时针平行转动一圈。
（二）左手食指与右手拇、食指搭成"民"字的一部分。
（三）左手五指弯曲，虎口朝上；右手握拳，手背向外，从左手虎口处向上一举。
（四）右手横伸，掌心向下，置于前额，表示军帽帽檐。

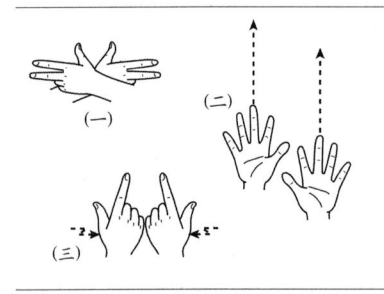

北伐战争　Běifá Zhànzhēng

（一）双手伸拇、食、中指，手背向外，手腕交叉相搭，仿"北"字形。
（二）双手直立，掌心向外，五指张开，一上一下，同时用力向上移动一下。
（三）双手伸拇、食指，食指尖朝上，掌心向内，小指下缘互碰两下。

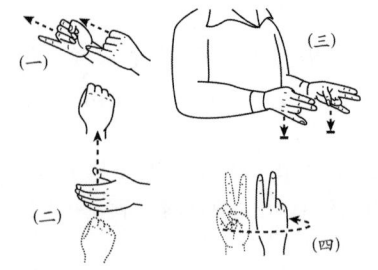

反革命政变　fǎngémìng zhèngbiàn

（一）双手伸小指，指尖朝前，同时向前上方移动一下。
（二）左手五指弯曲，虎口朝上；右手握拳，手背向外，从左手虎口处向上一举。
（三）双手打手指字母"ZH"的指式，指尖朝前，向下一顿。
（四）一手食、中指直立分开，由掌心向外翻转为掌心向内。

三、中国近代史　83

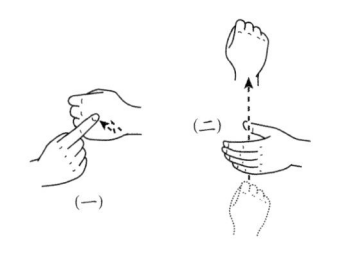

南昌起义　Nánchāng Qǐyì
（一）左手握拳，手背向外；右手伸食指，在左手背上点两下。
（二）左手五指弯曲，虎口朝上；右手握拳，手背向外，从左手虎口处向上一举。

八七会议　Bā-Qī Huìyì
（一）左手伸拇、食指，手背向外，在上；右手拇、食、中指相捏，指尖朝左，虎口朝上，在下。
（二）双手直立，掌心分别向左右斜前方，食、中、无名、小指弯动两下。

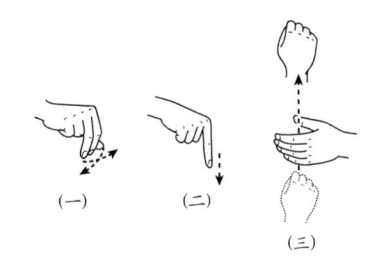

土地革命　tǔdì gémìng
（一）一手拇、食、中指相捏，指尖朝下，互捻几下。
（二）一手伸食指，指尖朝下一指。
（三）左手五指弯曲，虎口朝上；右手握拳，手背向外，从左手虎口处向上一举。

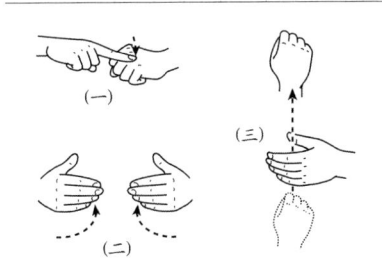

秋收起义　Qiūshōu Qǐyì
（一）左手握拳，手背向上；右手食指点一下左手无名指根部关节。
（二）双手横立，掌心向内，五指微曲，从外向内收进。
（三）左手五指弯曲，虎口朝上；右手握拳，手背向外，从左手虎口处向上一举。

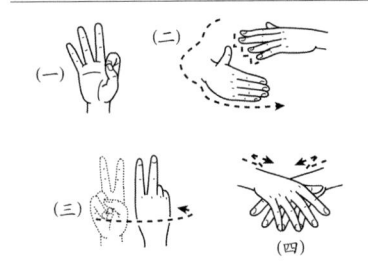

三湾改编　Sānwān Gǎibiān
（一）一手中、无名、小指直立分开，掌心向外。
（二）左手横伸，掌心向下，五指张开，交替点动几下；右手侧立，在左手旁向前做曲线形移动。
（三）一手食、中指直立分开，由掌心向外翻转为掌心向内。
（四）双手五指张开，掌心向下，交叉相搭，然后手腕向中间微动两下。

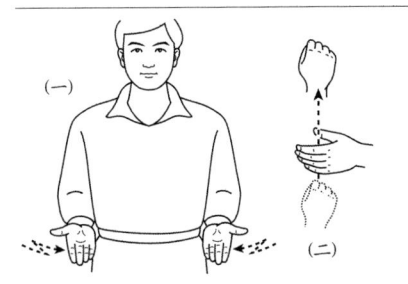

广州起义　Guǎngzhōu Qǐyì
（一）双手平伸，掌心向上，向腰部两侧碰两下。
（二）左手五指弯曲，虎口朝上；右手握拳，手背向外，从左手虎口处向上一举。

根据地　gēnjùdì
（一）左手握拳，手背向上；右手握住左手腕。
（二）一手伸食指，指尖朝下一指。

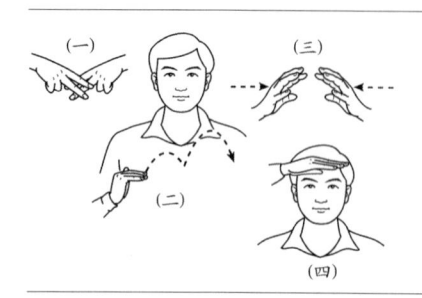

井冈山会师　Jǐnggāng Shān Huìshī
（一）双手食、中指搭成"井"字形，手背向上。
（二）一手五指与手掌成"冖"形，指背向上，从右向左，从低向高做起伏状移动，仿山峰的形状。
（三）双手五指微曲张开，指尖左右相对，从两侧向中间移动。
（四）右手横伸，掌心向下，置于前额，表示军帽帽檐。

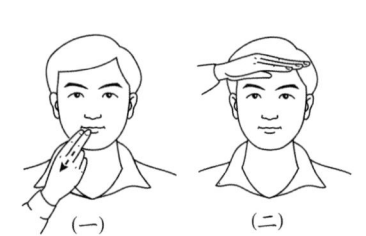

红军　hóngjūn
（一）一手打手指字母"H"的指式，摸一下嘴唇。
（二）右手横伸，掌心向下，置于前额，表示军帽帽檐。

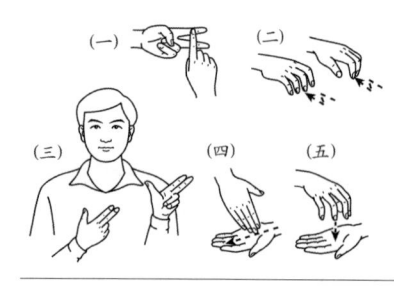

工农武装割据　gōng-nóng wǔzhuāng gējù
（一）左手食、中指与右手食指搭成"工"字形。
（二）双手五指弯曲，掌心向下，一前一后，向后移动两下，模仿耙地的动作。
（三）双手伸拇、食、中指，食、中指并拢，指尖朝左上方，一上一下，模仿持枪的动作。
（四）左手横伸；右手食、中、无名、小指并拢，指尖朝下，在左手掌心上横划一下。
（五）左手横伸；右手五指弯曲，指尖朝下，按向左手掌心。

古田会议　Gǔtián Huìyì
（一）双手拇、食指搭成"古"字形。
（二）双手中、无名、小指搭成"田"字形。
（三）双手直立，掌心分别向左右斜前方，食、中、无名、小指弯动两下。

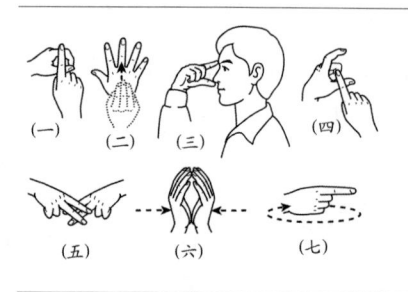

中华苏维埃共和国　Zhōnghuá Sūwéi'āi Gònghéguó
（一）左手拇、食指与右手食指搭成"中"字形。
（二）一手五指撮合，指尖朝上，边向上微移边张开。
（三）一手拇、食指成"⌐"形，拇指尖抵于鼻尖，食指尖抵于眉心。
（四）左手拇、食指成半圆形，虎口朝内；右手食指斜伸，贴于左手拇指，表示镰刀和锤子。
（五）双手食、中指搭成"共"字形，手背向上。
（六）双手直立，掌心左右相对，五指微曲，从两侧向中间移动。
（七）一手打手指字母"G"的指式，顺时针平行转动一圈。

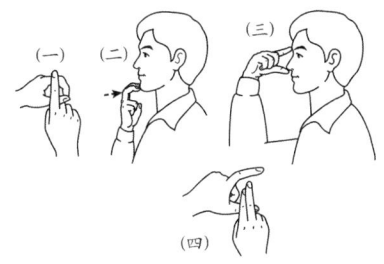

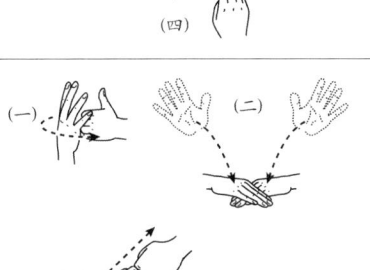

中央苏区　zhōngyāng sūqū

（一）左手拇、食指与右手食指搭成"中"字形。
（二）一手食、中指弯曲，指尖朝内，朝颏部点一下，与口结合仿"央"字的一部分。
（三）一手拇、食指成"⌐"形，拇指尖抵于鼻尖，食指尖抵于眉心。
（四）左手拇、食指成"⊏"形，虎口朝内；右手食、中指相叠，手背向内，置于左手"⊏"形中，仿"区"字形。

反"围剿"（反围攻）　fǎnwéijiǎo（fǎnwéigōng）

（一）左手伸拇指，手背向外；右手直立，五指微曲张开，绕左手逆时针转动半圈。
（二）双手五指张开，掌心向外，边交叉向下移动边撮合，右手掌压住左手背。
（三）双手握拳屈肘，两拳斜向相抵，右拳将左拳向左上方顶出。

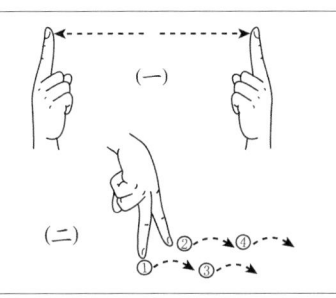

长征　chángzhēng

（一）双手食指直立，指面左右相对，从中间向两侧拉开。
（二）一手食、中指分开，指尖朝下，交替向前移动。

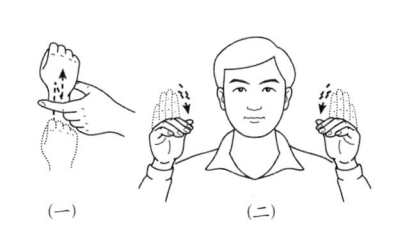

遵义会议　Zūnyì Huìyì

（一）左手拇、食指成半圆形，虎口朝上；右手握拳，手背向外，从左手内向上移出两次（此为当地聋人手语）。
（二）双手直立，掌心分别向左右斜前方，食、中、无名、小指弯动两下。

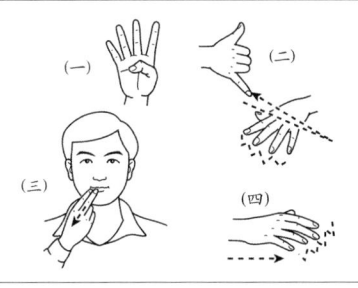

四渡赤水　Sì Dù Chì Shuǐ

（一）一手食、中、无名、小指直立分开，掌心向外。
（二）左手横伸，掌心向下，五指张开，交替点动几下；右手伸拇、小指，指尖朝前，前后来回移过左手背，表示四渡赤水来回渡河的情形。
（三）一手打手指字母"H"的指式，摸一下嘴唇。
（四）一手横伸，掌心向下，五指张开，边交替点动边向一侧移动。

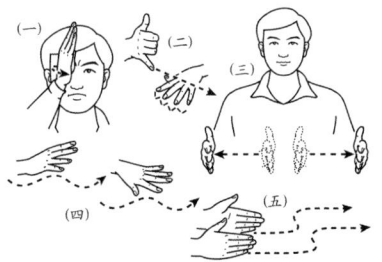

强渡大渡河　Qiángdù Dàdùhé

（一）右手直立，掌心向左，五指并拢，贴于前额，然后用力翻转为掌心向内，面露坚毅的表情。
（二）左手横伸，掌心向下，五指张开，交替点动几下；右手伸拇、小指，指尖朝前，从后向前移过左手背。
（三）双手侧立，掌心相对，同时向两侧移动，幅度要大些。
（四）双手平伸，掌心向下，五指张开，一前一后，一高一低，同时向前做大的起伏状移动。
（五）双手侧立，掌心相对，相距窄些，向前做曲线形移动。

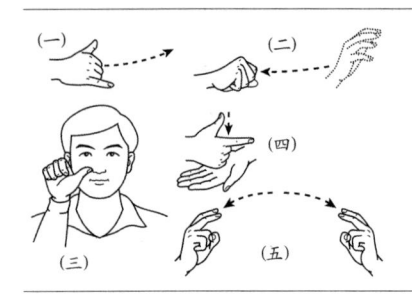

飞夺泸定桥　Fēiduó Lúdìngqiáo
（一）一手伸拇、小指，手背向上，从一侧向另一侧上方移动。
（二）一手五指微曲，掌心向前，边用力向后移动边握拳。
（三）右手伸拇指，指尖抵于鼻翼一侧，虎口朝左。
（四）左手横伸；右手伸拇、食指，手背向外，砸向左手掌心。
（五）双手食、中指微曲分开，指尖相对，指背向上，从中间向两侧下方做弧形移动。

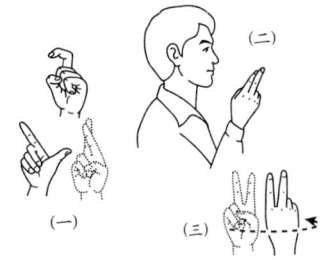

九一八事变　Jiǔ-Yībā Shìbiàn
（一）左手食指弯曲，中节指指背向上，虎口朝内，在上；右手打数字"18"的手势，在下（或一手连续打数字"9、1、8"的手势）。
（二）一手食、中指相叠，指尖朝前上方。
（三）一手食、中指直立分开，由掌心向外翻转为掌心向内。

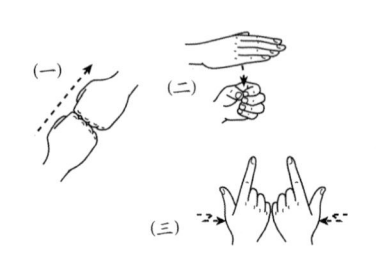

抗日战争　Kàng Rì Zhànzhēng
（一）双手握拳屈肘，两拳斜向相抵，右拳将左拳向左上方顶出。
（二）左手虚握，虎口朝上；右手平伸，掌心向下，朝左手虎口处拍一下。
（三）双手伸拇、食指，食指尖朝上，掌心向内，小指下缘互碰两下。

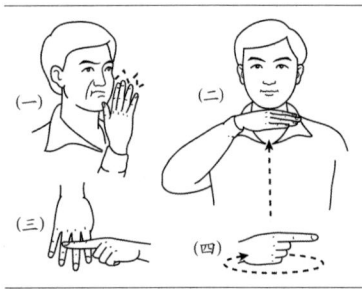

伪满洲国　Wěi Mǎnzhōuguó
（一）右手直立，掌心向左，拇指尖抵于颊部，其他四指交替点动几下，面露怀疑的表情。
（二）一手横伸，掌心向下，从腹部向颈部移动。
（三）右手食、中、无名、小指分开，指尖朝下，手背向外；左手食指横伸，置于右手食、中、无名指间，仿"洲"字形。
（四）一手打手指字母"G"的指式，顺时针平行转动一圈。

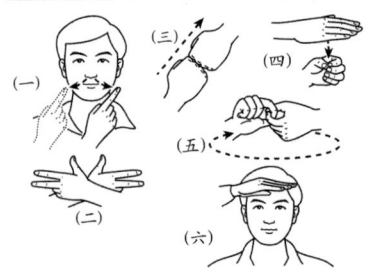

东北抗日联军　Dōngběi Kàng Rì Liánjūn
（一）一手伸食指，在嘴两侧书写"八"，仿"东"字部分字形。
（二）双手伸拇、食、中指，手背向外，手腕交叉相搭，仿"北"字形。
（三）双手握拳屈肘，两拳斜向相抵，右拳将左拳向左上方顶出。
（四）左手虚握，虎口朝上；右手平伸，掌心向下，朝左手虎口处拍一下。
（五）双手拇、食指套环，顺时针平行转动一圈。
（六）右手横伸，掌心向下，置于前额，表示军帽帽檐。

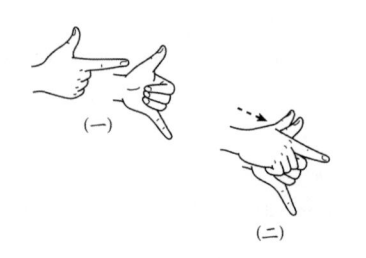

兵谏　bīngjiàn
（一）左手伸拇、小指，指尖朝前，在前；右手伸拇、食指，食指尖对着左手，在后。
（二）左手伸拇、小指，指尖朝前；右手伸拇、食指，卡在左手拇指背，然后用力向前下方一按，表示强迫他人接受规劝。

三、中国近代史　87

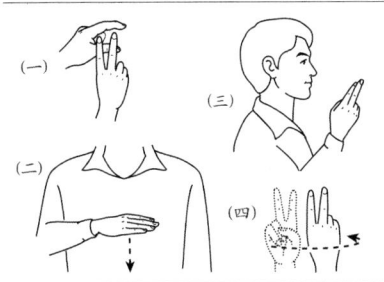

西安事变　Xī'ān Shìbiàn
（一）左手拇、食指成"匚"形，虎口朝内；右手食、中指直立分开，手背向内，贴于左手拇指，仿"西"字部分字形。
（二）一手横伸，掌心向下，自胸部向下一按。
（三）一手食、中指相叠，指尖朝前上方。
（四）一手食、中指直立分开，由掌心向外翻转为掌心向内。

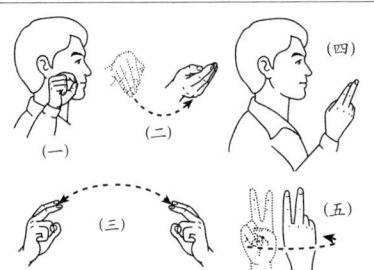

卢沟桥事变　Lúgōuqiáo Shìbiàn
（一）一手拇、食指捏成圆形，虎口贴于脸颊（此为当地聋人手语）。
（二）一手手背拱起，指尖朝下，向上挖动一下。
（三）双手食、中指微曲分开，指尖相对，指背向上，从中间向两侧下方做弧形移动。
（四）一手食、中指相叠，指尖朝前上方。
（五）一手食、中指直立分开，由掌心向外翻转为掌心向内。

八路军　Bā Lù Jūn
（一）一手伸拇、食指，手背向外，贴于左上臂，表示八路军的臂章。
（二）右手横伸，掌心向下，置于前额，表示军帽帽檐。

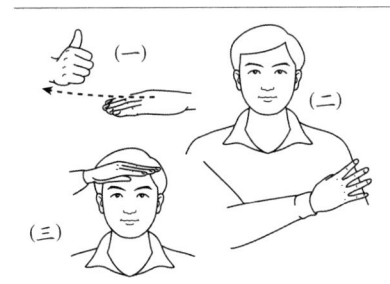

新四军　Xīn Sì Jūn
（一）左手横伸；右手伸拇指，在左手背上从左向右划出。
（二）一手食、中、无名、小指分开，手背向外，贴于左上臂。
（三）右手横伸，掌心向下，置于前额，表示军帽帽檐。

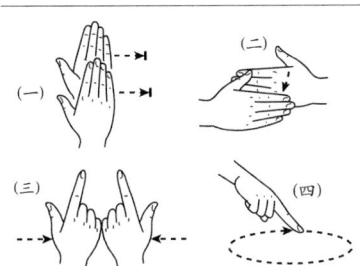

正面战场　zhèngmiàn zhànchǎng
（一）双手直立，掌心左右相对，向前一顿。
（二）左手横立，手背向外；右手摸一下左手背。
（三）双手伸拇、食指，食指尖朝上，掌心向内，小指下缘互碰一下。
（四）一手伸食指，指尖朝下划一大圈。

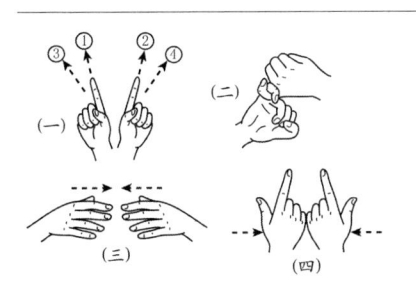

淞沪会战　Sōnghù Huìzhàn
（一）双手伸食指，交替向两侧上方各指两下，表示松树的针叶（此为当地聋人手语）。
（二）双手伸小指，一上一下相互勾住。
（三）双手横伸，手背向上，五指张开，指尖相对，同时从两侧向中间移动。
（四）双手伸拇、食指，食指尖朝上，掌心向内，小指下缘互碰一下。

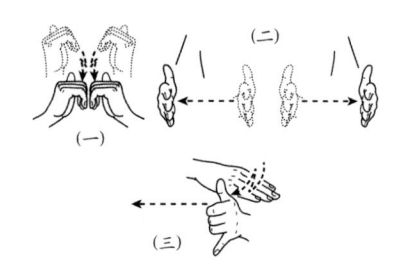

南京大屠杀　Nánjīng Dà Túshā

（一）双手五指弯曲，食、中、无名、小指指尖朝下，手腕向下转动两下。

（二）双手侧立，掌心相对，同时向两侧移动，幅度要大些。

（三）左手伸拇、小指；右手五指并拢，掌心向下，边连续砍向左手拇指背边双手同时向一侧移动。

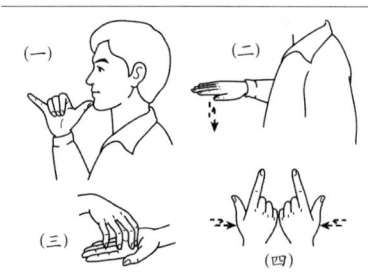

台儿庄战役　Tái'érzhuāng Zhànyì

（一）一手伸拇、小指，指尖朝上，拇指尖抵于颏部。

（二）一手平伸，掌心向下，按动两下。

（三）左手横伸；右手五指弯曲，指尖朝下，置于左手掌心上。

（四）双手伸拇、食指，食指尖朝上，掌心向内，小指下缘互碰两下。

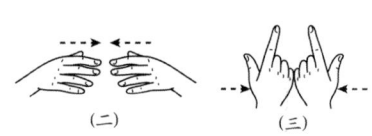

武汉会战　Wǔhàn Huìzhàn

（一）左手横伸；右手伸拇、食、小指，手背向上，向左手掌心上碰两下，表示武汉三镇。

（二）双手横伸，手背向上，五指张开，指尖相对，同时从两侧向中间移动。

（三）双手伸拇、食指，食指尖朝上，掌心向内，小指下缘互碰一下。

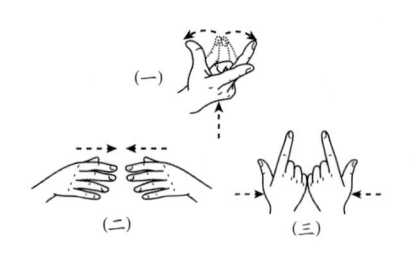

长沙会战　Chángshā Huìzhàn

（一）一手拇、食、中指相捏，指尖朝上，边向上微移边分开，重复一次。

（二）双手横伸，手背向上，五指张开，指尖相对，同时从两侧向中间移动。

（三）双手伸拇、食指，食指尖朝上，掌心向内，小指下缘互碰一下。

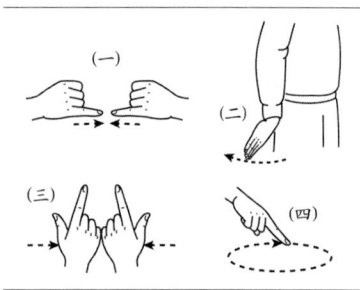

敌后战场　díhòu zhànchǎng

（一）双手伸小指，指尖左右相对，手背向外，对戳一下。

（二）一手五指并拢，指尖朝下，向身后挥动一下。

（三）双手伸拇、食指，食指尖朝上，掌心向内，小指下缘互碰一下。

（四）一手伸食指，指尖朝下划一大圈。

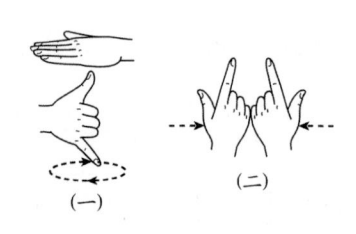

游击战　yóujīzhàn

（一）左手横伸；右手伸拇、小指，在左手掌心下转动两圈。

（二）双手伸拇、食指，食指尖朝上，掌心向内，小指下缘互碰一下。

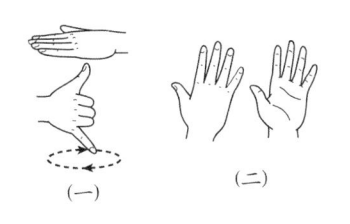

游击队 yóujīduì

（一）左手横伸；右手伸拇、小指，在左手掌心下转动两圈。

（二）双手直立，五指张开，一前一后排成一列。

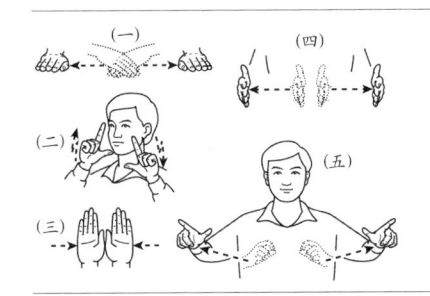

平型关大捷 Píngxíngguān Dàjié

（一）双手五指并拢，掌心向下，交叉相搭，然后分别向两侧移动。

（二）双手拇、食指成"⌐⌐"形，置于脸颊两侧，上下交替动两下。

（三）双手直立，掌心向外，从两侧向中间移动并互碰。

（四）双手侧立，掌心相对，同时向两侧移动，幅度要大些。

（五）双手拇、食指相捏，虎口朝内，置于胸前，然后边向前移动边张开。

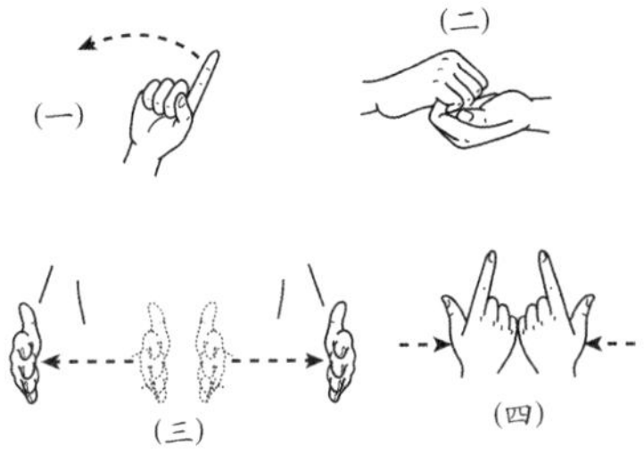

百团大战 Bǎi Tuán Dàzhàn

（一）右手伸食指，从左向右挥动一下。

（二）双手五指弯曲，相互握住。

（三）双手侧立，掌心相对，同时向两侧移动，幅度要大些。

（四）双手伸拇、食指，食指尖朝上，掌心向内，小指下缘互碰一下。

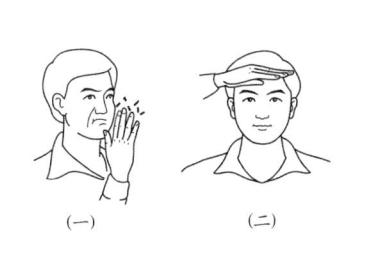

伪军 wěijūn

（一）右手直立，掌心向左，拇指尖抵于颊部，其他四指交替点动几下，面露怀疑的表情。

（二）右手横伸，掌心向下，置于前额，表示军帽帽檐。

汉奸（走狗、奴才） hànjiān (zǒugǒu、nú·cai)

左手伸拇、小指，指尖朝前；右手五指弯曲，指尖朝下，在左手后前后晃动几下。

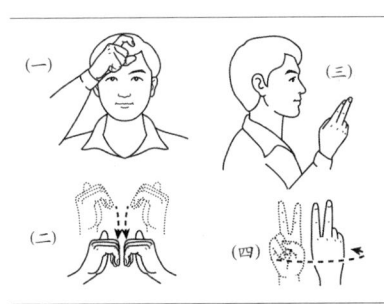

皖南事变 Wǎnnán Shìbiàn

（一）一手拇、食指成半圆形，虎口朝内，贴于前额。

（二）双手五指弯曲，食、中、无名、小指指尖朝下，手腕向下转动一下。

（三）一手食、中指相叠，指尖朝前上方。

（四）一手食、中指直立分开，由掌心向外翻转为掌心向内。

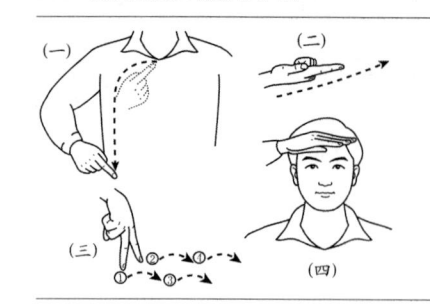

中国远征军　Zhōngguó Yuǎnzhēngjūn

（一）一手伸食指，自咽喉部顺肩胸部划至右腰部。
（二）一手拇指尖按于食指根部，食指尖朝前，手背向下，向前上方移动。
（三）一手食、中指分开，指尖朝下，交替向前移动。
（四）右手横伸，掌心向下，置于前额，表示军帽帽檐。

重庆谈判　Chóngqìng Tánpàn

（一）双手横伸，手背拱起，左手在下不动，右手掌向下拍两下左手背。
（二）双手五指撮合，指尖前后相对，手背向下，上下交替移动两下，面露严肃的表情。

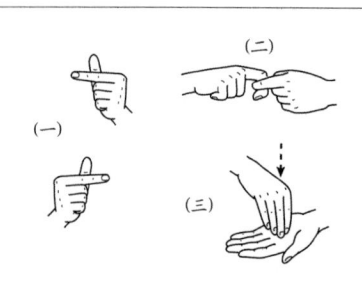

双十协定　Shuāng Shí Xiédìng

（一）双手拇、食指搭成"十"字形（或双手食、中指横伸相叠，手背向外），左手在上，右手在下。
（二）双手食指相互勾住。
（三）左手横伸；右手五指撮合，指尖朝下，按向左手掌心。

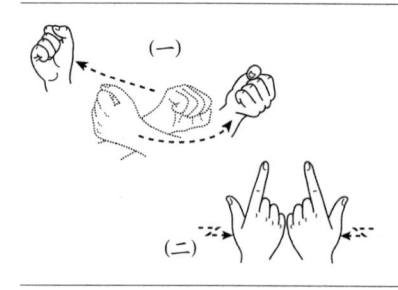

解放战争　jiěfàng zhànzhēng

（一）双手握拳，手腕交叉相贴，置于胸前，然后用力向两侧斜上方移动，如挣脱镣铐状。
（二）双手伸拇、食指，食指尖朝上，掌心向内，小指下缘互碰两下。

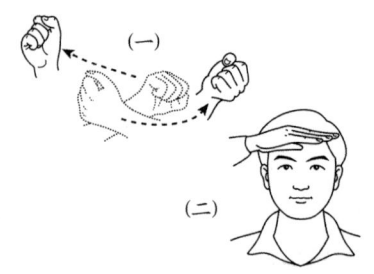

解放军　jiěfàngjūn

（一）双手握拳，手腕交叉相贴，置于胸前，然后用力向两侧斜上方移动，如挣脱镣铐状。
（二）右手横伸，掌心向下，置于前额，表示军帽帽檐。

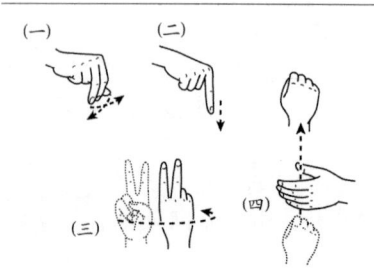

土地改革　tǔdì gǎigé

（一）一手拇、食、中指相捏，指尖朝下，互捻几下。
（二）一手伸食指，指尖朝下一指。
（三）一手食、中指直立分开，由掌心向外翻转为掌心向内。
（四）左手五指弯曲，虎口朝上；右手握拳，手背向外，从左手虎口处向上一举。

三、中国近代史

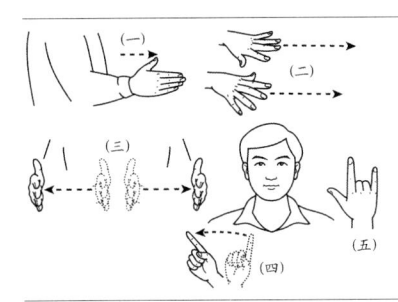

跃进大别山　Yuèjìn Dàbiéshān
（一）一手侧立，向前移动一下。
（二）双手平伸，掌心向下，五指张开，同时用力向前移动一下。
（三）双手侧立，掌心相对，同时向两侧移动，幅度要大些。
（四）右手食指直立，然后手腕向右一转。
（五）一手拇、食、小指直立，手背向外，仿"山"字形。

辽沈战役　Liáo-Shěn Zhànyì
（一）双手伸拇、食指，左手食指横伸，右手食指垂直于左手食指，然后向下移动一下。
（二）一手食指弯曲，朝头一侧碰一下。
（三）双手伸拇、食指，食指尖朝上，掌心向内，小指下缘互碰两下。

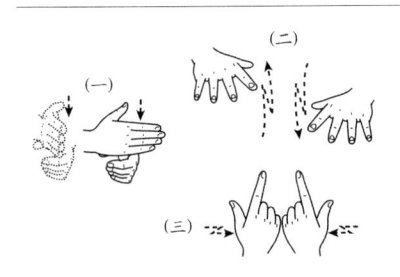

淮海战役　Huái-Hǎi Zhànyì
（一）左手五指成半圆形，虎口朝上；右手在左手虎口处先侧立，再横立。
（二）双手平伸，掌心向下，五指张开，上下交替移动，表示起伏的波浪。
（三）双手伸拇、食指，食指尖朝上，掌心向内，小指下缘互碰两下。

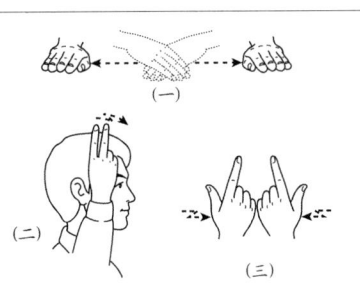

平津战役　Píng-Jīn Zhànyì
（一）双手五指并拢，掌心向下，交叉相搭，然后分别向两侧移动。
（二）右手食、中指直立稍分开，掌心向左，在头一侧向前微动两下。
（三）双手伸拇、食指，食指尖朝上，掌心向内，小指下缘互碰两下。

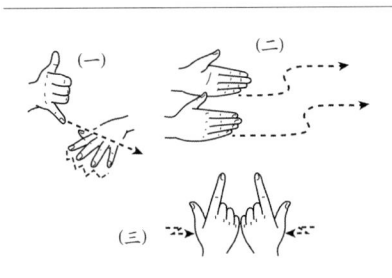

渡江战役　Dùjiāng Zhànyì
（一）左手横伸，掌心向下，五指张开，交替点动几下；右手伸拇、小指，指尖朝前，从后向前移过左手背（或左手平伸，掌心凹进，仿船形；右手直立，掌心向左前方，手腕贴于左手掌心上，双手同时向前移动）。
（二）双手侧立，掌心相对，相距宽些，向前做曲线形移动。
（三）双手伸拇、食指，食指尖朝上，掌心向内，小指下缘互碰两下。

民族工业　mínzú gōngyè
（一）左手食指与右手拇、食指搭成"民"字的一部分。
（二）一手五指张开，指尖朝上，然后撮合。
（三）左手食、中指与右手食指搭成"工"字形。
（四）左手食、中、无名、小指直立分开，手背向外；右手食指横伸，置于左手四指根部，仿"业"字形。

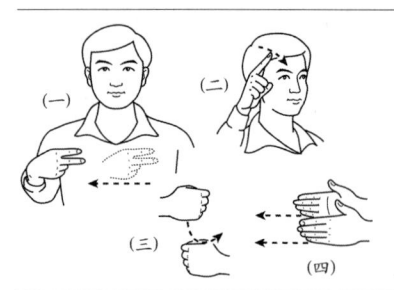

京张铁路　Jīng-Zhāng Tiělù

（一）右手伸食、中指，指尖抵于左胸部，然后划至右胸部。
（二）一手食指直立，在头一侧向前一划（此为当地聋人手语）。
（三）双手握拳，虎口朝上，一上一下，右拳向下砸一下左拳，再向内移动。
（四）双手侧立，掌心相对，向前移动。

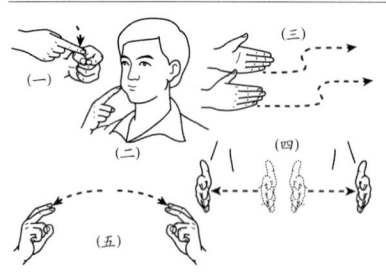

钱塘江大桥　Qiántáng Jiāng Dàqiáo

（一）左手拇、食指捏成圆形，虎口朝上；右手伸食指，敲一下左手拇指。
（二）一手食指指腮部，同时用舌顶起腮部，表示嘴里含着的糖。"糖"与"塘"音同形近，借代（此为当地聋人手语）。
（三）双手侧立，掌心相对，相距宽些，向前做曲线形移动。
（四）双手侧立，掌心相对，同时向两侧移动，幅度要大些。
（五）双手食、中指微曲分开，指尖相对，指背向上，从中间向两侧下方做弧形移动。

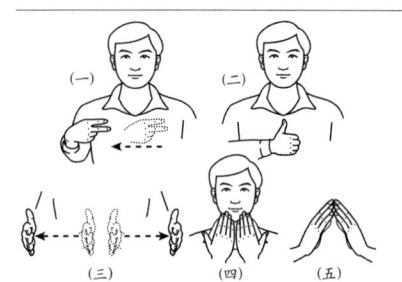

京师大学堂　Jīngshī Dàxuétáng

（一）右手伸食、中指，指尖抵于左胸部，然后划至右胸部。
（二）一手伸拇指，贴于胸部。
（三）双手侧立，掌心相对，同时向两侧移动，幅度要大些。
（四）双手斜伸，掌心向内，置于身前。
（五）双手搭成"∧"形。

2．人物

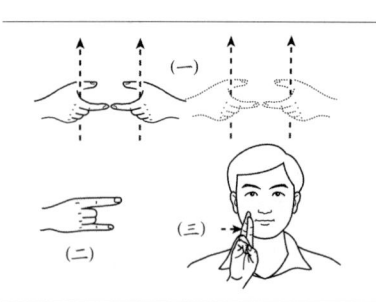

林则徐　Lín Zéxú

（一）双手拇、食指成大圆形，虎口朝上，在不同位置向上移动两下。
（二）一手打手指字母"Z"的指式。
（三）一手打手指字母"X"的指式，碰一下嘴角一侧。

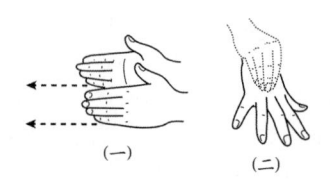

道光　Dàoguāng

（一）双手侧立，掌心相对，向前移动。
（二）一手五指撮合，指尖朝下，然后张开。

三、中国近代史 93

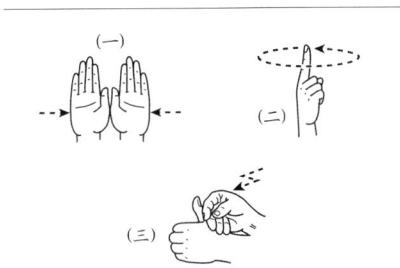

关天培　Guān Tiānpéi
（一）双手直立，掌心向外，从两侧向中间移动并互碰。
（二）一手食指直立，在头一侧上方转动一圈。
（三）左手伸拇指；右手五指撮合，指背碰两下左手拇指背。

魏源　Wèi Yuán
（一）右手打手指字母"W"的指式，手背向右，置于头一侧。
（二）左手横伸，手背拱起；右手平伸，掌心向下，移入左手下，五指交替点动。

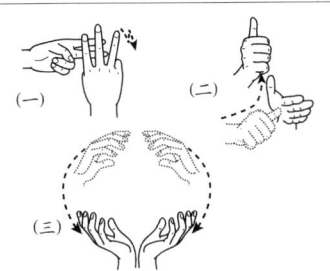

洪秀全　Hóng Xiùquán
（一）左手食、中指与右手食、中、无名指搭成"洪"字形，右手无名指微动几下。
（二）左手侧立；右手伸拇指，边指尖顶向左手掌心边竖起。
（三）双手五指微曲，指尖左右相对，然后向下做弧形移动，手腕靠拢。

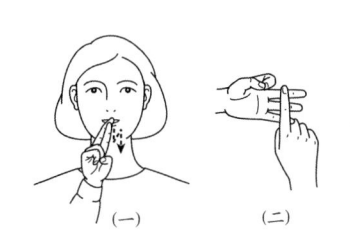

咸丰　Xiánfēng
（一）一手打手指字母"X"的指式，置于嘴前，向下微动两下。
（二）左手中、无名、小指横伸；右手食指置于左手三指中间，仿"丰"字形。

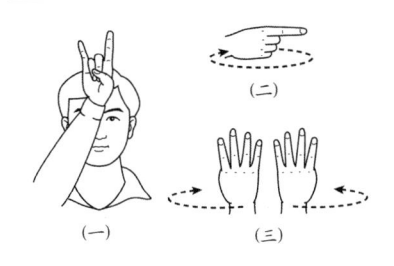

曾国藩　Zēng Guófān
（一）一手打手指字母"Z"的指式，食、小指指尖朝上，掌心向外，置于前额，仿"曾"字上半部的"⋎"笔画。
（二）一手打手指字母"G"的指式，顺时针平行转动一圈。
（三）双手食、中、无名、小指直立分开，拇指弯回，掌心向内，同时从外向内做弧形移动。

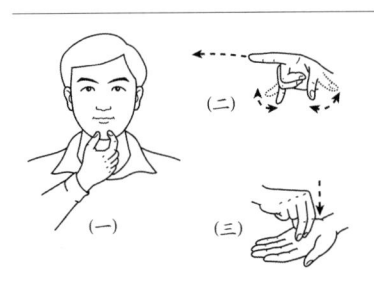

李鸿章　Lǐ Hóngzhāng
（一）一手拇、食指弯曲，指尖朝内，抵于颏部。
（二）一手伸拇、食、小指，手背向上，边弯动拇、小指边向前移动。
（三）左手横伸；右手拇、食、中指相捏，指尖朝下，按向左手掌心，模仿盖印章的动作。

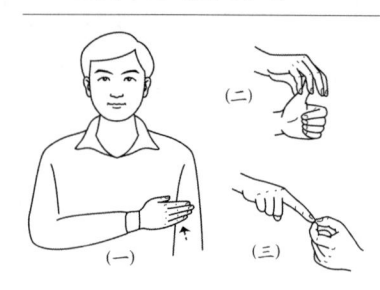

左宗棠　Zuǒ Zōngtáng

（一）右手拍一下左臂。
（二）左手伸拇指；右手五指微曲，掌心向下，置于左手拇指上。
（三）左手拇、食指捏成圆形；右手伸食指，指尖抵于左手圆形上。

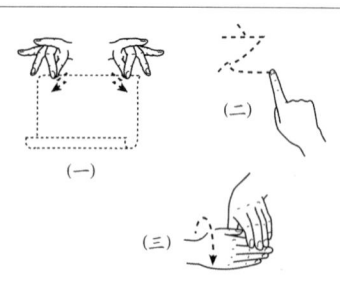

张之洞　Zhāng Zhīdòng

（一）双手拇、中指相捏，指尖朝下，微抖几下。
（二）一手伸食指，指尖朝前，书空"之"字形。
（三）左手五指成"∩"形，虎口朝右；右手五指并拢，在左手下做弧形移动，仿洞口的形状。

左宝贵　Zuǒ Bǎoguì

（一）右手拍一下左臂。
（二）左手横伸；右手拇、食指相捏，边砸向左手掌心边张开，食指尖朝左前方，重复一次。

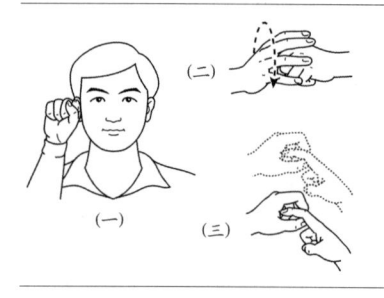

邓世昌　Dèng Shìchāng

（一）一手打手指字母"D"的指式，虎口贴于耳部。
（二）左手握拳，手背向上；右手五指微曲张开，从后向前绕左拳转动半圈。
（三）左手拇、食指与右手食指搭成"曰"字形，虎口朝内，然后向下移动一下，仿"昌"字形。

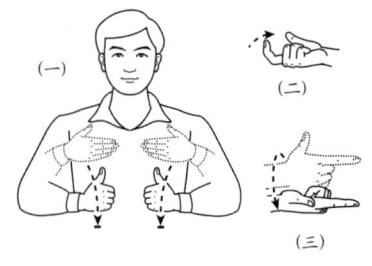

康有为　Kāng Yǒuwéi

（一）双手横立，掌心向内，自胸部边向下移动边弯曲食、中、无名、小指，指尖抵于掌心，向下一顿。
（二）一手伸拇、食指，手背向下，拇指不动，食指向内弯动一下。
（三）一手伸拇、食指，食指尖朝前，然后转腕，手背向下。

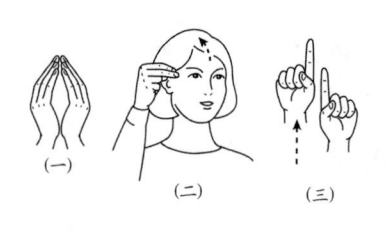

梁启超　Liáng Qǐchāo

（一）双手直立，掌心相合，五指微曲，仿高粱穗的形状。"梁"与"粱"音同形近，借代。
（二）一手打手指字母"Q"的指式，指尖抵于太阳穴，头同时微抬。
（三）双手食指直立，掌心向外，左手不动，右手向上动一下。

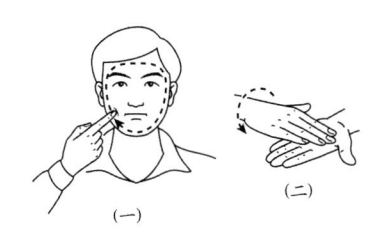

严复　Yán Fù
（一）一手拇指尖按于食指根部，食指绕脸部转动一圈，然后抵于脸颊，面露严肃的表情。
（二）左手横伸；右手平伸，掌心向下，贴于左手掌心，然后翻转为掌心向上。

光绪　Guāngxù
一手五指撮合，指尖朝下，开合两下。

慈禧太后　Cíxǐ Tàihòu
（一）左手伸无名、小指；右手拇、食指分别沿着左手无名、小指指尖边向外移动边相捏，表示慈禧的长指甲。
（二）一手打手指字母"T"的指式。
（三）一手五指并拢，指尖朝下，向身后挥动一下。

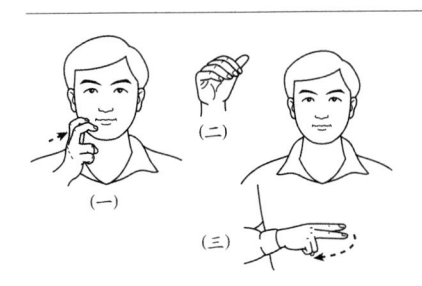

谭嗣同　Tán Sìtóng
（一）一手食、中指弯曲，指尖碰一下嘴角一侧。
（二）一手打手指字母"S"的指式。
（三）一手食、中指横伸分开，手背向上，向前移动一下。

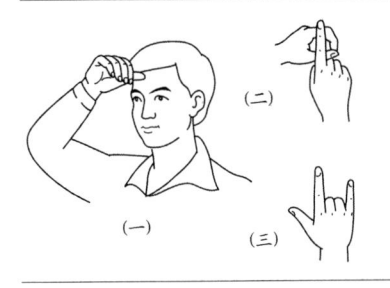

孙中山　Sūn Zhōngshān
（一）一手打手指字母"S"的指式，拇指尖抵于前额。
（二）左手拇、食指与右手食指搭成"中"字形。
（三）一手拇、食、小指直立，手背向外，仿"山"字形。

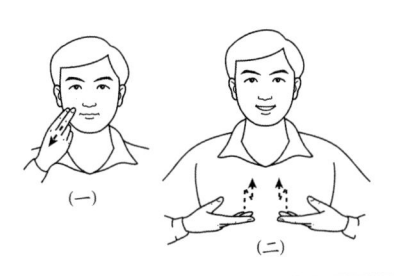

黄兴　Huáng Xīng
（一）一手打手指字母"H"的指式，摸一下脸颊。
（二）双手横伸，掌心向上，在胸前同时向上移动两下，面带笑容。

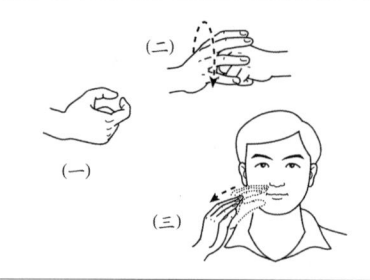

袁世凯　Yuán Shìkǎi

（一）一手拇、食指成圆形，指尖稍分开，虎口朝上（或右手拇、食指成圆形，指尖稍分开，虎口朝上，置于左肩上）。

（二）左手握拳，手背向上；右手五指微曲张开，从后向前绕左拳转动半圈。

（三）右手五指成"⊐"形，虎口朝内，在口鼻右侧边向右下方移动边撮合，表示袁世凯的胡子。

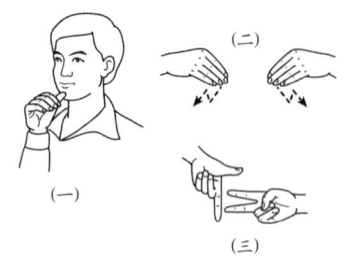

宋教仁　Sòng Jiàorén

（一）一手打手指字母"S"的指式，拇指尖抵于颏部。

（二）双手五指撮合，指尖相对，手背向外，在胸前向前晃动两下。

（三）左手拇、食指成"亻"形；右手食、中指横伸，手背向外，置于左手旁，仿"仁"字形。

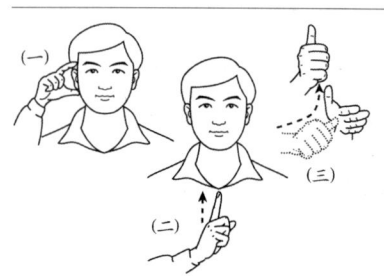

陈独秀　Chén Dúxiù

（一）一手拇、食指微曲，指尖抵于耳部上下缘，表示"陈"字的耳刀旁。

（二）一手食指直立，虎口贴于胸部，向上移动少许。

（三）左手侧立；右手伸拇指，边指尖顶向左手掌心边竖起。

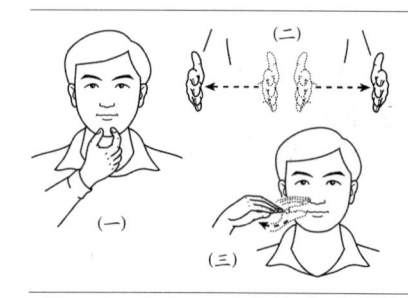

李大钊　Lǐ Dàzhāo

（一）一手拇、食指弯曲，指尖朝内，抵于颏部。

（二）双手侧立，掌心相对，同时向两侧移动，幅度要大些。

（三）右手五指成"⊐"形，虎口朝内，在口鼻右侧边向右移动边撮合，并向上一翘。

鲁迅　Lǔ Xùn

右手五指成"⊐"形，虎口朝内，在口鼻右侧向右移动两下。

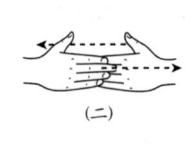

胡适　Hú Shì

（一）一手拇、食指捏成圆形，虎口贴于脸颊。

（二）双手横立，掌心向内，指尖相对，从两侧向中间交错移动至双手相叠。

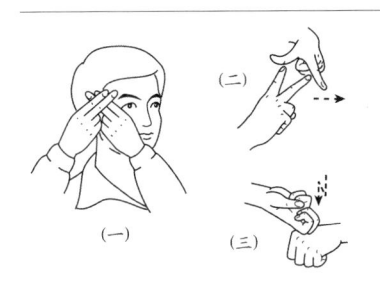

蒋介石　Jiǎng Jièshí
（一）双手伸食、中指，手背向外，在太阳穴一侧交叉相搭。
（二）左手拇、食指与右手食、中指搭成"介"字形，向前移动一下。
（三）左手握拳；右手食、中指弯曲，以指关节在左手背上敲两下。

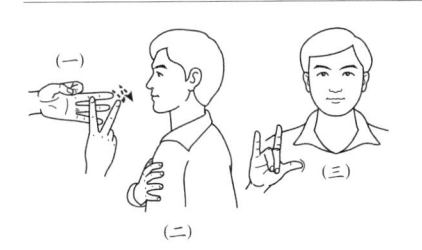

汪精卫　Wāng Jīngwèi
（一）左手中、无名、小指与右手食、中指搭成"汪"字形，右手中指微动几下。
（二）一手五指微曲张开，掌心贴于胸部。
（三）一手拇、食、小指直立，拇指尖抵于胸部一侧。

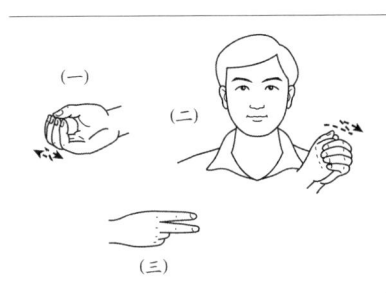

吴佩孚　Wú Pèifú
（一）一手五指捏成球形，手背向下，左右微晃几下。
（二）双手作揖，置于身体一侧，向前晃动两下。
（三）一手打手指字母"F"的指式。

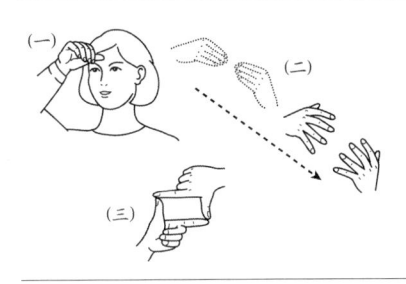

孙传芳　Sūn Chuánfāng
（一）一手打手指字母"S"的指式，拇指尖抵于前额。
（二）双手五指撮合，指尖斜向相对，边向斜下方移动边张开。
（三）双手拇、食指搭成"囗"形。"方"与"芳"音同形近，借代。

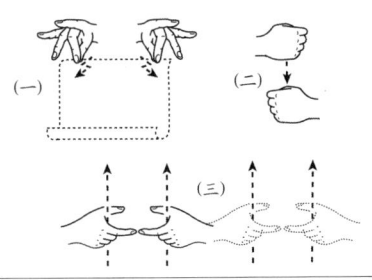

张作霖　Zhāng Zuòlín
（一）双手拇、中指相捏，指尖朝下，微抖几下。
（二）双手握拳，一上一下，右拳向下砸一下左拳。
（三）双手拇、食指成大圆形，虎口朝上，在不同位置向上移动两下。"林"与"霖"音同形近，借代。

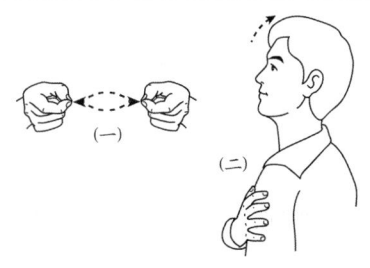

叶挺　Yè Tǐng
（一）双手拇、食指张开，指尖相对，虎口朝上，边向两侧移动边相捏，如叶子状。
（二）一手五指微曲张开，掌心贴于胸部，挺胸抬头。

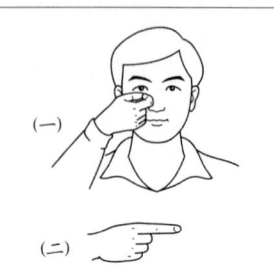

溥仪　Pǔyí

（一）一手拇、食指捏成圆形，虎口朝上，置于眼睛下缘。
（二）一手食指横伸，手背向外。"一"与"仪"音近，借代。

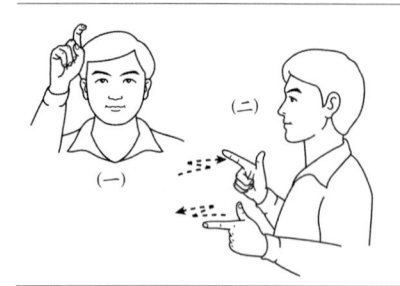

杨靖宇　Yáng Jìngyǔ

（一）一手食指弯曲如钩，虎口贴于太阳穴，仿羊头上弯曲的角。"羊"与"杨"音同，借代。
（二）双手伸拇、食指，食指尖朝前，交替向前挥动两下，如双手持枪射击状。

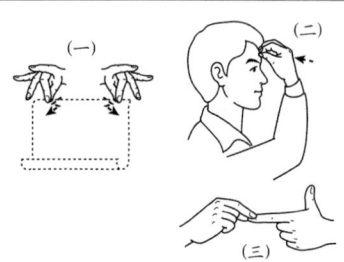

张学良　Zhāng Xuéliáng

（一）双手拇、中指相捏，指尖朝下，微抖几下。
（二）一手五指撮合，指尖朝内，按向前额。
（三）左手伸拇、食指，食指尖朝右；右手拇、食指捏一下左手食指。

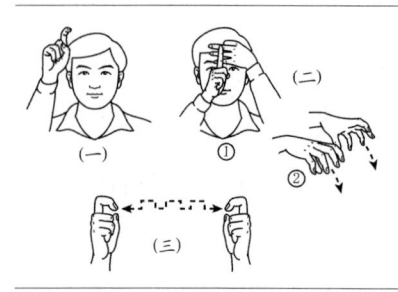

杨虎城　Yáng Hǔchéng

（一）一手食指弯曲如钩，虎口贴于太阳穴，仿羊头上弯曲的角。"羊"与"杨"音同，借代。
（二）左手中、无名、小指与右手食指先搭成"王"字形，置于前额，然后双手五指弯曲，指尖朝下，如兽爪，同时向前下方按动一下。
（三）双手食指直立，指面相对，从中间向两侧弯动，仿城墙"⊓⊓⊓"形。

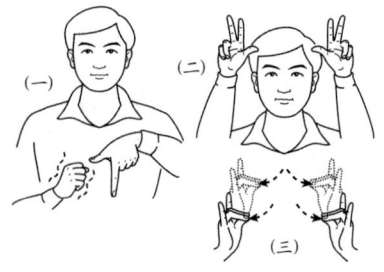

佟麟阁　Tóng Língé

（一）左手拇、食指成"亻"形；右手握拳屈肘，置于左手旁，小臂颤动几下，如哆嗦状。
（二）双手拇、食、中指直立分开（或双手拇、食、小指直立），拇指尖抵于同侧太阳穴，掌心向外。
（三）双手打手指字母"T"的指式，掌心左右相对，然后同时向两侧下方做弧形移动，再下移重复一次，仿亭子顶部的形状。

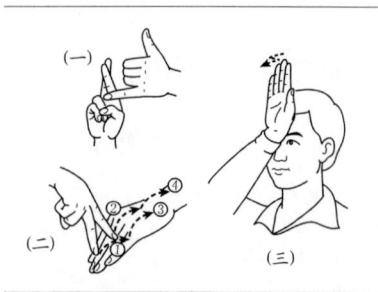

赵登禹　Zhào Dēngyǔ

（一）左手伸拇、小指，小指横伸，手背向外；右手食、中指相叠，掌心向外，贴于左手小指。
（二）左手横伸，手背拱起；右手食、中指分开，指尖朝下，沿左手指背交替向上移动。
（三）一手打手指字母"U"的指式，手背贴于前额，食、中、无名、小指向外晃动两下。

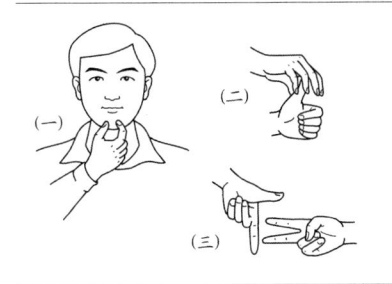

李宗仁　Lǐ Zōngrén
（一）一手拇、食指弯曲，指尖朝内，抵于颏部。
（二）左手伸拇指；右手五指微曲，掌心向下，置于左手拇指上。
（三）左手拇、食指成"亻"形；右手食、中指横伸，手背向外，置于左手旁，仿"仁"字形。

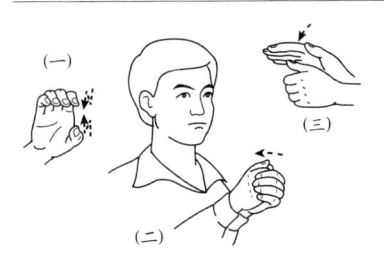

白求恩　Báiqiú'ēn
（一）一手五指弯曲，掌心向外，指尖弯动两下。
（二）双手抱拳，向后晃动一下。
（三）左手伸拇指；右手五指并拢，轻拍一下左手拇指背。

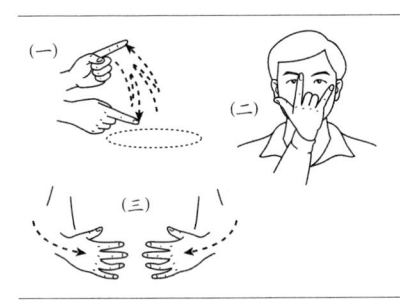

彭德怀　Péng Déhuái
（一）双手伸食指，指尖朝前，上下交替动几下，如敲鼓状。"鼓"与"彭"形近，借代。
（二）一手拇、食、小指直立，手背向外，置于鼻前。
（三）双手侧立，五指微曲，从两侧向中间一搂。

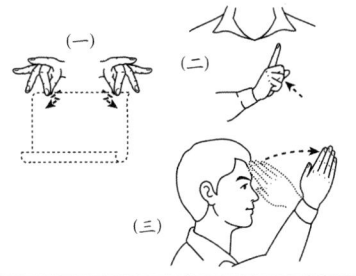

张自忠　Zhāng Zìzhōng
（一）双手拇、中指相捏，指尖朝下，微抖几下。
（二）右手食指直立，虎口朝内，贴向左胸部。
（三）一手五指并拢，食指外侧贴于前额，然后向外一挥（或一手伸拇指，虎口朝上，从前额划至鼻前）。
（"忠诚"的手语存在地域差异，可根据实际选择使用）

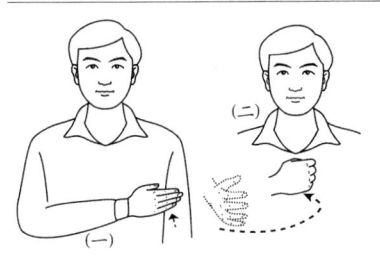

左权　Zuǒ Quán
（一）右手拍一下左臂。
（二）右手侧立，五指微曲张开，边向左做弧形移动边握拳。

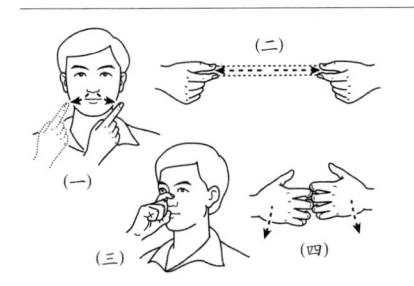

东条英机　Dōngtiáo Yīngjī
（一）一手伸食指，在嘴两侧书写"八"，仿"东"字部分字形。
（二）双手拇、食指微张，指尖相对，虎口朝上，从中间向两侧拉开。
（三）一手食指弯曲，虎口朝内，贴于鼻部（或一手伸食指，点一下同侧眼部下方）。
（四）双手五指弯曲，食、中、无名、小指关节交错相触，向下转动一下。

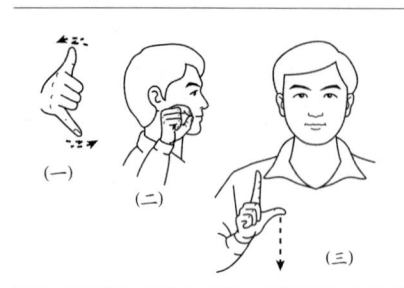

刘胡兰　Liú Húlán

（一）一手伸拇、小指，指尖朝外，左右晃动几下。
（二）一手拇、食指捏成圆形，虎口贴于脸颊。
（三）一手打手指字母"L"的指式，沿胸的一侧划下。"蓝"与"兰"音同，借代。

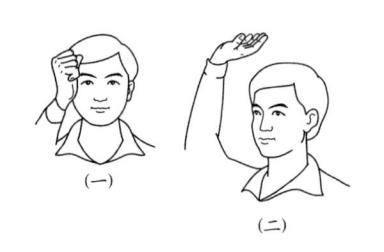

董存瑞　Dǒng Cúnruì

（一）一手打手指字母"D"的指式，虎口朝内，贴于太阳穴。
（二）一手上举，掌心向上，五指微曲，模仿董存瑞托举炸药包的动作。

张謇　Zhāng Jiǎn

右手打手指字母"ZH"的指式，在颏部做捋胡须的动作。

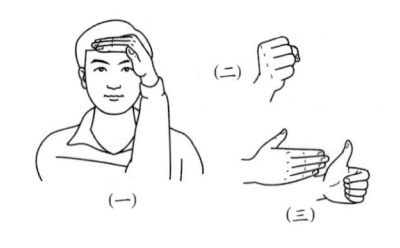

侯德榜　Hóu Débǎng

（一）一手手腕翻转，五指并拢，指面向下，小指外侧贴于前额。
（二）一手打手指字母"D"的指式。
（三）左手伸拇指；右手侧立，指向左手拇指。

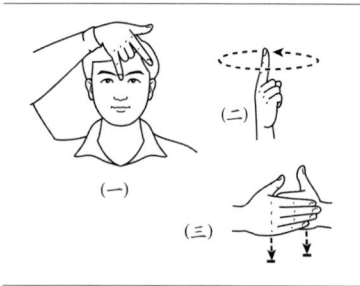

詹天佑　Zhān Tiānyòu

（一）一手伸拇、食、小指，食、小指指尖朝左下方，手背向外，置于前额上方，仿"詹"字上半部的"⺈"笔画。
（二）一手食指直立，在头一侧上方转动一圈。
（三）左手伸拇指；右手横立，掌心向内，五指微曲，置于左手前，然后双手同时向下一顿。

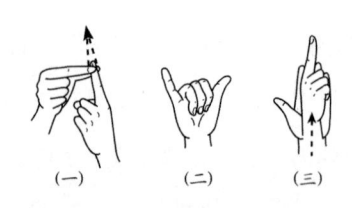

茅以升　Máo Yǐshēng

（一）左手食指直立；右手拇、食指沿着左手食指尖边向上移动边相捏。
（二）一手打手指字母"Y"的指式。
（三）左手直立，掌心向外；右手食指直立，贴于左手掌心，向上移动。

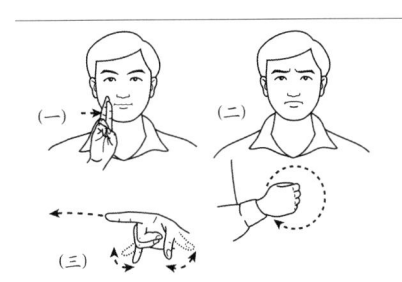

徐悲鸿　Xú Bēihóng

（一）一手打手指字母"X"的指式，碰一下嘴角一侧。
（二）一手虚握，手背向外，贴于胸部，转动一圈。
（三）一手伸拇、食、小指，手背向上，边弯动拇、小指边向前移动。

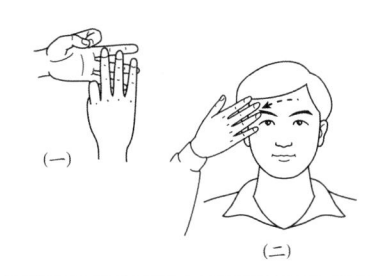

田汉　Tián Hàn

（一）双手中、无名、小指搭成"田"字形。
（二）一手五指张开，手背向外，在额头上一抹，如流汗状。

聂耳　Niè Ěr

一手食、中指直立分开，指尖夹两下一侧耳垂。

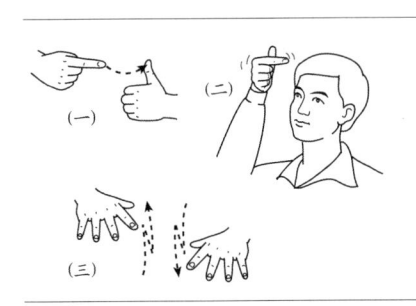

冼星海　Xiǎn Xīnghǎi

（一）左手伸拇指；右手伸食指，碰一下左手拇指。"先"与"冼"音形相近，借代。
（二）一手拇、食指搭成"十"字形，在头前上方晃动几下，眼睛注视手的动作。
（三）双手平伸，掌心向下，五指张开，上下交替移动，表示起伏的波浪。

四、中国现代史

1.历史事件和现象

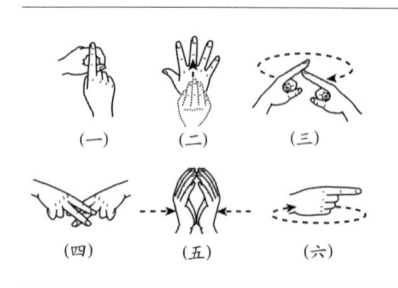

中华人民共和国 Zhōnghuá Rénmín Gònghéguó

（一）左手拇、食指与右手食指搭成"中"字形。
（二）一手五指撮合，指尖朝上，边向上微移边张开。
（三）双手食指搭成"人"字形，顺时针平行转动一圈。
（四）双手食、中指搭成"共"字形，手背向上。
（五）双手直立，掌心左右相对，五指微曲，从两侧向中间移动。
（六）一手打手指字母"G"的指式，顺时针平行转动一圈。

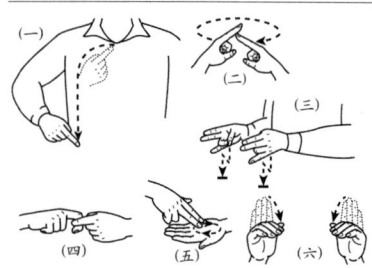

中国人民政治协商会议

Zhōngguó Rénmín Zhèngzhì Xiéshāng Huìyì

（一）一手伸食指，自咽喉部顺肩胸部划至右腰部。
（二）双手食指搭成"人"字形，顺时针平行转动一圈。
（三）双手打手指字母"ZH"的指式，指尖朝前，向下顿两下。
（四）双手食指相互勾住。
（五）左手横伸；右手拇、食、中指，食、中指并拢，在左手掌心上转动两下。
（六）双手直立，掌心分别向左右斜前方，食、中、无名、小指弯动一下。

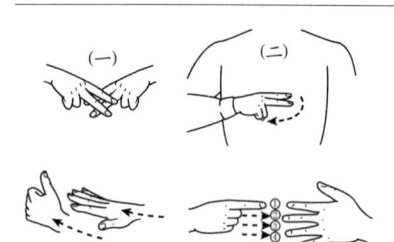

共同纲领 gòngtóng gānglǐng

（一）双手食、中指搭成"共"字形，手背向上。
（二）一手食、中指横伸分开，手背向上，向前移动一下。
（三）左手伸拇指，在前；右手五指张开，掌心向下，在后，双手同时向前移动。
（四）左手横立，手背向外，五指张开；右手握拳，手背向外，虎口朝上，在左手旁依次伸出食、中、无名、小指。

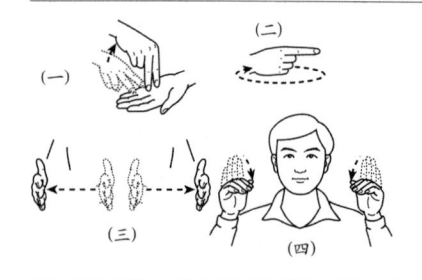

开国大典 kāiguó dàdiǎn

（一）左手横伸；右手食、中指分开，先平放于左手掌心上，然后竖立起来。
（二）一手打手指字母"G"的指式，顺时针平行转动一圈。
（三）双手侧立，掌心相对，同时向两侧移动，幅度要大些。
（四）双手直立，掌心分别向左右斜前方，食、中、无名、小指弯动一下。

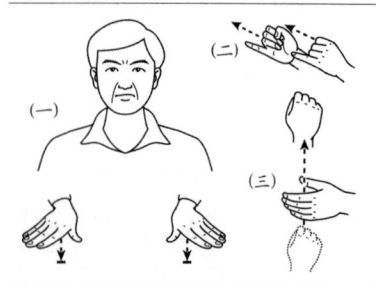

镇压反革命 zhènyā fǎngémìng

（一）双手斜伸，掌心向下，用力向下一顿，面露严厉的表情。
（二）双手伸小指，指尖朝前，同时向前上方移动一下。
（三）左手五指弯曲，虎口朝上；右手握拳，手背向外，从左手虎口处向上一举。

四、中国现代史

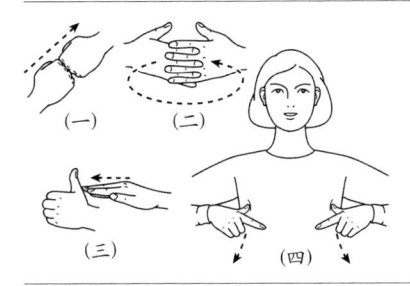

抗美援朝　Kàng Měi Yuán Cháo

（一）双手握拳屈肘，两拳斜向相抵，右拳将左拳向左上方顶出。
（二）双手斜立，五指张开，交叉相搭，顺时针平行转动一圈。
（三）左手伸拇指；右手平伸，掌心向下，五指并拢，指尖抵于左手拇指背，向前推一下左手。
（四）双手伸拇、食指，虎口朝上，置于胸两侧，然后向斜下方移动，仿朝鲜妇女裙子的式样。

志愿军　zhìyuànjūn

（一）一手打手指字母"ZH"的指式。
（二）一手拇、食指弯曲，指尖朝颏部点一下，头同时微点一下。
（三）右手横伸，掌心向下，置于前额，表示军帽帽檐。

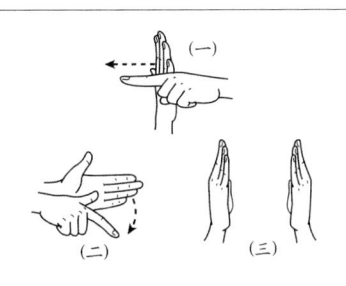

过渡时期　guòdù shíqī

（一）左手食指横伸，手背向上；右手直立，掌心向左，从左手食指根部向指尖方向移动一下。
（二）左手侧立；右手伸拇、食指，拇指尖抵于左手掌心，食指向下转动。
（三）双手直立，掌心左右相对。

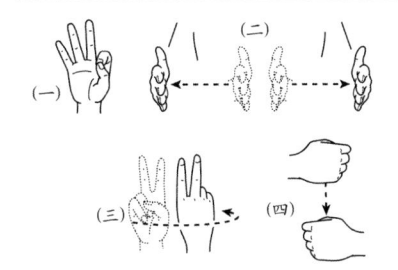

三大改造　sān dà gǎizào

（一）一手中、无名、小指直立分开，掌心向外。
（二）双手侧立，掌心相对，同时向两侧移动，幅度要大些。
（三）一手食、中指直立分开，由掌心向外翻转为掌心向内。
（四）双手握拳，一上一下，右拳向下砸一下左拳。

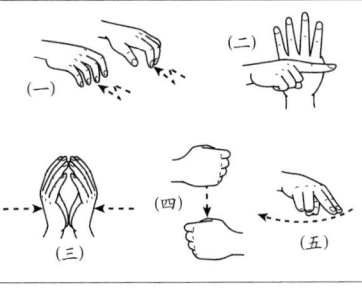

农业合作化　nóngyè hézuòhuà

（一）双手五指弯曲，掌心向下，一前一后，向后移动两下，模仿耙地的动作。
（二）左手食、中、无名、小指直立分开，手背向外；右手食指横伸，置于左手四指根部，仿"业"字形。
（三）双手直立，掌心左右相对，五指微曲，从两侧向中间移动。
（四）双手握拳，一上一下，右拳向下砸一下左拳。
（五）一手打手指字母"H"的指式，指尖朝前斜下方，平行划动一下。

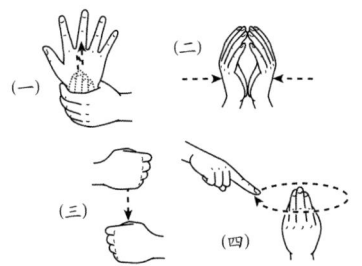

生产合作社　shēngchǎn hézuòshè

（一）左手五指成半圆形，虎口朝上；右手五指撮合，指尖朝上，手背向外，边从左手虎口内伸出边张开，重复一次。
（二）双手直立，掌心左右相对，五指微曲，从两侧向中间移动。
（三）双手握拳，一上一下，右拳向下砸一下左拳。
（四）左手五指撮合，指尖朝上；右手伸食指，指尖朝下，绕左手转动一圈。

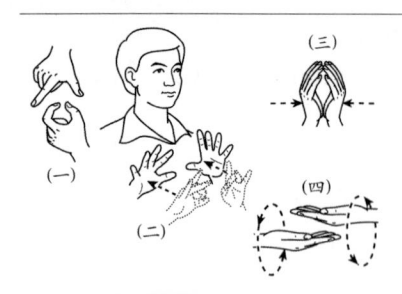

公私合营　gōngsī héyíng

（一）双手拇、食指搭成"公"字形，虎口朝外。
（二）双手拇、中指相捏，虎口朝内，边碰向同侧胸部边张开。
（三）双手直立，掌心左右相对，五指微曲，从两侧向中间移动。
（四）双手横伸，掌心向上，前后交替转动两下。

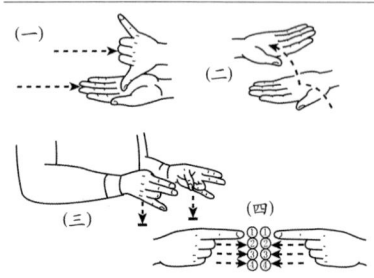

赎买政策　shúmǎi zhèngcè

（一）左手平伸；右手伸拇、小指，拇指尖朝下，抵于左手掌心，双手同时向内移动。
（二）双手横伸，右手背在左手掌心上拍一下，然后向内移动。
（三）双手打手指字母"ZH"的指式，指尖朝前，向下一顿。
（四）双手握拳，手背向外，虎口朝上，同时依次伸出食、中、无名、小指。

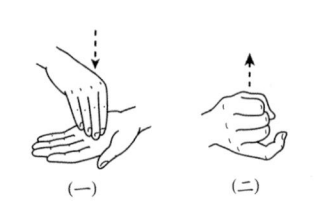

定息　dìngxī

（一）左手横伸；右手五指撮合，指尖朝下，按向左手掌心。
（二）一手小指弯曲，指尖朝上，向上微动一下。

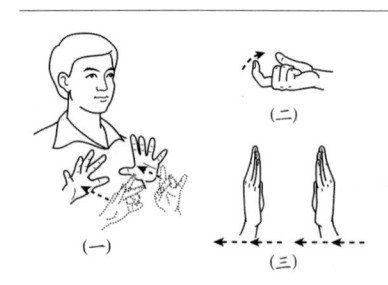

私有制　sīyǒuzhì

（一）双手拇、中指相捏，虎口朝内，边碰向同侧胸部边张开。
（二）一手伸拇、食指，手背向下，拇指不动，食指向内弯动一下。
（三）双手直立，掌心左右相对，向一侧一顿一顿移动几下。

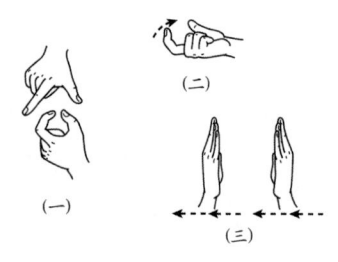

公有制　gōngyǒuzhì

（一）双手拇、食指搭成"公"字形，虎口朝外。
（二）一手伸拇、食指，手背向下，拇指不动，食指向内弯动一下。
（三）双手直立，掌心左右相对，向一侧一顿一顿移动几下。

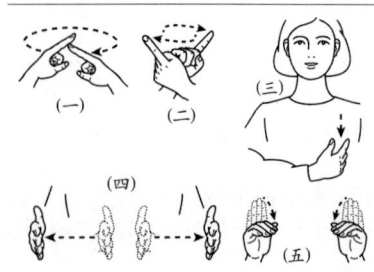

人民代表大会　rénmín dàibiǎo dàhuì

（一）双手食指搭成"人"字形，顺时针平行转动一圈。
（二）双手伸食指，手腕交叉相贴，然后前后转动，互换位置。
（三）右手拇、食指张开，指尖朝内，在左胸部向下划一下。
（四）双手侧立，掌心相对，同时向两侧移动，幅度要大些。
（五）双手直立，掌心分别向左右斜前方，食、中、无名、小指弯动一下。

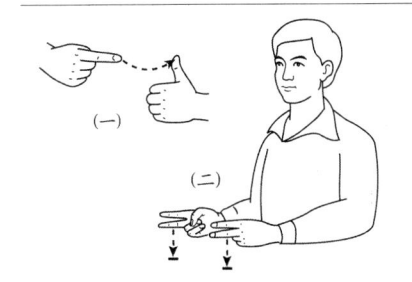

宪法　xiànfǎ

（一）左手伸拇指；右手伸食指，碰一下左手拇指，表示宪法是排在首位的大法。
（二）双手打手指字母"F"的指式，指尖朝前，向下一顿。

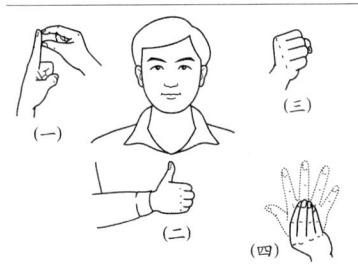

民主党派　mínzhǔ dǎngpài

（一）左手食指与右手拇、食指搭成"民"字的一部分。
（二）一手伸拇指，贴于胸部。
（三）一手打手指字母"D"的指式。
（四）一手五指张开，指尖朝上，然后撮合。

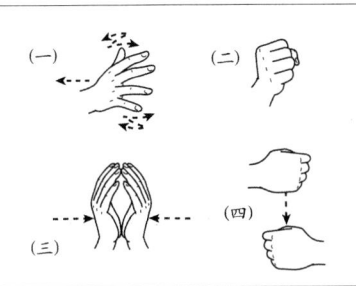

多党合作　duōdǎng hézuò

（一）一手侧立，五指张开，边抖动边向一侧移动。
（二）一手打手指字母"D"的指式。
（三）双手直立，掌心左右相对，五指微曲，从两侧向中间移动。
（四）双手握拳，一上一下，右拳向下砸一下左拳。

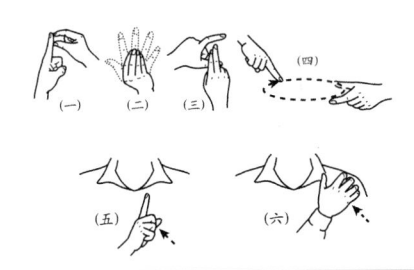

民族区域自治　mínzú qūyù zìzhì

（一）左手食指与右手拇、食指搭成"民"字的一部分。
（二）一手五指张开，指尖朝上，然后撮合。
（三）左手拇、食指成"匚"形，虎口朝内；右手食、中指相叠，手背向内，置于左手"匚"形中，仿"区"字形。
（四）左手拇、食指成半圆形，虎口朝上；右手伸食指，指尖朝下，沿左手虎口划一圈。
（五）右手食指直立，虎口朝内，贴向左胸部。
（六）右手五指微曲，指尖朝内，按向左肩。

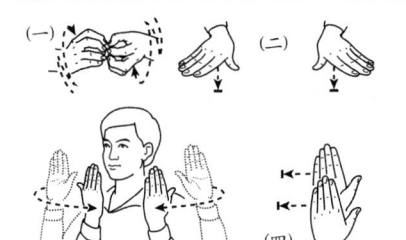

拨乱反正　bōluàn-fǎnzhèng

（一）双手虚握，指尖左右相抵，前后反向拧动几下。
（二）双手斜伸，掌心向下，用力向下一顿，面露严厉的表情。
（三）双手直立，掌心向外，然后边向前做弧形移动边翻转为掌心向内。
（四）双手直立，掌心左右相对，向前一顿。

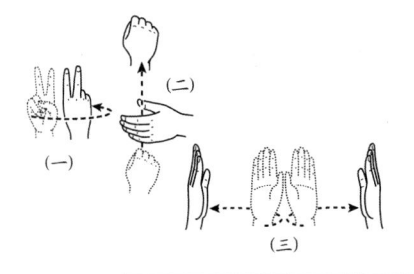

改革开放　gǎigé kāifàng

（一）一手食、中指直立分开，由掌心向外翻转为掌心向内。
（二）左手五指弯曲，虎口朝上；右手握拳，手背向外，从左手虎口处向上一举。
（四）双手并排直立，掌心向外，然后向内转动90度，掌心相对。

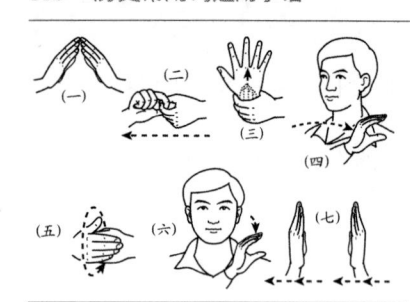

家庭联产承包责任制　jiātíng liánchǎn chéngbāo zérènzhì

（一）双手搭成"∧"形。
（二）双手拇、食指套环，向一侧移动。
（三）左手五指成半圆形，虎口朝上；右手五指撮合，指尖朝上，手背向外，边从左手虎口内伸出边张开。
（四）右手五指成"⊐"形，从外向内移向左肩上。
（五）左手握拳，虎口朝上；右手手背拱起，从上向下绕左拳转动半圈。
（六）右手五指成"⊐"形，按向左肩。
（七）双手直立，掌心左右相对，向一侧一顿一顿移动几下。

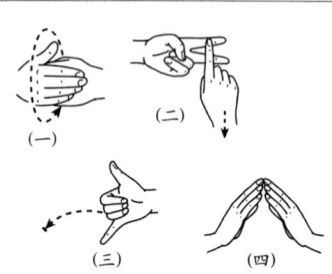

包干到户　bāogān dàohù

（一）左手握拳，虎口朝上；右手手背拱起，从上向下绕左拳转动半圈。
（二）左手食、中指与右手食指搭成"干"字形，右手食指向下移动一下。
（三）一手伸拇、小指，向前做弧形移动，然后向下一顿。
（四）双手搭成"∧"形。

分户经营　fēnhù jīngyíng

（一）左手横伸；右手侧立，置于左手掌心上，并左右拨动一下。
（二）双手搭成"∧"形。
（三）双手横伸，掌心向上，前后交替转动两下。
（四）双手侧立，掌心相对，向一侧一顿一顿移动几下。

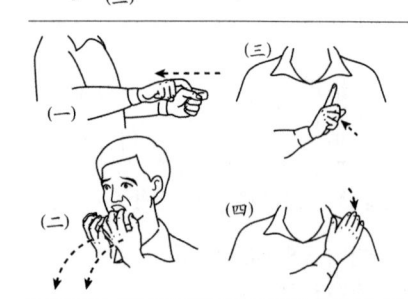

自负盈亏　zìfù yíngkuī

（一）左手拇、食指捏成圆形，虎口朝上；右手食指勾住左手拇指，向内一拉。
（二）双手五指弯曲，指尖朝内，从嘴部向前下方移动，面露惊恐的表情。
（三）右手食指直立，虎口朝内，贴向左胸部。
（四）右手拍一下左肩。

国有经济　guóyǒu jīngjì

（一）一手打手指字母"G"的指式，顺时针平行转动一圈。
（二）一手伸拇、食指，手背向下，拇指不动，食指向内弯动一下。
（三）双手拇、食指成圆形，指尖稍分开，虎口朝上，交替顺时针平行转动。

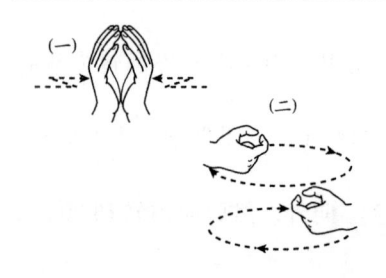

集体经济　jítǐ jīngjì

（一）双手直立，掌心左右相对，五指微曲，从两侧向中间移动两下。
（二）双手拇、食指成圆形，指尖稍分开，虎口朝上，交替顺时针平行转动。

个体经济 gètǐ jīngjì

（一）双手拇、中指相捏，虎口朝内，边碰向同侧胸部边张开。

（二）双手拇、食指成圆形，指尖稍分开，虎口朝上，交替顺时针平行转动。

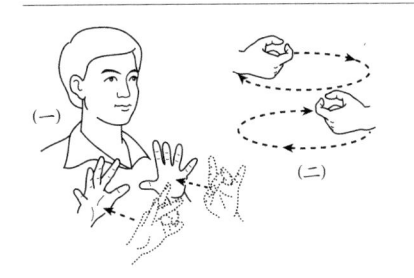

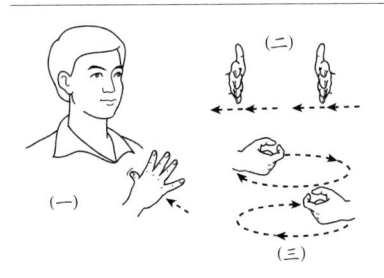

私营经济 sīyíng jīngjì

（一）右手五指张开，拇指尖朝左胸部点一下。

（二）双手侧立，掌心相对，向一侧一顿一顿移动几下。

（三）双手拇、食指成圆形，指尖稍分开，虎口朝上，交替顺时针平行转动。

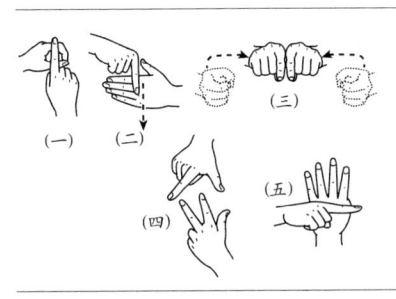

中外合资企业 zhōngwài hézī qǐyè

（一）左手拇、食指与右手食指搭成"中"字形。

（二）左手横立；右手伸食指，指尖朝下，在左手背外向下指。

（三）双手拇、食指捏成圆形，虎口朝上，然后转腕，虎口左右相贴，表示双方的钱合在一起。

（四）右手拇、食指张开，虎口朝左前方；左手伸拇、食、中指，手背向外，置于右手虎口下，仿"企"字形。

（五）左手食、中、无名、小指直立分开，手背向外；右手食指横伸，置于左手四指根部，仿"业"字形。

外商独资企业 wàishāng dúzī qǐyè

（一）左手横立；右手伸食指，指尖朝下，在左手背外向下指。

（二）双手横伸，掌心向上，前后交替转动两下。

（三）一手食指直立，虎口贴于胸部，向上移动少许。

（四）一手拇、食指捏成圆形，虎口朝前上方，边从腰部向前移出边张开五指，掌心向下。

（五）右手拇、食指张开，虎口朝左前方；左手伸拇、食、中指，手背向外，置于右手虎口下，仿"企"字形。

（六）左手食、中、无名、小指直立分开，手背向外；右手食指横伸，置于左手四指根部，仿"业"字形。

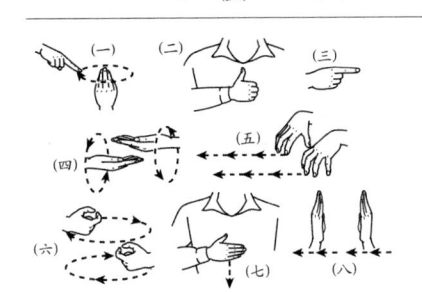

社会主义市场经济体制 shèhuì zhǔyì shìchǎng jīngjì tǐzhì

（一）左手五指撮合，指尖朝上；右手伸食指，指尖朝下，绕左手转动一圈。

（二）一手伸拇指，贴于胸部。

（三）一手食指横伸，手背向外。"一"与"义"音近，借代。

（四）双手横伸，掌心向上，前后交替转动两下。

（五）双手五指微曲，指尖朝下，同时向前一顿一顿移动几下。

（六）双手拇、食指成圆形，指尖稍分开，虎口朝上，交替顺时针平行转动。

（七）一手掌心贴于胸部，向下移动一下。

（八）双手直立，掌心左右相对，向一侧一顿一顿移动几下。

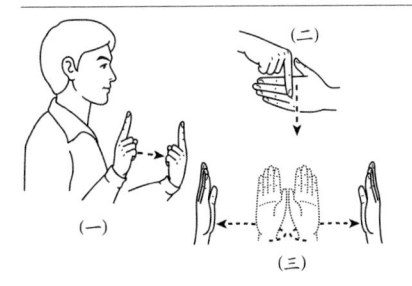

对外开放 duìwài-kāifàng

（一）双手食指直立，指面前后相对，左手在前不动，右手向前碰一下左手。

（二）左手横立；右手伸食指，指尖朝下，在左手背外向下指。

（三）双手并排直立，掌心向外，然后向内转动90度，掌心相对。

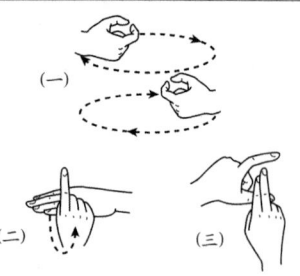

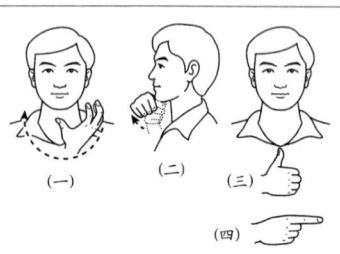

经济特区　jīngjì tèqū

（一）双手拇、食指成圆形，指尖稍分开，虎口朝上，交替顺时针平行转动。

（二）左手横伸，手背向上；右手伸食指，从左手小指外侧向上伸出。

（三）左手拇、食指成"匚"形，虎口朝内；右手食、中指相叠，手背向内，置于左手"匚"形中，仿"区"字形。

马克思列宁主义　Mǎkèsī-Lièníng zhǔyì

（一）一手五指弯曲，指尖朝上，从脸颊一侧移向另一侧，如马克思的络腮胡状。

（二）一手虚握，虎口贴于颏部，再向上一翘，仿列宁胡子的样子。

（三）一手伸拇指，贴于胸部。

（四）一手食指横伸，手背向外。"一"与"义"音近，借代。

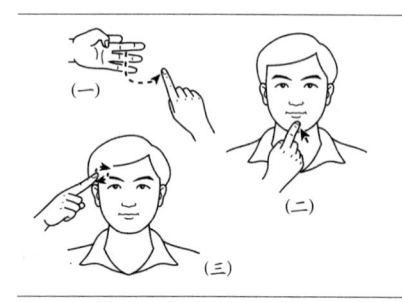

毛泽东思想　Máo Zédōng sīxiǎng

（一）左手中、无名、小指横伸，掌心向内；右手伸食指，在左手三指上书空"乚"，仿"毛"字形。

（二）一手伸食指，在颏部中间偏左处点一下，表示毛泽东颏部的痣。

（三）一手伸食指，在太阳穴前后转动两圈。

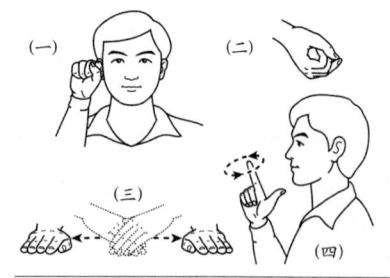

邓小平理论　Dèng Xiǎopíng lǐlùn

（一）一手打手指字母"D"的指式，虎口贴于耳部。

（二）一手拇、小指相捏，指尖朝上。

（三）双手五指并拢，掌心向下，交叉相搭，然后分别向两侧移动。

（四）一手打手指字母"L"的指式，逆时针平行转动两下。

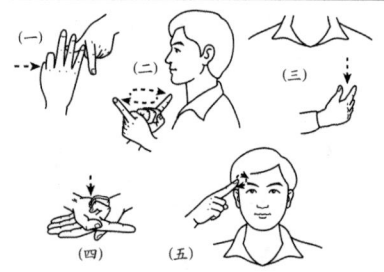

"三个代表"重要思想　sān gè dàibiǎo zhòngyào sīxiǎng

（一）左手伸拇、食指，虎口朝右前方；右手中、无名、小指直立分开，手背向外，移至左手虎口，表示"三个"。

（二）双手伸食指，手腕交叉相贴，然后前后转动，互换位置。

（三）右手拇、食指张开，指尖朝内，在左胸部向下划一下。

（四）左手横伸；右手伸食指，拇指尖按于食指根部，手背向下，用力砸向左手掌心。

（五）一手伸食指，在太阳穴前后转动两圈。

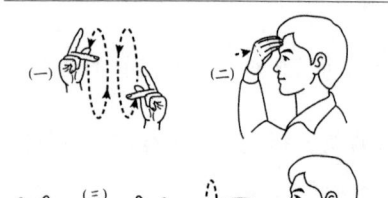

科学发展观　kēxué fāzhǎnguān

（一）双手打手指字母"K"的指式，前后交替转动两下。

（二）一手五指撮合，指尖朝内，按向前额。

（三）双手虚握，虎口朝上，然后边向两侧移动边张开五指。

（四）一手食、中指分开，指尖朝前，手背向上，在面前转动一圈。

四、中国现代史 109

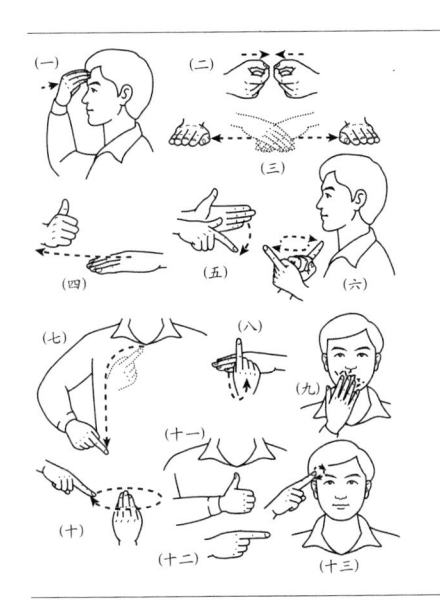

习近平新时代中国特色社会主义思想
Xí Jìnpíng xīnshídài zhōngguó tèsè shèhuì zhǔyì sīxiǎng

（一）一手五指撮合，指尖朝内，按向前额。
（二）双手拇、食指相捏，虎口朝上，相互靠近。
（三）双手五指并拢，掌心向下，交叉相搭，然后分别向两侧移动。
（四）左手横伸；右手伸拇指，在左手背上从左向右划出。
（五）左手侧立；右手伸拇、食指，拇指尖抵于左手掌心，食指向下转动。
（六）双手伸食指，手腕交叉相贴，然后前后转动，互换位置。
（七）一手伸食指，自咽喉部顺肩胸部划至右腰部。
（八）左手横伸，手背向上；右手伸食指，从左手小指外侧向上伸出。
（九）一手直立，掌心向内，五指张开，在嘴唇部交替点动。
（十）左手五指撮合，指尖朝上；右手伸食指，指尖朝下，绕左手转动一圈。
（十一）一手伸拇指，贴于胸部。
（十二）一手食指横伸，手背向外。"一"与"义"音近，借代。
（十三）一手伸食指，在太阳穴前后转动两圈。

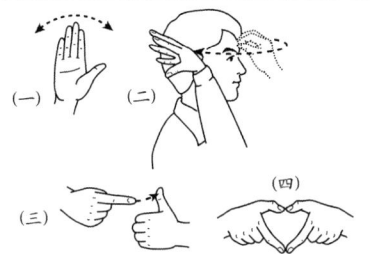

不忘初心 bùwàng chūxīn

（一）一手直立，掌心向外，左右摆动几下。
（二）一手五指撮合，按于前额，然后边向脑后移动边张开。
（三）左手伸拇指；右手伸食指，碰一下左手拇指。
（四）双手拇、食指张开仿"♡"形，手背向外，置于胸部。

牢记使命 láojì shǐmìng

（一）一手打手指字母"J"的指式，碰一下前额。
（二）一手食指抵于脸颊，面露坚毅的表情。
（三）右手五指成"⊐"形，按向左肩。

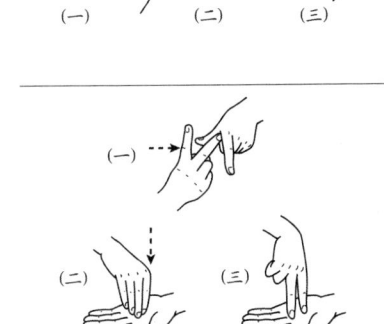

"两个确立" liǎng gè quèlì

（一）左手伸拇、食指，虎口朝右前方；右手食、中指直立分开，手背向外，移至左手虎口，表示"两个"。
（二）左手横伸；右手五指撮合，指尖朝下，按向左手掌心。
（三）左手横伸；右手食、中指分开，指尖朝下，立于左手掌心上。

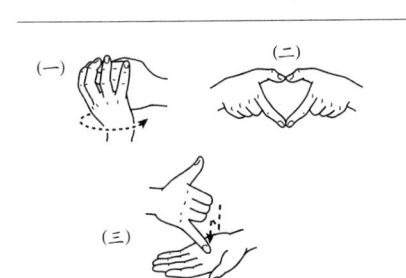

核心地位 héxīn dìwèi

（一）左手握拳；右手五指微曲，手背向外，从右向左绕左拳转动半圈。
（二）双手拇、食指张开仿"♡"形，手背向外，置于胸部。
（三）左手横伸；右手伸拇、小指，小指尖在左手掌心上点两下。

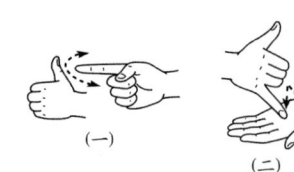

指导地位 zhǐdǎo dìwèi

（一）左手伸拇指；右手伸食指，指尖朝前，在左手拇指后左右移动。

（二）左手横伸；右手伸拇、小指，小指尖在左手掌心上点两下。

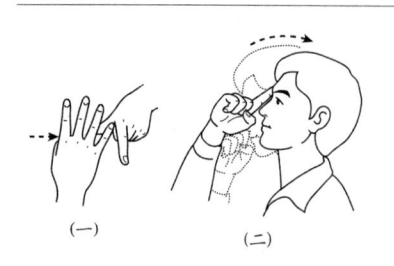

"四个意识" sì gè yì·shí

（一）左手伸拇、食指，虎口朝右前方；右手食、中、无名、小指直立分开，手背向外，移至左手虎口，表示"四个"。

（二）一手食指抵于太阳穴，头同时微抬。

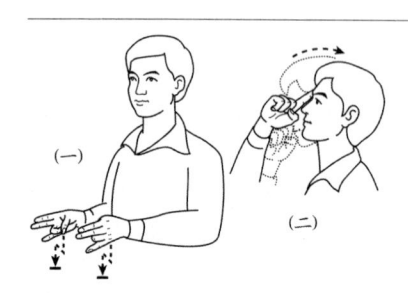

政治意识 zhèngzhì yì·shí

（一）双手打手指字母"ZH"的指式，指尖朝前，向下顿两下。

（二）一手食指抵于太阳穴，头同时微抬。

（"政治"的手语存在地域差异，可根据实际选择使用）

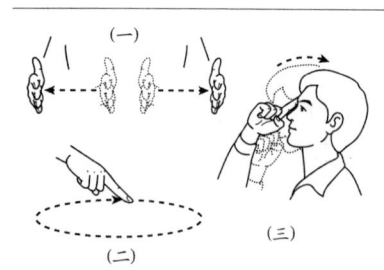

大局意识 dàjú yì·shí

（一）双手侧立，掌心相对，同时向两侧移动，幅度要大些。

（二）一手伸食指，指尖朝下划一大圈。

（三）一手食指抵于太阳穴，头同时微抬。

核心意识 héxīn yì·shí

（一）左手握拳；右手五指微曲，手背向外，从右向左绕左拳转动半圈。

（二）双手拇、食指张开仿"♡"形，手背向外，置于胸部。

（三）一手食指抵于太阳穴，头同时微抬。

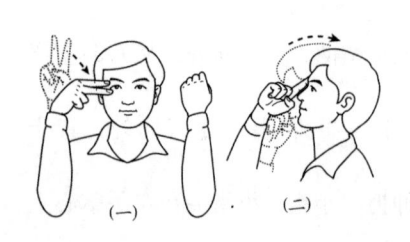

看齐意识 kànqí yì·shí

（一）左手握拳屈肘，手背向外；右手食、中指直立分开，手背向内，置于右肩前上方，然后转腕，食、中指指向左手，指背向上。

（二）一手食指抵于太阳穴，头同时微抬。

四、中国现代史　111

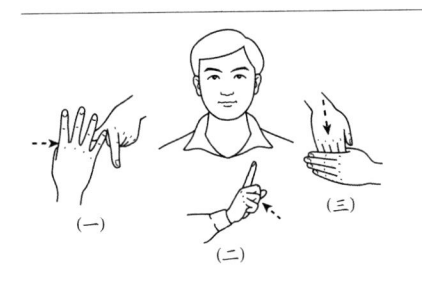

"四个自信"　sì gè zìxìn

（一）左手伸拇、食指，虎口朝右前方；右手食、中、无名、小指直立分开，手背向外，移至左手虎口，表示"四个"。
（二）右手食指直立，虎口朝内，贴向左胸部。
（三）左手五指成"匚"形，虎口朝上；右手五指并拢，指尖朝下，插入左手虎口内。

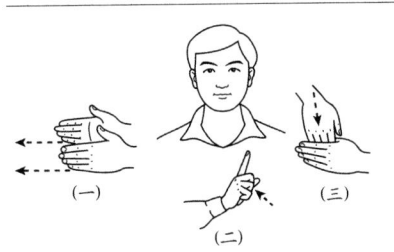

道路自信　dàolù zìxìn

（一）双手侧立，掌心相对，向前移动。
（二）右手食指直立，虎口朝内，贴向左胸部。
（三）左手五指成"匚"形，虎口朝上；右手五指并拢，指尖朝下，插入左手虎口内。

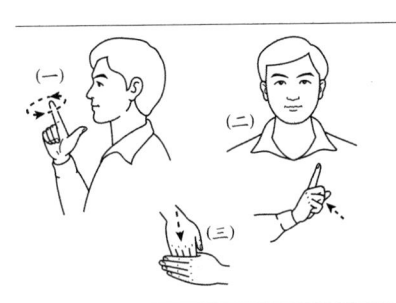

理论自信　lǐlùn zìxìn

（一）一手打手指字母"L"的指式，逆时针平行转动两下。
（二）右手食指直立，虎口朝内，贴向左胸部。
（三）左手五指成"匚"形，虎口朝上；右手五指并拢，指尖朝下，插入左手虎口内。

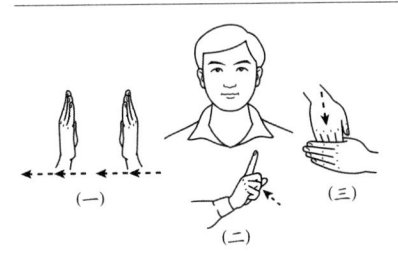

制度自信　zhìdù zìxìn

（一）双手直立，掌心左右相对，向一侧一顿一顿移动几下。
（二）右手食指直立，虎口朝内，贴向左胸部。
（三）左手五指成"匚"形，虎口朝上；右手五指并拢，指尖朝下，插入左手虎口内。

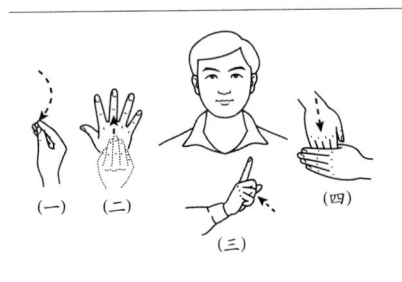

文化自信　wénhuà zìxìn

（一）一手五指撮合，指尖朝前，撇动一下，如执毛笔写字状。
（二）一手五指撮合，指尖朝上，边向上微移边张开。
（三）右手食指直立，虎口朝内，贴向左胸部。
（四）左手五指成"匚"形，虎口朝上；右手五指并拢，指尖朝下，插入左手虎口内。
（"文化"的手语存在地域差异，可根据实际选择使用）

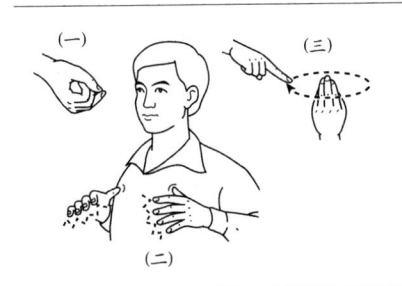

小康社会　xiǎokāng shèhuì

（一）一手拇、小指相捏，指尖朝上。
（二）双手五指张开，掌心向下，拇指尖抵于胸部，其他四指交替点动几下。
（三）左手五指撮合，指尖朝上；右手伸食指，指尖朝下，绕左手转动一圈。

112　历史常用词通用手语

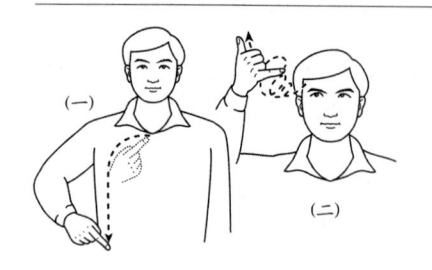

中国梦　Zhōngguómèng
（一）一手伸食指，自咽喉部顺肩胸部划至右腰部。
（二）一手伸拇、小指，从太阳穴向斜上方旋转移动，面露思考的表情。

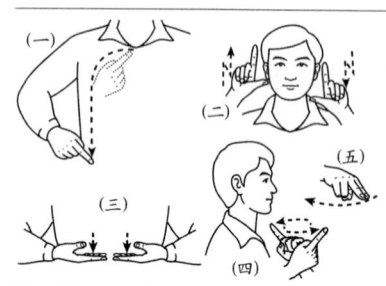

中国式现代化　Zhōngguóshì xiàndàihuà
（一）一手伸食指，自咽喉部顺肩胸部划至右腰部。
（二）双手拇、食指成"⌐"形，置于脸颊两侧，上下交替动两下。
（三）双手横伸，掌心向上，在腹前向下微动一下。
（四）双手伸食指，手腕交叉相贴，然后前后转动，互换位置。
（五）一手打手指字母"H"的指式，指尖朝前斜下方，平行划动一下。

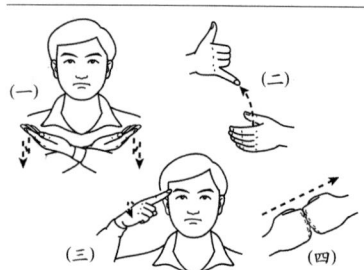

脱贫攻坚　tuōpín gōngjiān
（一）双手横伸，掌心向上，手腕交叉相搭，然后向下颠动两下。
（二）左手五指成半圆形，虎口朝上；右手伸拇、小指，从左手虎口内向外移出。
（三）一手食指抵于太阳穴，并钻动一（或两）下，面露坚毅的表情。
（四）双手握拳屈肘，两拳斜向相抵，右拳将左拳向左上方顶出。

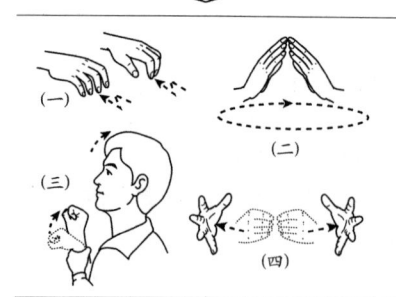

乡村振兴　xiāngcūn zhènxīng
（一）双手五指弯曲，掌心向下，一前一后，向后移动两下，模仿耙地的动作。
（二）双手搭成"∧"形，顺时针平行转动一圈。
（三）左手握住右手腕；右手握拳，向前垂下，再用力向上抬起，同时挺胸抬头。
（四）双手虚握，虎口朝上，然后边向两侧移动边张开五指。

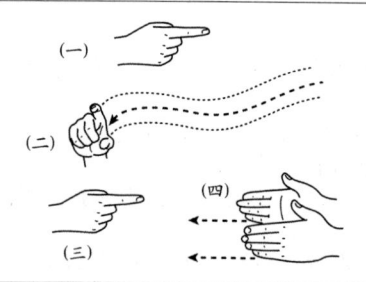

一带一路　yī dài yī lù
（一）一手食指横伸，手背向外。
（二）一手拇、食指张开，指尖朝前，从左向右做曲线形移动。
（三）一手食指横伸，手背向外。
（四）双手侧立，掌心相对，向前移动。

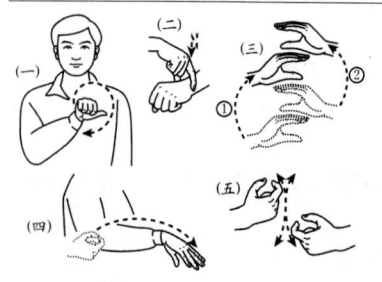

亚洲基础设施投资银行　Yàzhōu Jīchǔ Shèshī Tóuzī Yínháng
（一）右手打手指字母"A"的指式，拇指尖朝左，手背向内，在胸前逆时针转动一圈。
（二）左手握拳，手背向上；右手拇、食指张开，指尖朝下，朝左手腕两侧插两下。
（三）双手五指成"⊏⊐"形，虎口朝内，交替上叠，模仿垒砖的动作。
（四）一手拇、食指捏成圆形，虎口朝上方，边从腰部向前移出边张开五指，掌心向下。
（五）双手拇、食指成圆形，指尖稍分开，虎口朝上，食指上下交替互碰两下。

四、中国现代史

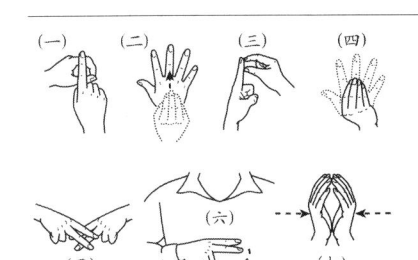

中华民族共同体　Zhōnghuá Mínzú gòngtóngtǐ

（一）左手拇、食指与右手食指搭成"中"字形。
（二）一手五指撮合，指尖朝上，边向上微移边张开。
（三）左手食指与右手拇、食指搭成"民"字的一部分。
（四）一手五指张开，指尖朝上，然后撮合。
（五）双手食、中指搭成"共"字形，手背向上。
（六）一手食、中指横伸分开，手背向上，向前移动一下。
（七）双手直立，掌心左右相对，五指微曲，从两侧向中间移动。

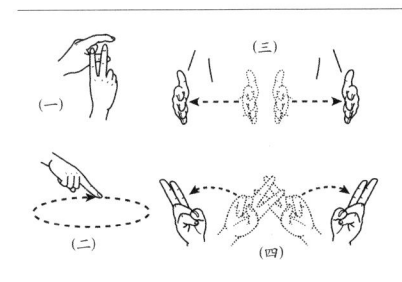

西部大开发　xībù dàkāifā

（一）左手拇、食指成"匚"形，虎口朝内；右手食、中指直立分开，手背向内，贴于左手拇指，仿"西"字部分字形。
（二）一手伸食指，指尖朝下划一大圈。
（三）双手侧立，掌心相对，同时向两侧移动，幅度要大些。
（四）双手食、中指分开，掌心向外，交叉搭成"开"字形，置于身前，然后向两侧打开，掌心向斜上方。

和平统一　hépíng tǒngyī

（一）双手直立，掌心左右相对，五指微曲，从两侧向中间移动。
（二）双手五指并拢，掌心向下，交叉相搭，然后分别向两侧移动。
（三）右手侧立，五指微曲张开，边向左做弧形移动边握拳。
（四）一手食指横伸，手背向外。

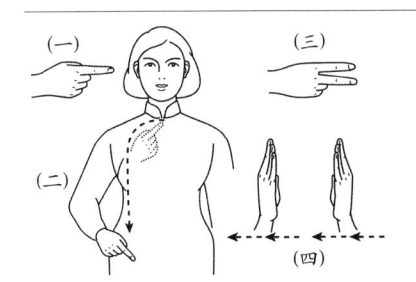

一国两制　yī guó liǎng zhì

（一）一手食指横伸，手背向外。
（二）一手伸食指，自咽喉部顺肩胸部划至右腰部。
（三）一手食、中指横伸分开，手背向外。
（四）双手直立，掌心左右相对，向一侧一顿一顿移动几下。

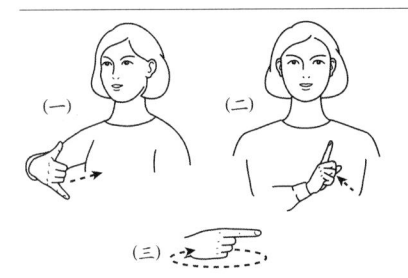

回归祖国　huíguī zǔguó

（一）一手伸拇、小指，指尖朝内，从外向内移动。
（二）右手食指直立，虎口朝内，贴向左胸部。
（三）一手打手指字母"G"的指式，顺时针平行转动一圈。

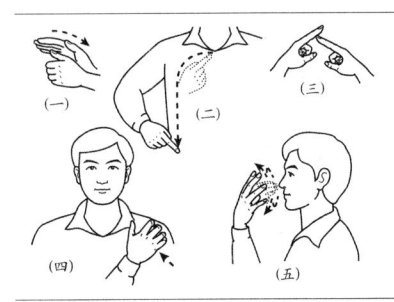

爱国者治港　àiguózhě zhì Gǎng

（一）左手伸拇指；右手轻轻抚摸左手拇指背，面带微笑。
（二）一手伸食指，自咽喉部顺肩胸部划至右腰部。
（三）双手食指搭成"人"字形。
（四）右手五指微曲，指尖朝内，按向左肩。
（五）一手五指撮合，指尖对着鼻部，然后开合两下。

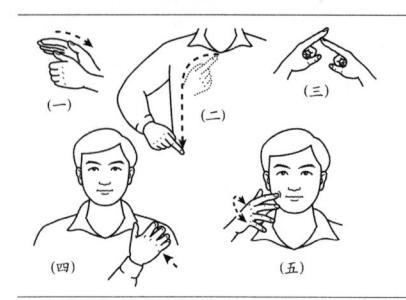

爱国者治澳　àiguózhě zhì Ào
（一）左手伸拇指；右手轻轻抚摸左手拇指背，面带微笑。
（二）一手伸食指，自咽喉部顺肩胸部划至右腰部。
（三）双手食指搭成"人"字形。
（四）右手五指微曲，指尖朝内，按向左肩。
（五）一手五指张开，食指尖抵于脸颊处，并钻动两下。

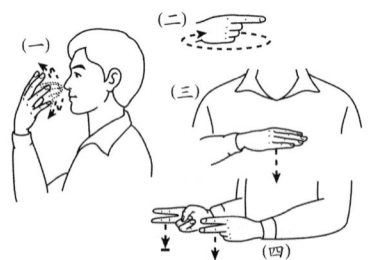

香港国安法　Xiānggǎng Guó'ān Fǎ
（一）一手五指撮合，指尖对着鼻部，然后开合两下。
（二）一手打手指字母"G"的指式，顺时针平行转动一圈。
（三）一手横伸，掌心向下，自胸部向下一按。
（四）双手打手指字母"F"的指式，指尖朝前，向下一顿。

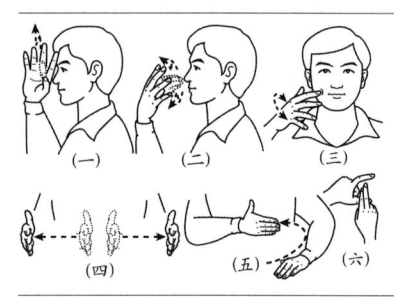

粤港澳大湾区　Yuè-Gǎng-Ào Dàwānqū
（一）一手食指尖抵于前额，拇、中指相捏，然后弹动两下。
（二）一手五指撮合，指尖对着鼻部，然后开合两下。
（三）一手五指张开，食指尖抵于脸颊处，并钻动两下。
（四）双手侧立，掌心相对，同时向两侧移动，幅度要大些。
（五）左手斜伸，手背向上；右手食、中、无名、小指并拢，掌心向外，沿左臂内侧划动半圈。
（六）左手拇、食指成"匚"形，虎口朝内；右手食、中指相叠，手背向内，置于左手"匚"形中，仿"区"字形。

两岸关系　liǎng'àn guānxì
（一）一手食、中指直立分开，掌心向外。
（二）双手横伸，手背向上，左手在前，右手在后，中间留有空隙。
（三）双手拇、食指套环。

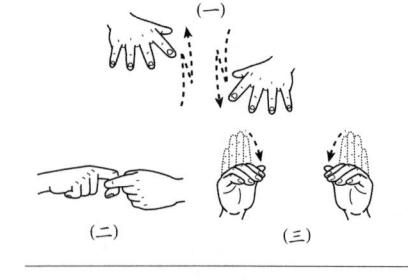

海峡两岸关系协会（海协会）
Hǎixiá Liǎng'àn Guānxì Xiéhuì（Hǎixiéhuì）
（一）双手平伸，掌心向下，五指张开，上下交替移动，表示起伏的波浪。
（二）双手食指相互勾住。
（三）双手直立，掌心分别向左右斜前方，食、中、无名、小指弯动一下。

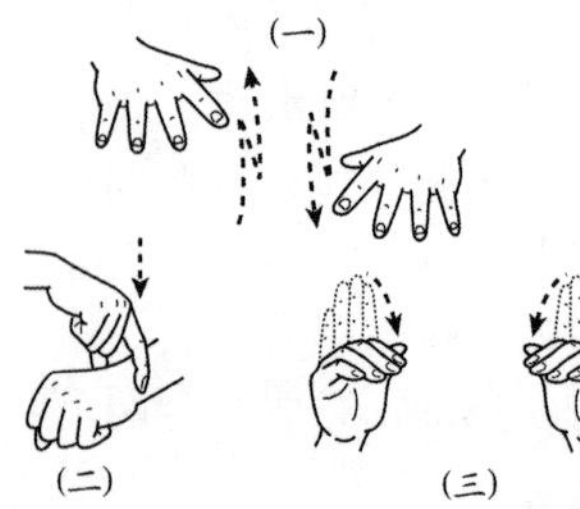

海峡交流基金会（海基会）　Hǎixiá Jiāoliú Jījīnhuì（Hǎijīhuì）
（一）双手平伸，掌心向下，五指张开，上下交替移动，表示起伏的波浪。
（二）左手握拳，手背向上；右手拇、食指张开，指尖朝下，插向左手腕两侧。
（三）双手直立，掌心分别向左右斜前方，食、中、无名、小指弯动一下。

四、中国现代史　115

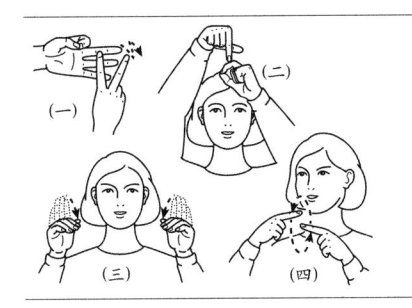

汪辜会谈　Wāng-Gū Huìtán
（一）左手中、无名、小指与右手食、中指搭成"汪"字形，右手中指微动几下。
（二）双手拇、食指搭成"古"字形，置于前额，表示"辜"字的上半部字形。
（三）双手直立，掌心分别向左右斜前方，食、中、无名、小指弯动一下。
（四）双手食指横伸，在嘴前前后交替转动两下。

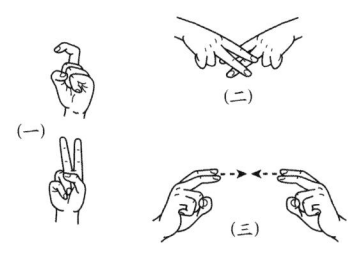

九二共识　Jiǔ-èr Gòngshí
（一）左手食指弯曲，中节指指背向上，虎口朝内，在上；右手食、中指直立分开，掌心向外（或食、中指横伸分开，手背向外），在下。
（二）双手食、中指搭成"共"字形，手背向上。
（三）双手食、中指微曲，指尖左右相对，从两侧向中间移动。

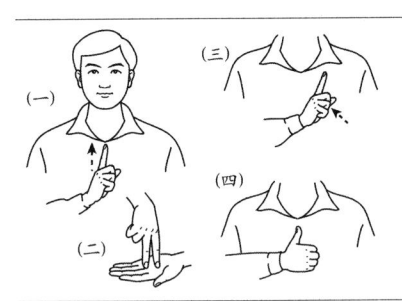

独立自主　dúlì-zìzhǔ
（一）一手食指直立，虎口贴于胸部，向上移动少许。
（二）左手横伸；右手食、中指分开，指尖朝下，立于左手掌心上。
（三）右手食指直立，虎口朝内，贴向左胸部。
（四）一手伸拇指，贴于胸部。

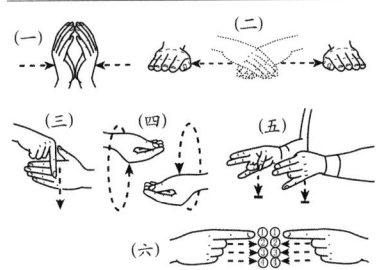

和平外交政策　hépíng wàijiāo zhèngcè
（一）双手直立，掌心左右相对，五指微曲，从两侧向中间移动。
（二）双手五指并拢，掌心向下，交叉相搭，然后分别向两侧移动。
（三）左手横立；右手伸食指，指尖朝下，在左手背外向下指。
（四）双手五指撮合，掌心向上，前后交替转动。
（五）双手打手指字母"ZH"的指式，指尖朝前，向下一顿。
（六）双手握拳，手背向外，虎口朝上，同时依次伸出食、中、无名、小指。

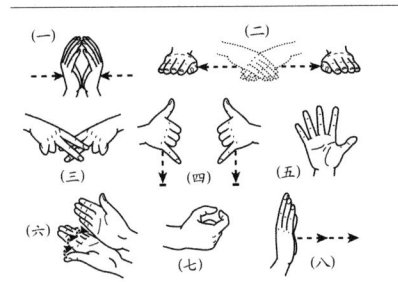

和平共处五项原则　hépíng gòngchǔ wǔ xiàng yuánzé
（一）双手直立，掌心左右相对，五指微曲，从两侧向中间移动。
（二）双手五指并拢，掌心向下，交叉相搭，然后分别向两侧移动。
（三）双手食、中指搭成"共"字形，手背向上。
（四）双手伸拇、小指，指尖左右相对，手背向外，同时向下一顿。
（五）一手五指直立张开，掌心向外。
（六）左手平伸；右手斜立于左手掌心上，然后向右一顿一顿做弧形移动。
（七）一手拇、食指成圆形，指尖稍分开，虎口朝上。
（八）右手直立，掌心向左，向左一顿一顿移动几下。

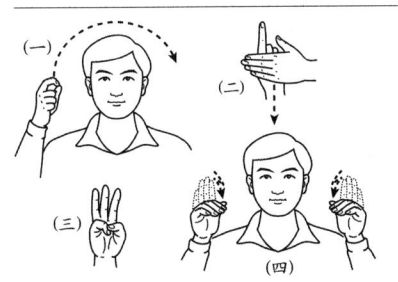

日内瓦会议①　Rìnèiwǎ Huìyì ①
（一）右手拇、食指捏成圆形，虎口朝内，从右向左做弧形移动，越过头顶。
（二）左手横立；右手食指直立，在左手掌心内从上向下移动。
（三）一手打手指字母"W"的指式。
（四）双手直立，掌心分别向左右斜前方，食、中、无名、小指弯动两下。

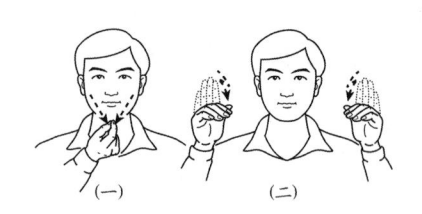

日内瓦会议② Rìnèiwǎ Huìyì ②

（一）一手拇、食指弯曲，指尖朝内，从脸颊两侧向颔部移动并相捏（此为国外聋人手语）。

（二）双手直立，掌心分别向左右斜前方，食、中、无名、小指弯动两下。

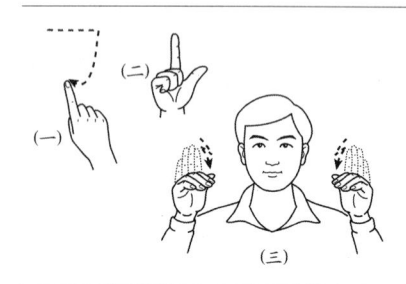

万隆会议① Wànlóng Huìyì ①

（一）一手伸食指，指尖朝前，书空"丁"形，表示"万"字的横折钩部分。

（二）一手打手指字母"L"的指式。

（三）双手直立，掌心分别向左右斜前方，食、中、无名、小指弯动两下。

万隆会议② Wànlóng Huìyì ②

（一）一手食、中指并拢，在鼻下向下划动两下（此为国外聋人手语）。

（二）双手直立，掌心分别向左右斜前方，食、中、无名、小指弯动两下。

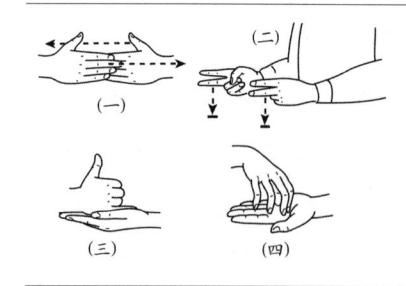

合法席位 héfǎ xíwèi

（一）双手横立，掌心向内，指尖相对，从两侧向中间交错移动至双手相叠。

（二）双手打手指字母"F"的指式，指尖朝前，向下一顿。

（三）左手横伸；右手伸拇、小指，置于左手掌心上。

（四）左手横伸；右手五指弯曲，指尖朝下，置于左手掌心上。

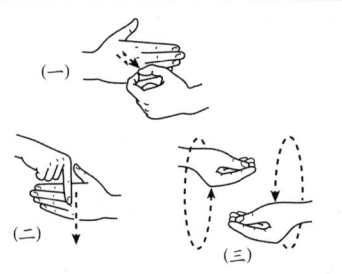

乒乓外交 pīngpāng wàijiāo

（一）左手拇、食指捏成圆形，虎口朝上；右手横立，手背击打两下左手拇指，如打乒乓球状。

（二）左手横立；右手伸食指，指尖朝下，在左手背外向下指。

（三）双手五指撮合，掌心向上，前后交替转动。

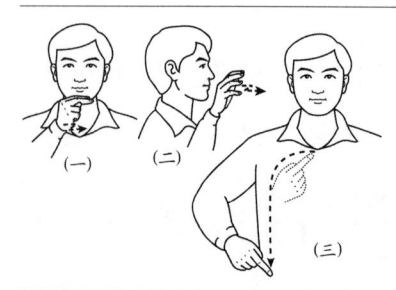

尼克松访华 Níkèsōng Fǎnghuá

（一）右手打英文手指字母"N"的指式，在颔部向左划动两下（此为国外聋人手语）。

（二）一手五指微曲，掌心向外，从嘴前向外微移两下。

（三）一手伸食指，自咽喉部顺肩胸部划至右腰部。

2. 党和国家领导人

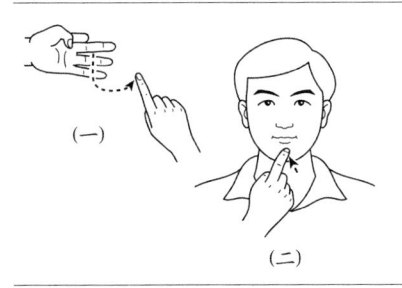

毛泽东   Máo Zédōng

（一）左手中、无名、小指横伸，掌心向内；右手伸食指，在左手三指上书空"乚"，仿"毛"字形。

（二）一手伸食指，在颏部中间偏左处点一下，表示毛泽东颏部的痣。

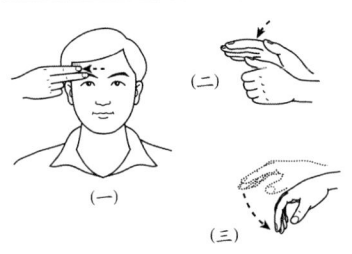

周恩来   Zhōu Ēnlái

（一）一手食、中指横伸并拢，指面摸一下眉毛。

（二）左手伸拇指；右手五指并拢，轻拍一下左手拇指背。

（三）一手平伸，掌心向下，五指微曲，向内挥动一下。

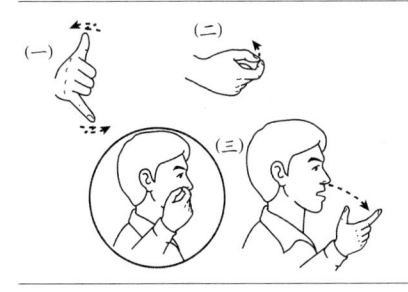

刘少奇   Liú Shàoqí

（一）一手伸拇、小指，指尖朝外，左右晃动几下。

（二）一手拇、食指相捏，拇指尖微弹一下。

（三）一手拇、食指相捏，置于鼻翼一侧，然后向前张开，面露惊奇的表情。

朱德   Zhū Dé

（一）左手拇、食、中指分开，手背向外；右手伸食指，在左手食、中指上书空"丨、丿、丶"，仿"朱"字形。

（二）一手拇、食、小指直立，手背向外，置于鼻前。

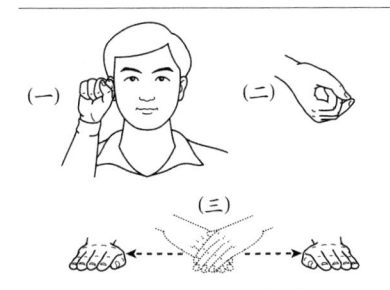

邓小平   Dèng Xiǎopíng

（一）一手打手指字母"D"的指式，虎口贴于耳部。

（二）一手拇、小指相捏，指尖朝上。

（三）双手五指并拢，掌心向下，交叉相搭，然后分别向两侧移动。

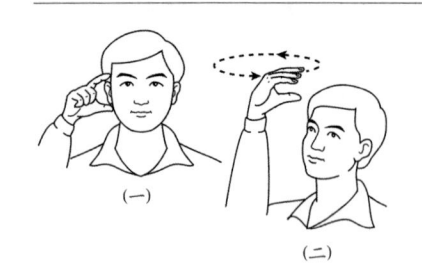

陈云 Chén Yún

（一）一手拇、食指微曲，指尖抵于耳部上下缘，表示"陈"字的耳刀旁。

（二）一手五指成"冂"形，虎口朝内，在头前上方平行转动两下。

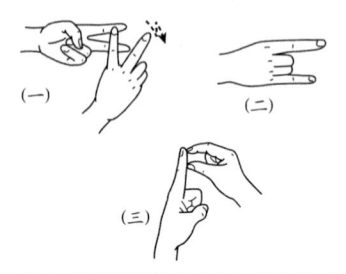

江泽民 Jiāng Zémín

（一）双手食、中指搭成"江"字形，右手中指微动几下。

（二）一手打手指字母"Z"的指式。

（三）左手食指与右手拇、食指搭成"民"字的一部分。

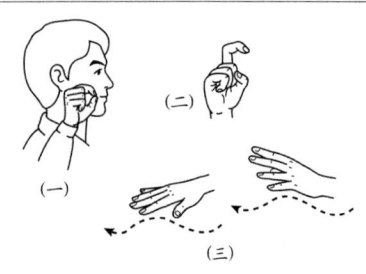

胡锦涛 Hú Jǐntāo

（一）一手拇、食指捏成圆形，虎口贴于脸颊。

（二）一手打手指字母"J"的指式。

（三）双手平伸，掌心向下，五指张开，一前一后，一高一低，同时向前做大的起伏状移动。

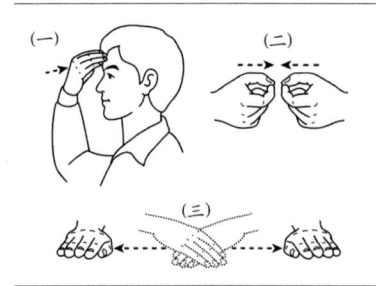

习近平 Xí Jìnpíng

（一）一手五指撮合，指尖朝内，按向前额。

（二）双手拇、食指相捏，虎口朝上，相互靠近。

（三）双手五指并拢，掌心向下，交叉相搭，然后分别向两侧移动。

3. 人物

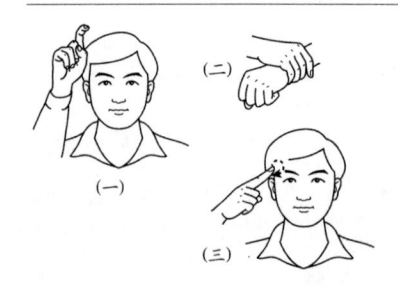

杨根思 Yáng Gēnsī

（一）一手食指弯曲如钩，虎口贴于太阳穴，仿羊头上弯曲的角。"羊"与"杨"音同，借代。

（二）左手握拳，手背向上；右手握住左手腕。

（三）一手伸食指，在太阳穴前后转动一圈。

四、中国现代史

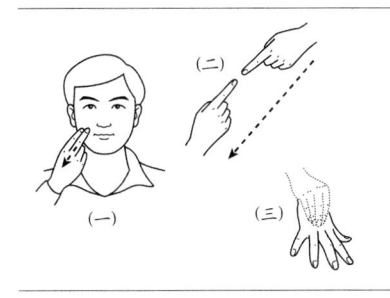

黄继光　Huáng Jìguāng
（一）一手打手指字母"H"的指式，摸一下脸颊。
（二）双手伸食指，指尖斜向相对，同时向斜下方移动。
（三）一手五指撮合，指尖朝下，然后张开。

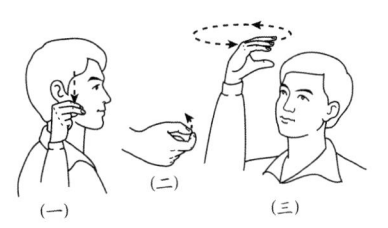

邱少云　Qiū Shàoyún
（一）一手打手指字母"Q"的指式，指尖朝前，在耳部一侧向下移动一下。
（二）一手拇、食指相捏，拇指尖微弹一下。
（三）一手五指成"コ"形，虎口朝内，在头前上方平行转动两下。

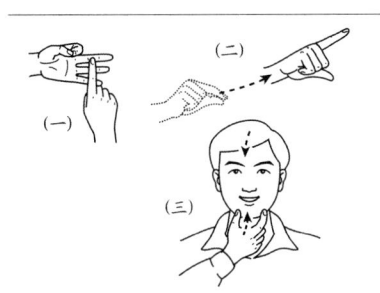

王进喜　Wáng Jìnxǐ
（一）左手中、无名、小指与右手食指搭成"王"字形。
（二）一手拇、食指相捏，然后边向前上方移动边张开。
（三）一手拇、食指弯曲，指尖朝颊部点一下，头同时微点一下。

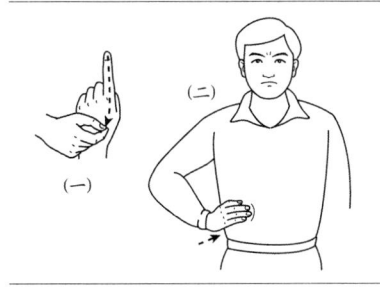

焦裕禄　Jiāo Yùlù
（一）左手食指直立；右手拇、食指沿左手食指尖向下一扯，模仿剥香蕉皮的动作。"蕉"与"焦"音同形近，借代。
（二）右手五指按于肝腹部，模仿焦裕禄用手顶在腹部抑制肝痛的动作。

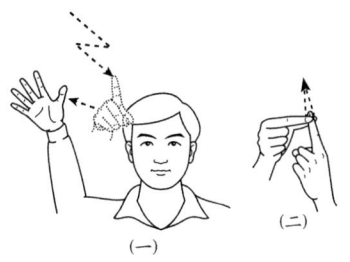

雷锋　Léi Fēng
（一）一手伸食指，指尖朝前，在头前上方做"ㄣ"形划动，然后猛然张开五指。
（二）左手食指直立；右手拇、食指沿着左手食指尖边向上移动边相捏。

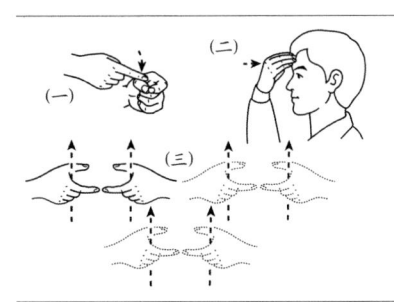

钱学森　Qián Xuésēn
（一）左手拇、食指捏成圆形，虎口朝上；右手伸食指，敲一下左手拇指。
（二）一手五指撮合，指尖朝内，按向前额。
（三）双手拇、食指成大圆形，虎口朝上，在不同位置连续向上移动几下。

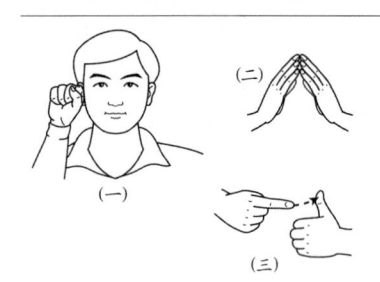

邓稼先　Dèng Jiàxiān

（一）一手打手指字母"D"的指式，虎口贴于耳部。
（二）双手搭成"∧"形。"家"与"稼"音形相近，借代。
（三）左手伸拇指；右手伸食指，碰一下左手拇指。

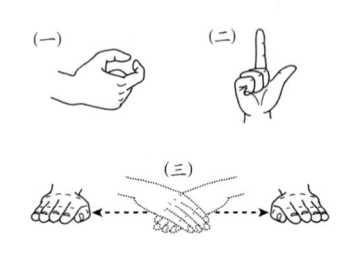

袁隆平　Yuán Lóngpíng

（一）一手拇、食指成圆形，指尖稍分开，虎口朝上。
（二）一手打手指字母"L"的指式。
（三）双手五指并拢，掌心向下，交叉相搭，然后分别向两侧移动。

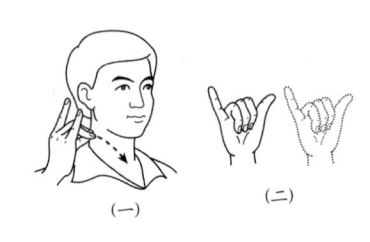

屠呦呦　Tú Yōuyōu

（一）右手打手指字母"T"的指式，指尖朝左，对着颈部，向前移动一下。
（二）一手连续打两次手指字母"Y"的指式。

五、世界古代史

1. 历史事件和现象

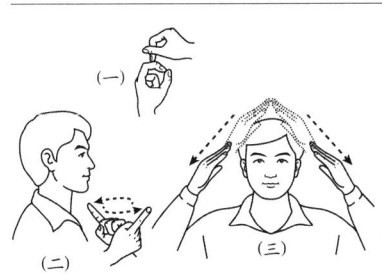

古代埃及　gǔdài Āijí
（一）双手拇、食指搭成"古"字形。
（二）双手伸食指，手腕交叉相贴，然后前后转动，互换位置。
（三）双手搭成"∧"形，置于头前上方，然后向两侧斜下方移动一下。

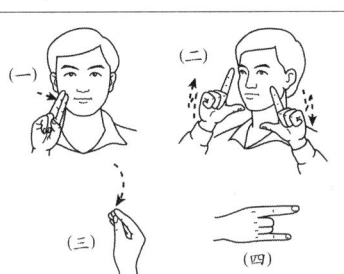

象形文字　xiàngxíng wénzì
（一）一手食、中指直立并拢，掌心向斜前方，朝脸颊碰一下。
（二）双手拇、食指成"┗┛"形，置于脸颊两侧，上下交替动两下。
（三）一手五指撮合，指尖朝前，撇动一下，如执毛笔写字状。
（四）一手打手指字母"Z"的指式。

木乃伊　mùnǎiyī
（一）左手伸拇、小指，指尖朝上，手背向外；右手五指撮合，在左手处做缠绕的动作。
（二）双手握拳，手背向外，手腕交叉相搭，置于胸前，眼闭拢。

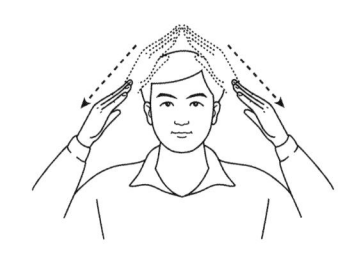

金字塔　jīnzìtǎ
双手搭成"∧"形，置于头前上方，然后向两侧斜下方移动一下。

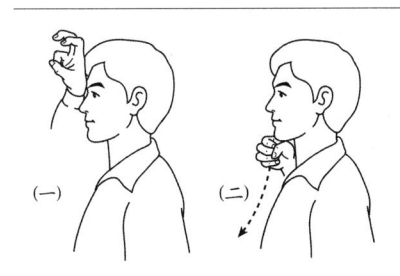

法老　fǎlǎo
（一）一手食、中指弯曲，手背贴于前额。
（二）一手虚握，虎口贴于颏部，然后向前下方做弧形移动，仿埃及法老胡子的形状。

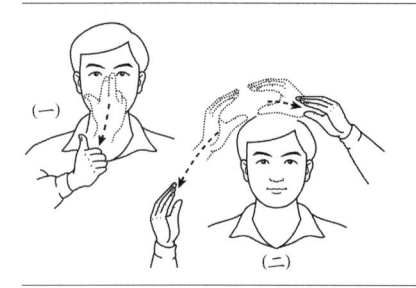

美索不达米亚　Měisuǒbùdámǐyà

（一）一手伸拇、食、中指，食、中指并拢，先置于鼻部，然后边向外移动边缩回食、中指。

（二）双手五指成"⊏⊐"形，虎口朝内，置于头右上方，然后向两侧做弧形移动，左手移动距离短，右手移动距离长，仿"新月沃地"的形状（此为国外聋人手语）。

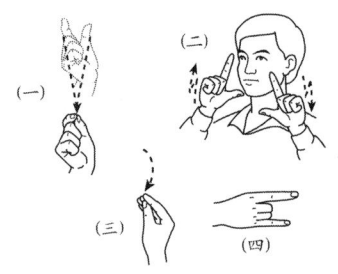

楔形文字　xiēxíng wénzì

（一）一手拇、食指张开，指尖朝上，边向下移动边相捏。

（二）双手拇、食指成"⌊⌋"形，置于脸颊两侧，上下交替动两下。

（三）一手五指撮合，指尖朝前，撇动一下，如执毛笔写字状。

（四）一手打手指字母"Z"的指式。

（可根据实际表示楔形文字的笔画方向）

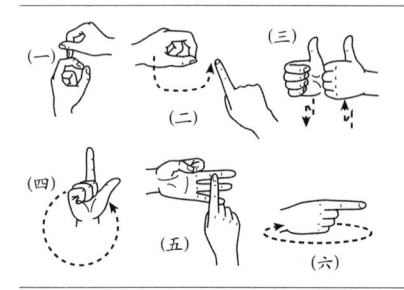

古巴比伦王国　Gǔbābǐlún Wángguó

（一）双手拇、食指搭成"古"字形。

（二）左手拇、食指相捏，虎口朝内；右手伸食指，指尖朝前，在左手下书空"L"，仿"巴"字形。

（三）双手伸拇指，上下交替动两下。

（四）一手打手指字母"L"的指式，顺时针上下转动一圈。

（五）左手中、无名、小指与右手食指搭成"王"字形。

（六）一手打手指字母"G"的指式，顺时针平行转动一圈。

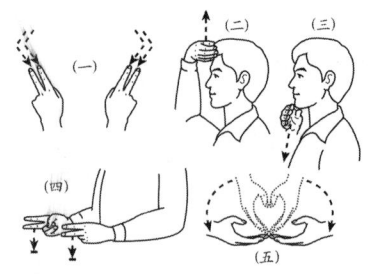

《汉谟拉比法典》　Hànmólābǐ Fǎdiǎn

（一）双手伸食、中指，指尖朝前上方，书空书名号。

（二）一手五指弯曲，指尖朝内，虎口朝上，置于前额，然后向上移动（此为国外聋人手语）。

（三）一手五指成"⊐"形，虎口贴于颏部，然后向下做捋胡须的动作（此为国外聋人手语）。

（四）双手打手指字母"F"的指式，指尖朝前，向下一顿。

（五）双手五指微曲，指尖相对，虎口朝外，然后手腕向两侧转动，模仿翻字典的动作。

古代印度　gǔdài Yìndù

（一）双手拇、食指搭成"古"字形。

（二）双手伸食指，手腕交叉相贴，然后前后转动，互换位置。

（三）一手伸拇指，指面向上，指尖抵于眉心。

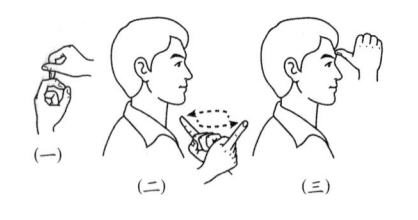

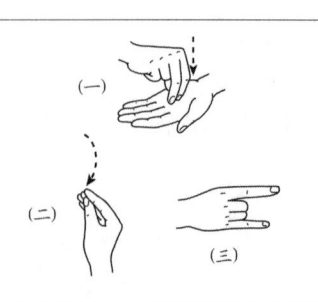

印章文字　yìnzhāng wénzì

（一）左手横伸；右手拇、食、中指相捏，指尖朝下，按向左手掌心，模仿盖印章的动作。

（二）一手五指撮合，指尖朝前，撇动一下，如执毛笔写字状。

（三）一手打手指字母"Z"的指式。

五、世界古代史　123

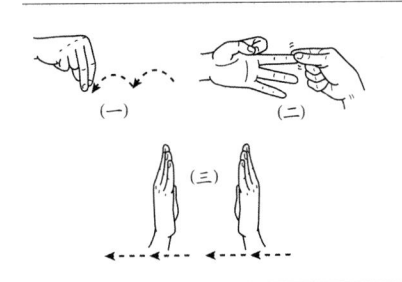

种姓制度　zhǒngxìng zhìdù
（一）一手拇、食、中指相捏，指尖朝下，在不同位置点动两下。
（二）左手中、无名、小指横伸分开，掌心向内；右手拇、食指捏住左手中指尖，前后微晃。
（三）双手直立，掌心左右相对，向一侧一顿一顿移动几下。

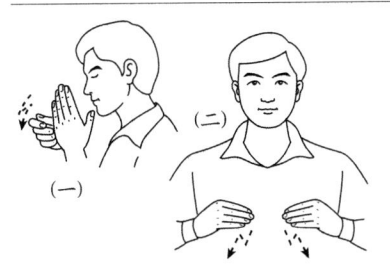

佛教　Fójiào
（一）左手直立，掌心向右；右手虚握，做敲木鱼的动作，双眼闭拢。
（二）双手五指撮合，指尖相对，手背向外，在胸前向前晃动两下。

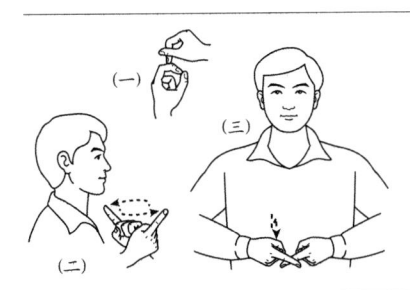

古代希腊　gǔdài Xīlà
（一）双手拇、食指搭成"古"字形。
（二）双手伸食指，手腕交叉相贴，然后前后转动，互换位置。
（三）双手伸食指，指尖朝斜前方，左手在下不动，右手食指向下碰两下左手食指。

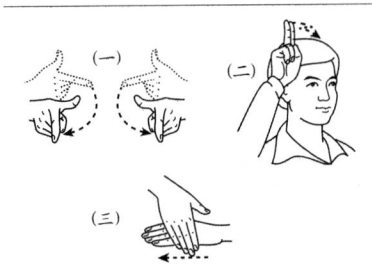

木马计　mùmǎjì
（一）双手伸拇、食指，虎口朝上，手腕向前转动一下。
（二）一手食、中指直立并拢，虎口贴于太阳穴，向前微动两下，仿马的耳朵。
（三）左手横伸，掌心向下；右手食、中、无名、小指并拢，指尖朝下，沿左手小指外侧划一下。

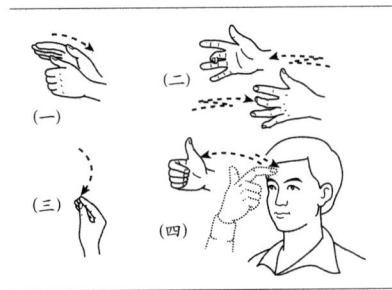

爱琴文明　Àiqín Wénmíng
（一）左手伸拇指；右手轻轻抚摸左手拇指背。
（二）双手侧立，五指弯曲，前后交替拨动，模仿弹竖琴的动作。
（三）一手五指撮合，指尖朝前，撇动一下，如执毛笔写字状。
（四）一手伸拇、食指，食指点一下前额，然后边向外移出边缩回食指。

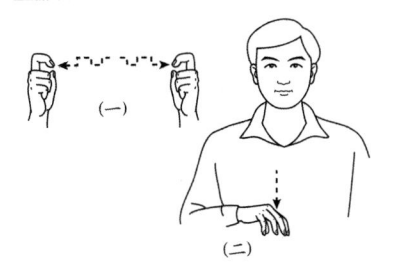

城邦　chéngbāng
（一）双手食指直立，指面相对，从中间向两侧弯动，仿城墙"⊓⊓⊓⊓"形。
（二）一手五指弯曲，指尖朝下，向下一按。

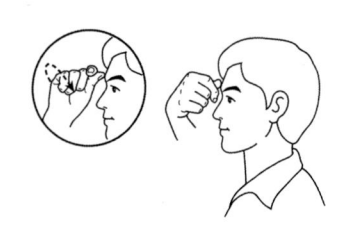

斯巴达　Sībādá

右手拇指尖按于食指中部，虎口朝内，置于前额，然后向左转腕，手背向外。

（此为国外聋人手语）

雅典　Yǎdiǎn

左手横伸；右手伸拇指，指尖朝下，按向左手掌心。

（此为国外聋人手语）

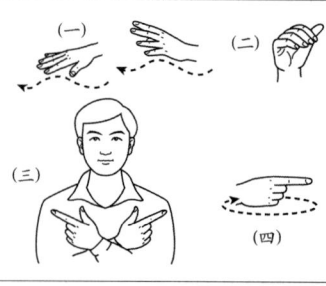

波斯帝国　Bōsī Dìguó

（一）双手平伸，掌心向下，五指张开，一前一后，一高一低，同时向前做大的起伏状移动。

（二）一手打手指字母"S"的指式。

（三）双手伸拇、食指，手背向外，手腕交叉相搭，贴于胸部。

（四）一手打手指字母"G"的指式，顺时针平行转动一圈。

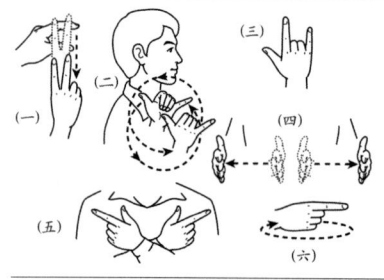

亚历山大帝国　Yàlìshāndà Dìguó

（一）左手拇、食指成"匚"形，虎口朝内；右手食、中指直立分开，手背向内，在左手拇、食指上向下划动一下，仿繁体"亚"字的部分字形。

（二）双手伸拇、小指，指尖朝上，交替向肩后转动。

（三）一手拇、食、小指直立，手背向外，仿"山"字形。

（四）双手侧立，掌心相对，同时向两侧移动，幅度要大些。

（五）双手伸拇、食指，手背向外，手腕交叉相搭，贴于胸部。

（六）一手打手指字母"G"的指式，顺时针平行转动一圈。

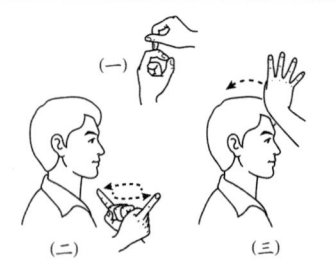

古代罗马　gǔdài Luómǎ

（一）双手拇、食指搭成"古"字形。

（二）双手伸食指，手腕交叉相贴，然后前后转动，互换位置。

（三）右手食、中、无名、小指直立分开，拇指弯回，掌心向左，沿头顶向后转动一下。

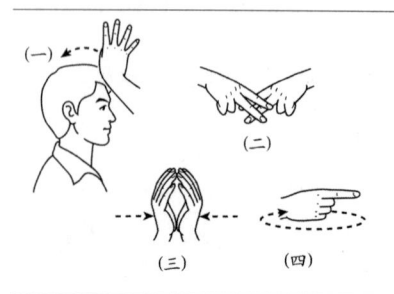

罗马共和国　Luómǎ Gònghéguó

（一）右手食、中、无名、小指直立分开，拇指弯回，掌心向左，沿头顶向后转动一下。

（二）双手食、中指搭成"共"字形，手背向上。

（三）双手直立，掌心左右相对，五指微曲，从两侧向中间移动。

（四）一手打手指字母"G"的指式，顺时针平行转动一圈。

五、世界古代史　125

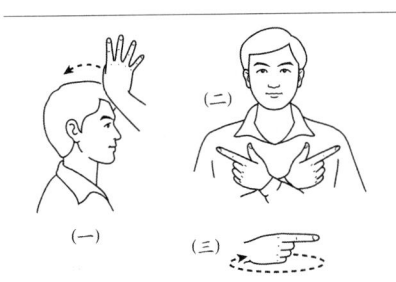

罗马帝国　Luómǎ Dìguó
（一）右手食、中、无名、小指直立分开，拇指弯回，掌心向左，沿头顶向后转动一下。
（二）双手伸拇、食指，手背向外，手腕交叉相搭，贴于胸部。
（三）一手打手指字母"G"的指式，顺时针平行转动一圈。

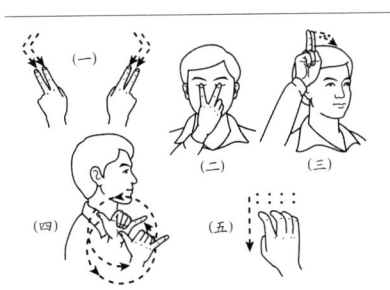

《荷马史诗》　Hémǎ Shǐshī
（一）双手伸食、中指，指尖朝前上方，书空书名号。
（二）一手食、中指指尖贴于双眼，眼闭拢，表示双目失明。
（三）一手食、中指直立并拢，虎口贴于太阳穴，向前微动两下，仿马的耳朵。
（四）双手伸拇、小指，指尖朝上，交替向肩后转动。
（五）一手食、中、无名、小指弯曲，指尖朝前，从上向下点动几下，如一行行的诗句。

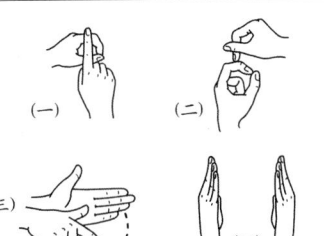

中古时期　zhōnggǔ shíqī
（一）左手拇、食指与右手食指搭成"中"字形。
（二）双手拇、食指搭成"古"字形。
（三）左手侧立；右手伸拇、食指，拇指尖抵于左手掌心，食指向下转动。
（四）双手直立，掌心左右相对。

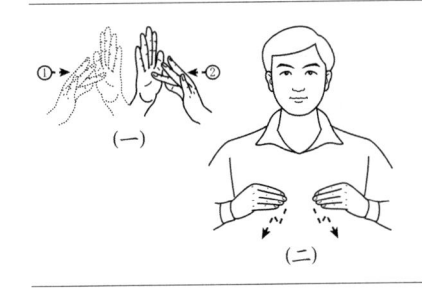

基督教　Jīdūjiào
（一）双手直立，掌心左右相对，右手中指先点一下左手掌心，左手中指再点一下右手掌心。
（二）双手五指撮合，指尖相对，手背向外，在胸前向前晃动两下。

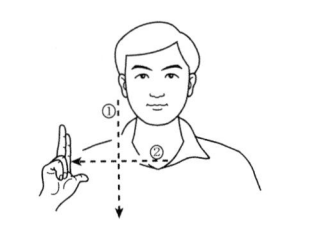

教皇　jiàohuáng
一手伸拇、食、中指，食、中指并拢，指尖朝上，先从上向下移动，再从左向右移动。
（此为国外聋人手语）

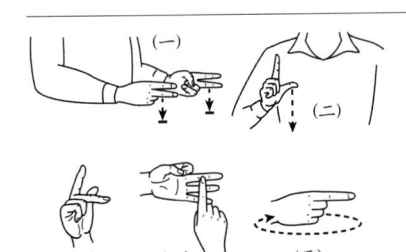

法兰克王国　Fǎlánkè Wángguó
（一）双手打手指字母"F"的指式，指尖朝前，向下一顿。
（二）一手打手指字母"L"的指式，沿胸的一侧划下。
（三）一手打手指字母"K"的指式。
（四）左手中、无名、小指与右手食指搭成"王"字形。
（五）一手打手指字母"G"的指式，顺时针平行转动一圈。

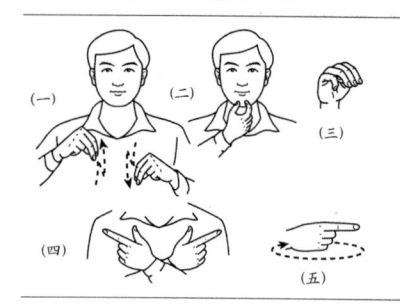

查理曼帝国　Chálǐmàn Dìguó

（一）双手拇、食、中指相捏，指尖朝下，上下交替动两下。
（二）一手拇、食指弯曲，指尖朝内，抵于颏部。
（三）一手打手指字母"M"的指式。
（四）双手伸拇、食指，手背向外，手腕交叉相搭，贴于胸部。
（五）一手打手指字母"G"的指式，顺时针平行转动一圈。

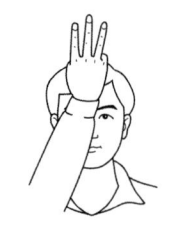

皇帝❷（皇❷、帝❷）　huángdì ❷ (huáng ❷、dì ❷)

一手食、中、无名指直立分开，掌心向内，置于前额，表示外国的皇帝。

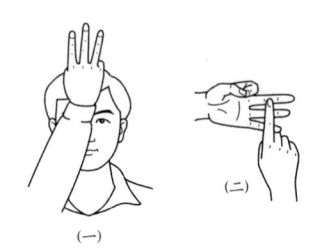

帝王❷　dìwáng ❷

（一）一手食、中、无名指直立分开，掌心向内，置于前额。
（二）左手中、无名、小指与右手食指搭成"王"字形。

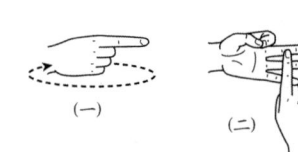

国王　guówáng

（一）一手打手指字母"G"的指式，顺时针平行转动一圈。
（二）左手中、无名、小指与右手食指搭成"王"字形。

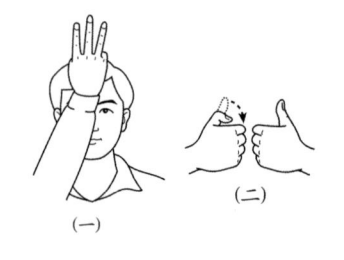

皇后❷（王后）　huánghòu ❷ (wánghòu)

（一）一手食、中、无名指直立分开，掌心向内，置于前额。
（二）双手伸拇指，指面相对，手背向外，左手不动，右手拇指弯动一下。

庄园　zhuāngyuán

（一）左手横伸；右手五指弯曲，指尖朝下，置于左手掌心上。
（二）一手伸食指，指尖朝下划一大圈。

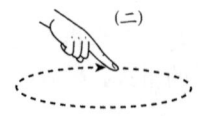

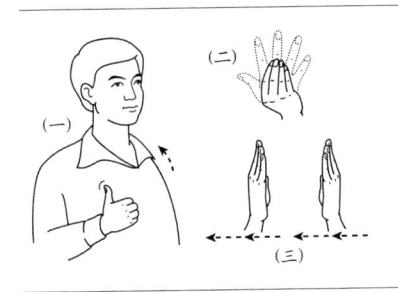

贵族制　guìzúzhì

（一）一手伸拇指，指尖抵于胸部一侧，身体向上一挺。
（二）一手五指张开，指尖朝上，然后撮合。
（三）双手直立，掌心左右相对，向一侧一顿一顿移动几下。

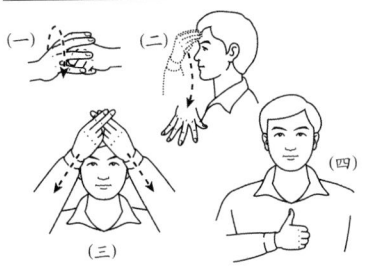

世俗封建主　shìsú fēngjiànzhǔ

（一）左手握拳，手背向上；右手五指微曲张开，从后向前绕左拳转动半圈。
（二）一手五指撮合，指尖朝内，按于前额，然后边向下移动边张开。
（三）双手食、中指并拢，手背向外，搭成"×"形，置于前额，然后向两侧斜下方移动。
（四）一手伸拇指，贴于胸部。

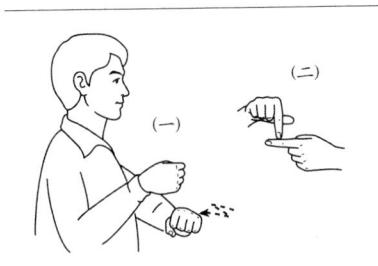

骑士　qíshì

（一）左手握拳，向后移动几下，模仿手握缰绳骑马的动作；右手虚握，虎口朝上，如执长矛状。
（二）左手食指与右手拇、食指搭成"士"字形。

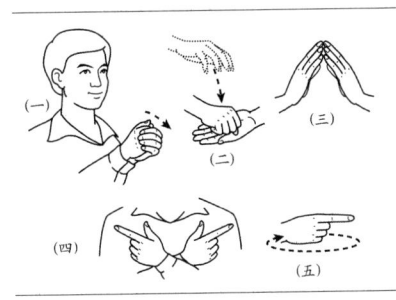

拜占庭帝国　Bàizhàntíng Dìguó

（一）双手作揖，向前晃动一下。
（二）左手横伸；右手五指微曲，指尖朝下，边移向左手掌心边握拳。
（三）双手搭成"∧"形。
（四）双手伸拇、食指，手背向外，手腕交叉相搭，贴于胸部。
（五）一手打手指字母"G"的指式，顺时针平行转动一圈。

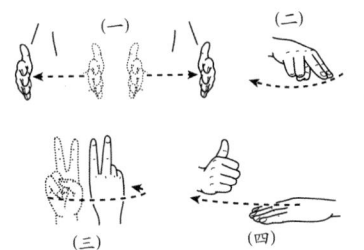

大化改新　Dàhuà Gǎixīn

（一）双手侧立，掌心相对，同时向两侧移动，幅度要大些。
（二）一手打手指字母"H"的指式，指尖朝前斜下方，平行划动一下。
（三）一手食、中指直立分开，由掌心向外翻转为掌心向内。
（四）左手横伸；右手伸拇指，在左手背上从左向右划出。

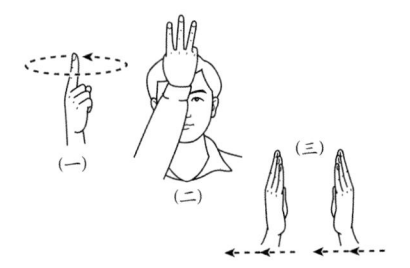

天皇制　tiānhuángzhì

（一）一手食指直立，在头一侧上方转动一圈。
（二）一手食、中、无名指直立分开，掌心向内，置于前额。
（三）双手直立，掌心左右相对，向一侧一顿一顿移动几下。

武士 wǔshì
（一）双手直立，手腕交叉相搭，平行转动一圈。
（二）左手食指与右手拇、食指搭成"士"字形。

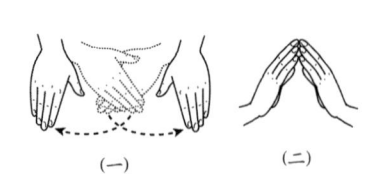

幕府 mùfǔ
（一）双手斜伸，指尖朝斜下方，手背向外，斜向相搭，然后分别向两侧转腕，指尖朝下。
（二）双手搭成"∧"形。

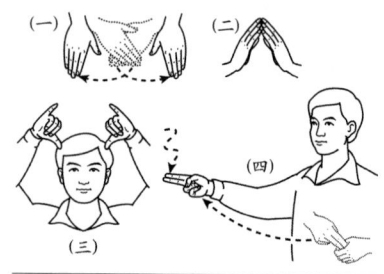

幕府将军 mùfǔ jiāngjūn
（一）双手斜伸，指尖朝斜下方，手背向外，斜向相搭，然后分别向两侧转腕，指尖朝下。
（二）双手搭成"∧"形。
（三）双手伸拇、小指，拇指尖抵于头两侧，小指尖朝上，掌心向外（此为国外聋人手语）。
（四）左手虚握，虎口朝斜上方，置于腰部；右手食、中指并拢，手背向外，从左手虎口内向外拔出，再随意挥动几下（此为国外聋人手语）。

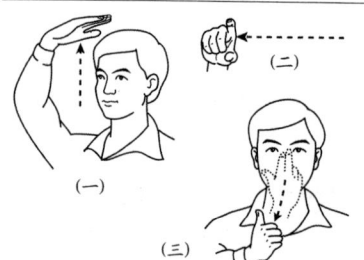

高句丽 Gāogōulí
（一）一手横伸，掌心向下，向上移过头顶。
（二）一手拇、食指张开，指尖朝前，向一侧移动一下。
（三）一手伸拇、食、中指，食、中指并拢，先置于鼻部，然后边向外移动边缩回食、中指。

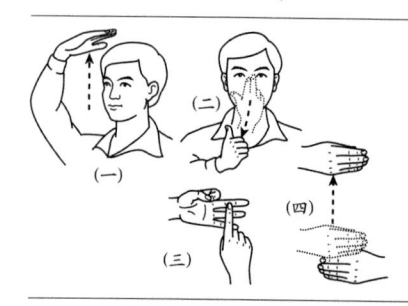

高丽王朝 Gāolí Wángcháo
（一）一手横伸，掌心向下，向上移过头顶。
（二）一手伸拇、食、中指，食、中指并拢，先置于鼻部，然后边向外移动边缩回食、中指。
（三）左手中、无名、小指与右手食指搭成"王"字形。
（四）双手五指成"匚ㄱ"形，虎口朝上，上下相叠，左手在下不动，右手向上移动。

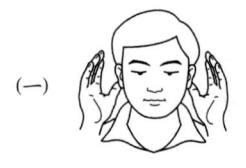

伊斯兰教 Yīsīlánjiào
（一）双手直立，掌心左右相对，五指微曲，拇指尖抵于耳垂后部。
（二）双手五指撮合，指尖相对，手背向外，在胸前向前晃动两下。

五、世界古代史　129

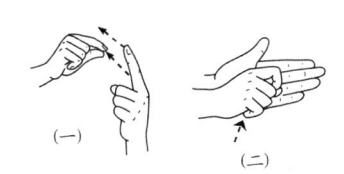

麦加①　Màijiā ①
（一）左手食指直立微曲；右手拇、食指相捏，在左手食指不同位置向斜上方移动两下，如麦芒状。
（二）左手侧立；右手拇、食指捏成圆形，虎口朝左，贴向左手掌心。

麦加②　Màijiā ②
双手横立，掌心向内，五指张开，置于身前两侧，然后向内扇动两下。
（此为国外聋人手语）

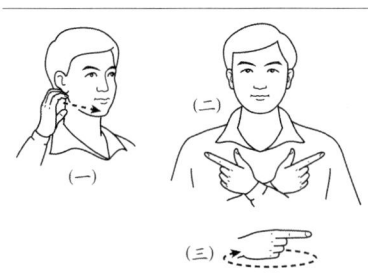

阿拉伯帝国　Ālābó Dìguó
（一）右手五指微曲，指尖抵于右耳下部，然后向颏部划动一下，仿阿拉伯男子胡子的样子。
（二）双手伸拇、食指，手背向外，手腕交叉相搭，贴于胸部。
（三）一手打手指字母"G"的指式，顺时针平行转动一圈。

2．人物

释迦牟尼　Shìjiāmùní
（一）一手五指微曲，指尖朝下，抵于头顶，然后边向上微移边收拢，表示释迦牟尼佛的发型。
（二）双手五指弯曲，拇指尖相抵，右手食、中、无名、小指置于左手内，虎口朝外。

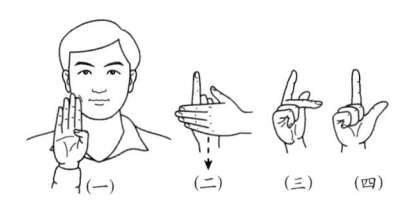

伯里克利　Bólǐkèlì
（一）一手打手指字母"B"的指式，掌心向外，置于颏部一侧。
（二）左手横立；右手食指直立，在左手掌心内从上向下移动。
（三）一手打手指字母"K"的指式。
（四）一手打手指字母"L"的指式。

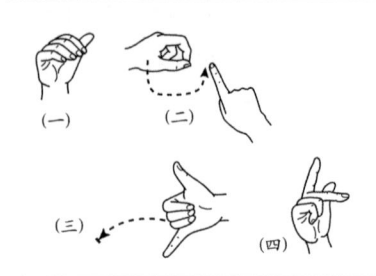

斯巴达克 Sībādákè
（一）一手打手指字母"S"的指式。
（二）左手拇、食指相捏，虎口朝内；右手伸食指，指尖朝前，在左手下书空"L"，仿"巴"字形。
（三）一手伸拇、小指，向前做弧形移动，然后向下一顿。
（四）一手打手指字母"K"的指式。

凯撒 Kǎisǎ
一手斜伸，掌心向下，食、中、无名、小指并拢，拇指弯回，碰两下前额一侧。
（此为国外聋人手语）

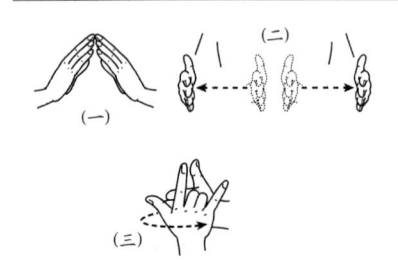

屋大维 Wūdàwéi
（一）双手搭成"∧"形。
（二）双手侧立，掌心相对，同时向两侧移动，幅度要大些。
（三）左手伸拇指；右手拇、食、小指直立，绕左手转动半圈。

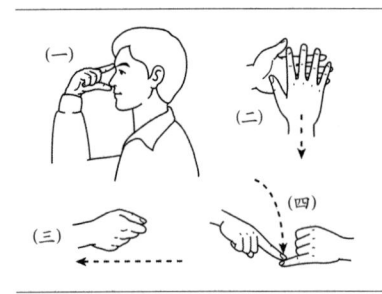

苏格拉底① Sūgélādǐ ①
（一）一手拇、食指成"⊃"形，拇指尖抵于鼻尖，食指尖抵于眉心。
（二）双手五指张开，一横一竖搭成方格形，然后左手不动，右手向下移动。
（三）一手握拳，向内拉动一下。
（四）左手伸小指；右手伸食指，敲一下左手小指。

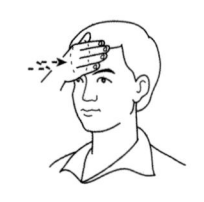

苏格拉底② Sūgélādǐ ②
一手横立，掌心向内，拍两下前额。
（此为国外聋人手语）

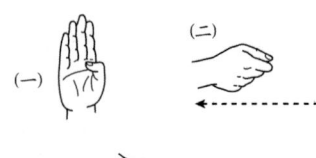

柏拉图① Bólātú ①
（一）一手打手指字母"B"的指式。
（二）一手握拳，向内拉动一下。
（三）左手横伸；右手五指撮合，指背在左手掌心上抹一下。

五、世界古代史 131

柏拉图② Bólātú ②
右手伸拇指，沿脸颊向下划动一下。
（此为国外聋人手语）

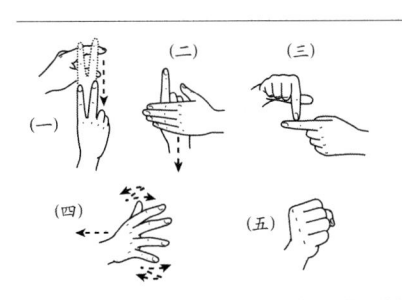

亚里士多德① Yàlǐshìduōdé ①
（一）左手拇、食指成"匸"形，虎口朝内；右手食、中指直立分开，手背向内，在左手拇、食指上向下划动一下，仿繁体"亚"字的部分字形。
（二）左手横立；右手食指直立，在左手掌心内从上向下移动。
（三）左手食指与右手拇、食指搭成"士"字形。
（四）一手侧立，五指张开，边抖动边向一侧移动。
（五）一手打手指字母"D"的指式（或一手拇、食、小指直立，手背向外，置于鼻前）。

亚里士多德② Yàlǐshìduōdé ②
右手食指横伸，手背向上，在前额从左向右划动一下。
（此为国外聋人手语）

阿基米德 Ājīmǐdé
（一）一手打手指字母"A"的指式。
（二）左手握拳，手背向上；右手拇、食指张开，指尖朝下，插向左手腕两侧。
（三）一手打手指字母"M"的指式。
（四）一手打手指字母"D"的指式（或一手拇、食、小指直立，手背向外，置于鼻前）。

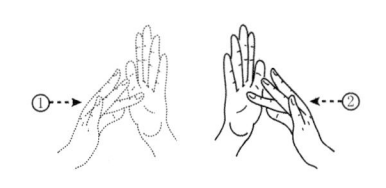

耶稣 Yēsū
双手直立，掌心左右相对，右手中指先点一下左手掌心，左手中指再点一下右手掌心。

穆罕默德 Mùhǎnmòdé
一手握拳，手背向上，置于颌部，然后边向下移动边张开五指，掌心向下。
（此为国外聋人手语）

六、世界近代史

1. 历史事件和现象

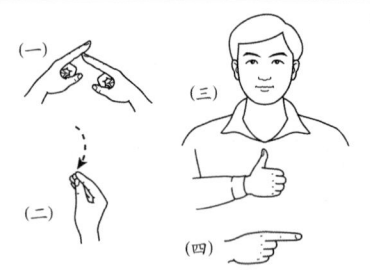

人文主义 rénwén zhǔyì
（一）双手食指搭成"人"字形。
（二）一手五指撮合，指尖朝前，撇动一下，如执毛笔写字状。
（三）一手伸拇指，贴于胸部。
（四）一手食指横伸，手背向外。"一"与"义"音近，借代。

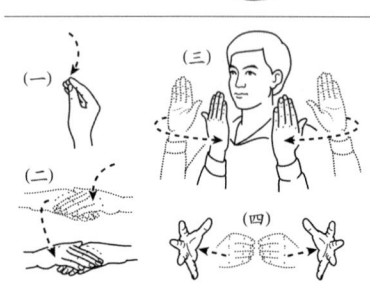

文艺复兴 wényì fùxīng
（一）一手五指撮合，指尖朝前，撇动一下，如执毛笔写字状。
（二）双手横伸，掌心向下，互拍手背。
（三）双手直立，掌心向外，然后边向前做弧形移动边翻转为掌心向内。
（四）双手虚握，虎口朝上，然后边向两侧移动边张开五指。

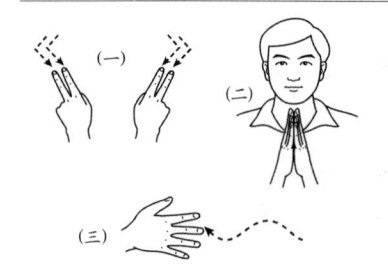

《神曲》 Shénqǔ
（一）双手伸食、中指，指尖朝前上方，书空书名号。
（二）双手合十。
（三）一手横立，掌心向内，五指张开，向一侧做曲线形移动。

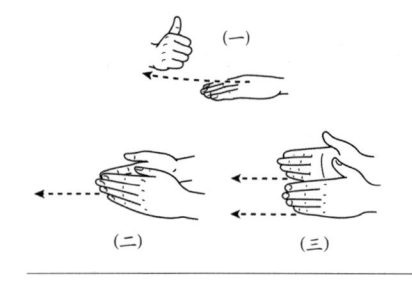

新航路 xīnhánglù
（一）左手横伸；右手伸拇指，在左手背上从左向右划出。
（二）双手斜立，指尖相抵，向前移动，如船向前行驶状。
（三）双手侧立，掌心相对，向前移动。

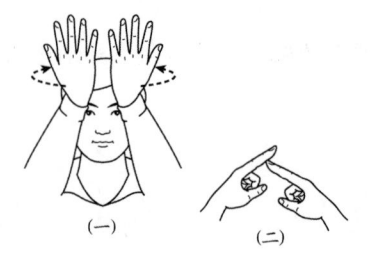

印第安人[①] Yìndì'ānrén [①]
（一）双手直立，手背向外，五指张开，置于前额，然后沿头两侧移动。
（二）双手食指搭成"人"字形。

印第安人②　Yìndì'ānrén ②

（一）一手拇、食指相捏，其他三指直立分开，先置于嘴角一侧，再移向同侧耳垂。

（二）双手食指搭成"人"字形。

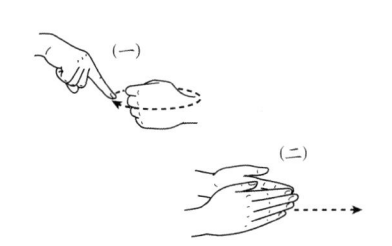

环球航行　huánqiú hángxíng

（一）左手握拳，手背向外，虎口朝上；右手伸食指，指尖朝下，绕左拳平行转动一圈。

（二）双手斜立，指尖相抵，向前移动，如船向前行驶状。

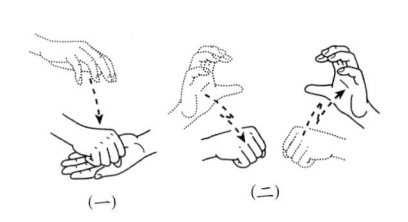

殖民掠夺　zhímín lüèduó

（一）左手横伸；右手五指微曲，指尖朝下，边移向左手掌心边握拳，表示侵占、把控了别国的地方。

（二）双手五指弯曲，掌心左右相对，然后交替向下做抓物的动作，表示双方争夺财富。

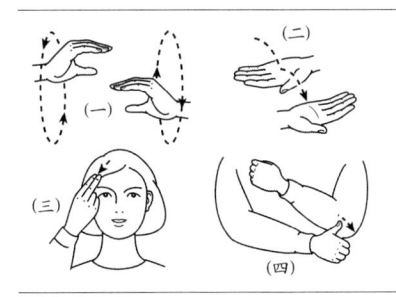

贩卖黑奴　fànmài hēinú

（一）双手五指成"匸コ"形，指尖左右相对，虎口朝内，前后交替转动两下。

（二）双手横伸，右手背在左手掌心上拍一下，然后向外移动。

（三）一手打手指字母"H"的指式，摸一下头发。

（四）左臂抬起，左手握拳，手背向外；右手伸拇指，指尖在左手肘部向下划一下。

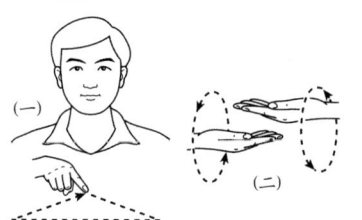

三角贸易　sānjiǎo màoyì

（一）一手伸食指，指尖朝下，从身前向外平行划一个"△"形。

（二）双手横伸，掌心向上，前后交替转动两下。

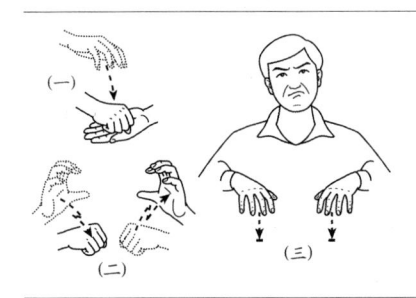

殖民争霸　zhímín zhēngbà

（一）左手横伸；右手五指微曲，指尖朝下，边移向左手掌心边握拳，表示侵占、把控了别国的地方。

（二）双手五指弯曲，掌心左右相对，然后交替向下做抓物的动作，表示双方争夺财富。

（三）双手五指微曲，指尖朝下一顿，面露蛮横的表情。

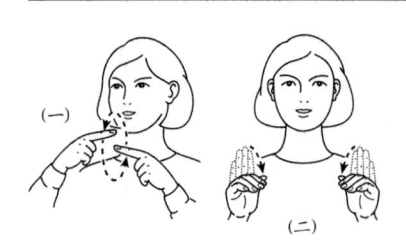

议会　yìhuì

（一）双手食指横伸，在嘴前前后交替转动两下。
（二）双手直立，掌心分别向左右斜前方，食、中、无名、小指弯动一下。

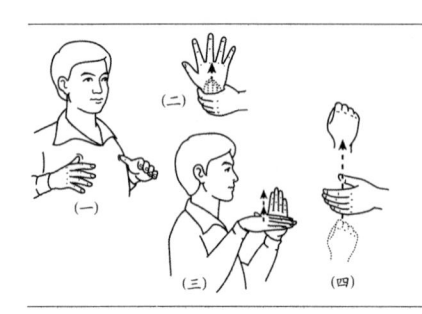

资产阶级革命　zīchǎn jiējí gémìng

（一）双手五指张开，掌心向下，拇指尖抵于胸部。
（二）左手五指成半圆形，虎口朝上；右手五指相合，指尖朝上，手背向外，边从左手虎口内伸出边张开。
（三）左手直立，掌心向右；右手平伸，掌心向下，在左手掌心上向上一顿一顿移动两下。
（四）左手五指弯曲，虎口朝上；右手握拳，手背向外，从左手虎口处向上一举。

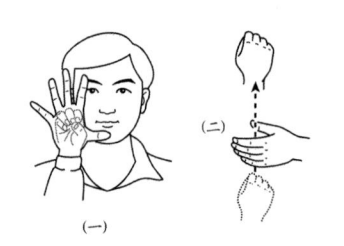

光荣革命　Guāngróng Gémìng

（一）一手虚握，虎口贴于脸颊，然后张开五指，表示脸上有光。
（二）左手五指弯曲，虎口朝上；右手握拳，手背向外，从左手虎口处向上一举。

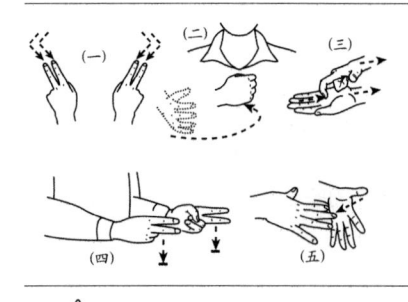

《权利法案》　Quánlì Fǎ'àn

（一）双手伸食、中指，指尖朝前上方，书空书名号。
（二）右手侧立，五指微曲张开，边向左做弧形移动边握拳。
（三）左手平伸；右手伸拇、食指，食指边向后划一下左手掌心边缩回，双手同时向内移动。
（四）双手打手指字母"F"的指式，指尖朝前，向下一顿。
（五）左手斜伸，掌心向后上方，五指张开；右手平伸，掌心向下，五指张开，在左手掌心上从上向下移动。

君主立宪制　jūnzhǔ lìxiànzhì

（一）一手食、中、无名指直立分开，掌心向内，置于前额。
（二）一手伸拇指，贴于胸部。
（三）左手横伸；右手食、中指分开，先平放于左手掌心上，然后竖立起来。
（四）左手伸拇指；右手伸食指，碰一下左手拇指，表示宪法是排在首位的大法。
（五）双手打手指字母"F"的指式，指尖朝前，向下一顿。
（六）双手直立，掌心左右相对，向一侧一顿一顿移动几下。

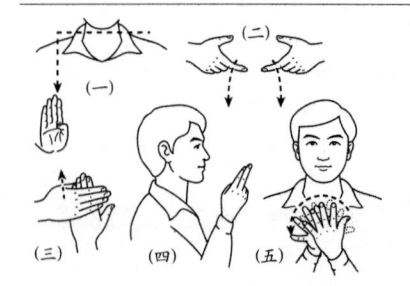

波士顿倾茶事件　Bōshìdùn Qīngchá Shìjiàn

（一）一手打手指字母"B"的指式，先向一侧移动再折而下移（此为国外聋人手语）。
（二）双手拇、食指成大圆形，虎口朝外斜，模仿倒东西的动作。
（三）左手食、中、无名、小指并拢，指尖朝右上方，手背向外；右手五指向上捋一下左手四指。
（四）一手食、中指相叠，指尖朝前上方。
（五）双手直立，掌心前后相贴，五指张开，左手不动，右手向右转动一下。
（"事件"的手语存在地域差异，可根据实际选择使用）

六、世界近代史　135

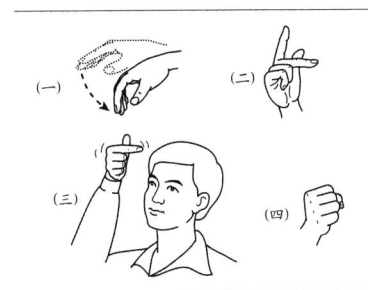

来克星顿①　Láikèxīngdùn ①

（一）一手平伸，掌心向下，五指微曲，向内挥动一下。
（二）一手打手指字母"K"的指式。
（三）一手拇、食指搭成"十"字形，在头前上方晃动几下，眼睛注视手的动作。
（四）一手打手指字母"D"的指式。

来克星顿②　Láikèxīngdùn ②

右手打手指字母"L"的指式，碰两下左胸部。
（此为国外聋人手语）

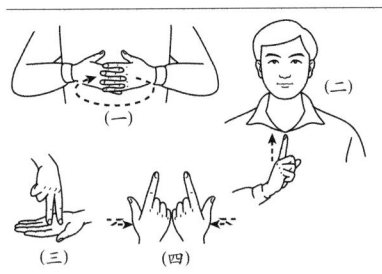

美国独立战争　Měiguó Dúlì Zhànzhēng

（一）双手斜立，五指张开，交叉相搭，顺时针平行转动一圈。
（二）一手食指直立，虎口贴于胸部，向上移动少许。
（三）左手横伸；右手食、中指分开，指尖朝下，立于左手掌心上。
（四）双手伸拇、食指，食指尖朝上，掌心向内，小指下缘互碰两下。

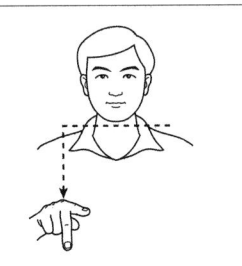

费城　Fèichéng

右手食、中指叉开，食指尖朝前，中指尖朝下，拇指按于中指中部，表示"费城"英文首字母"P"的指式，先从左向右移动，再折而下移。
（此为国外聋人手语）

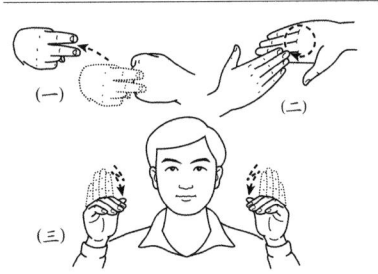

第二届大陆会议　Dì-Èr Jiè Dàlù Huìyì

（一）左手握拳，手背向外；右手食、中指横伸分开，手背向外，点一下左手背后向外移出。
（二）左手横立，掌心向外，拇指尖朝下；右手斜伸，掌心向内，在左手掌心上转动一圈。
（三）双手直立，掌心分别向左右斜前方，食、中、无名、小指弯动两下。

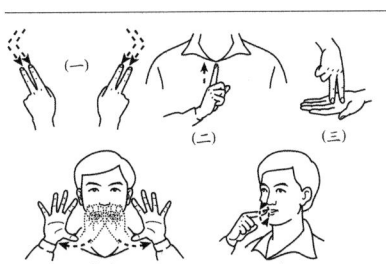

《独立宣言》　Dúlì Xuānyán

（一）双手伸食、中指，指尖朝前上方，书空书名号。
（二）一手食指直立，虎口贴于胸部，向上移动少许。
（三）左手横伸；右手食、中指分开，指尖朝下，立于左手掌心上。
（四）双手虚握，掌心向外，置于嘴部，然后边向前方两侧移动边张开五指。
（五）一手食指横伸，在嘴前前后转动两下。

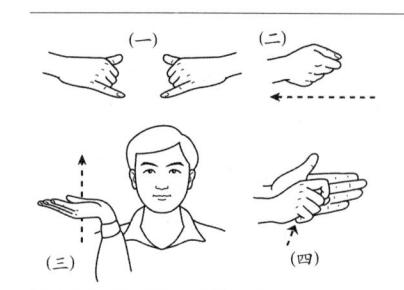

萨拉托加 Sàlātuōjiā
（一）双手伸拇、小指，指尖左右相对，手背向上。
（二）一手握拳，向内拉动一下。
（三）一手横伸，掌心向上，置于同侧肩膀前，并向上移动，如托物状。
（四）左手侧立；右手拇、食指捏成圆形，虎口朝左，贴向左手掌心。

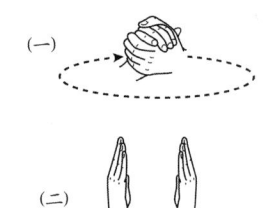

联邦制 liánbāngzhì
（一）双手一横一竖，相互握住，顺时针平行转动一圈。
（二）双手直立，掌心左右相对，向一侧一顿一顿移动几下。

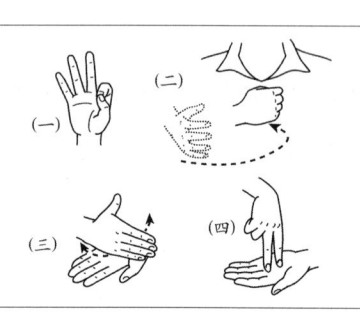

三权分立 sānquán fēnlì
（一）一手中、无名、小指直立分开，掌心向外。
（二）右手侧立，五指微曲张开，边向左做弧形移动边握拳。
（三）左手横伸；右手侧立，置于左手掌心上，并左右拨动一下。
（四）左手横伸；右手食、中指分开，指尖朝下，立于左手掌心上。

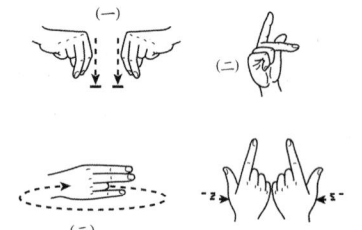

约克镇战役 Yuēkèzhèn Zhànyì
（一）双手拇、食、中指相捏，指尖朝下，同时向下一顿。
（二）一手打手指字母"K"的指式。
（三）一手打手指字母"ZH"的指式，顺时针平行转动一圈。
（四）双手伸拇、食指，食指尖朝上，掌心向内，小指下缘互碰两下。

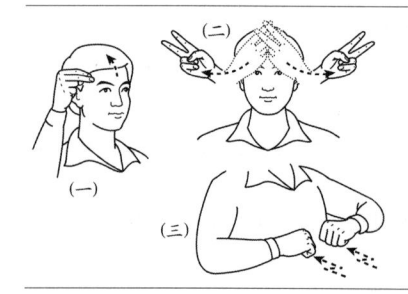

启蒙运动 qǐméng yùndòng
（一）一手打手指字母"Q"的指式，指尖抵于太阳穴，头同时微抬。
（二）双手食、中指分开，掌心向内，交叉搭成"开"字形，置于前额，然后向两侧打开，掌心向外，表示思想开放的意思。
（三）双手握拳屈肘，手背向上，虎口朝内，用力向后移动两下。

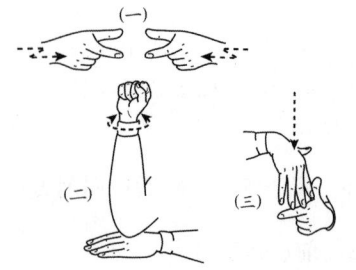

巴士底狱 Bāshìdǐ Yù
（一）双手拇、食指成半圆形，虎口朝上，从两侧向中间移动两下（此为国外聋人手语）。
（二）左手横伸；右手握拳，肘部置于左手背上，手腕来回转动（此为国外聋人手语）。
（三）左手伸拇、食指，食指尖朝右，手背向外；右手五指张开，指尖朝下，手背向外，从上向下移向左手食指，表示监狱的铁栏杆。

六、世界近代史

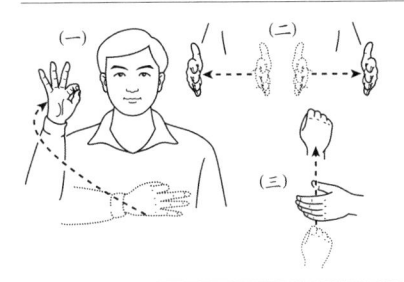

法国大革命　Fǎguó Dà Gémìng
（一）一手拇、食指相捏，中、无名、小指横伸分开，手背向外，置于左胸部，然后翻转为掌心向外，中、无名、小指直立。
（二）双手侧立，掌心相对，同时向两侧移动，幅度要大些。
（三）左手五指弯曲，虎口朝上；右手握拳，手背向外，从左手虎口处向上一举。

《人权宣言》　Rénquán Xuānyán
（一）双手伸食、中指，指尖朝前上方，书空书名号。
（二）双手食指搭成"人"字形。
（三）右手侧立，五指微曲张开，边向左做弧形移动边握拳。
（四）双手虚握，掌心向外，置于嘴部，然后边向前方两侧移动边张开五指。
（五）一手食指横伸，在嘴前前后转动两下。

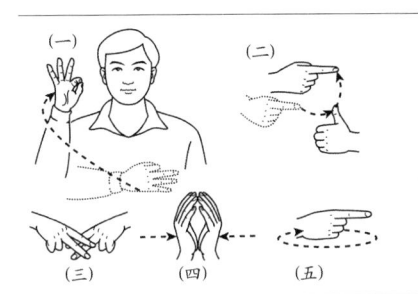

法兰西第一共和国　Fǎlánxī Dì-Yī Gònghéguó
（一）一手拇、食指相捏，中、无名、小指横伸分开，手背向外，置于左胸部，然后翻转为掌心向外，中、无名、小指直立。
（二）左手伸拇指；右手食指横伸，手背向外，即数字"一"，先碰一下左手拇指，再向上移动。
（三）双手食、中指搭成"共"字形，手背向上。
（四）双手直立，掌心左右相对，五指微曲，从两侧向中间移动。
（五）一手打手指字母"G"的指式，顺时针平行转动一圈。

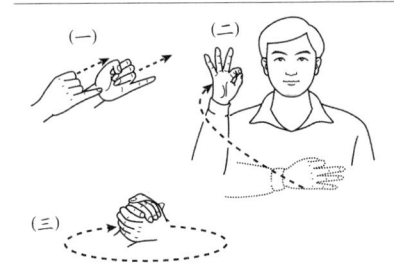

反法联盟（反法同盟）
Fǎn Fǎ Liánméng（Fǎn Fǎ Tóngméng）
（一）双手伸小指，指尖朝前，同时向前上方移动一下。
（二）一手拇、食指相捏，中、无名、小指横伸分开，手背向外，置于左胸部，然后翻转为掌心向外，中、无名、小指直立。
（三）双手一横一竖，相互握住，顺时针平行转动一圈。

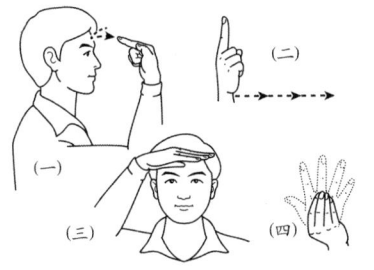

雅各宾派　Yǎgèbīnpài
（一）一手拇指尖按于食指根部，食指点一下前额再弹出。
（二）一手食指直立，向一侧一顿一顿移动几下。
（三）右手横伸，掌心向下，置于前额，表示军帽帽檐。"兵"与"宾"音形相近，借代。
（四）一手五指张开，指尖朝上，然后撮合。

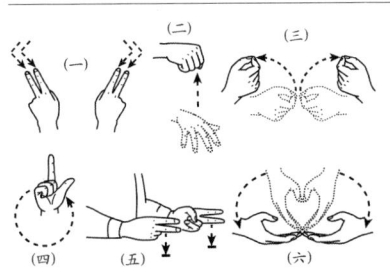

《拿破仑法典》　Nápòlún Fǎdiǎn
（一）双手伸食、中指，指尖朝前上方，书空书名号。
（二）一手五指张开，指尖朝下，边向上移动边握拳，如拿东西状。
（三）双手拇、食指相捏，虎口朝上，然后向上掰动一下。
（四）一手打手指字母"L"的指式，顺时针上下转动一圈。
（五）双手打手指字母"F"的指式，指尖朝前，向下一顿。
（六）双手五指微曲，指尖相对，虎口朝外，然后手腕向两侧转动，模仿翻字典的动作。

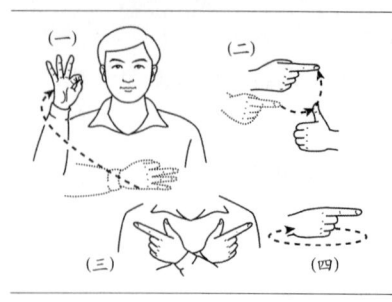

法兰西第一帝国　Fǎlánxī Dì-Yī Dìguó

（一）一手拇、食指相捏，中、无名、小指横伸分开，手背向外，置于左胸部，然后翻转为掌心向外，中、无名、小指直立。
（二）左手伸拇指；右手食指横伸，手背向外，即数字"一"，先碰一下左手拇指，再向上移动。
（三）双手伸拇、食指，手背向外，手腕交叉相搭，贴于胸部。
（四）一手打手指字母"G"的指式，顺时针平行转动一圈。

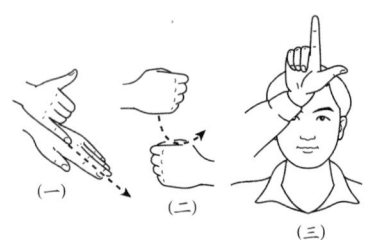

滑铁卢　Huátiělú

（一）左手斜伸，手背向前上方，指尖朝前下方；右手伸拇、小指，从左手背上向下滑动。
（二）双手握拳，虎口朝上，一上一下，右拳向下砸一下左拳，再向内移动。
（三）一手打手指字母"L"的指式，手背贴于前额。

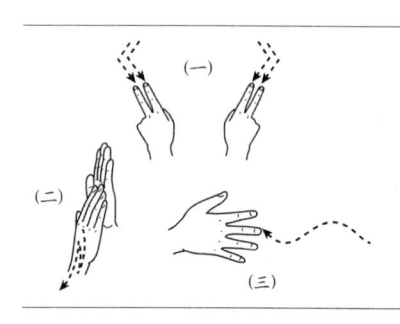

《马赛曲》　Mǎsài Qǔ

（一）双手伸食、中指，指尖朝前上方，书空书名号。
（二）左手直立，掌心向右；右手直立，向下摸两下左手掌心（此为国外聋人手语）。
（三）一手横立，掌心向内，五指张开，向一侧做曲线形移动。

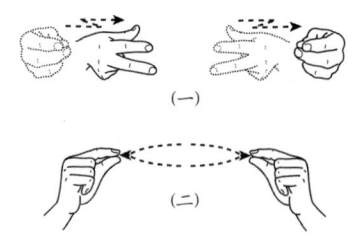

飞梭　fēisuō

（一）双手拇、食、中指相捏，指尖左右相对，边做开合的动作边交替向中间甩动。
（二）双手拇、食指张开，指尖相对，虎口朝内，边从中间向两侧移动边相捏。

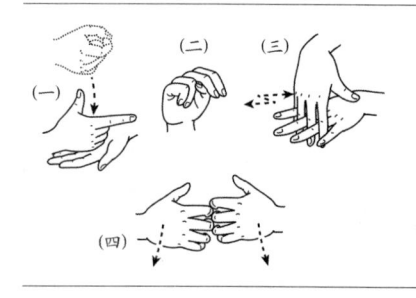

珍妮机　Zhēnnījī

（一）左手横伸；右手拇、食指相捏，边砸向左手掌心边张开，食指尖朝左前方。
（二）一手打手指字母"N"的指式。
（三）左手平伸，手背向上，五指张开；右手五指张开，指尖朝下，插入左手各指指缝间，前后移动两下，模仿织布的动作。
（四）双手五指弯曲，食、中、无名、小指关节交错相触，向下转动一下。

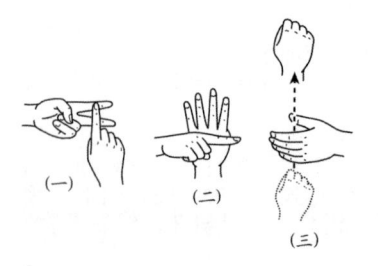

工业革命　gōngyè gémìng

（一）左手食、中指与右手食指搭成"工"字形。
（二）左手食、中、无名、小指直立分开，手背向外；右手食指横伸，置于左手四指根部，仿"业"字形。
（三）左手五指弯曲，虎口朝上；右手握拳，手背向外，从左手虎口处向上一举。

六、世界近代史　139

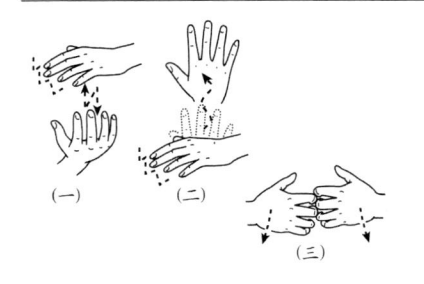

蒸汽机　zhēngqìjī

（一）左手横伸，手背向上，五指张开，交替点动几下；右手五指微曲，指尖朝上，在左手下方上下微动几下。

（二）左手横伸，手背向上，五指张开，交替点动几下；右手直立，掌心向内，五指张开，从左手内侧边晃动边向上移动。

（三）双手五指弯曲，食、中、无名、小指关节交错相触，向下转动一下。

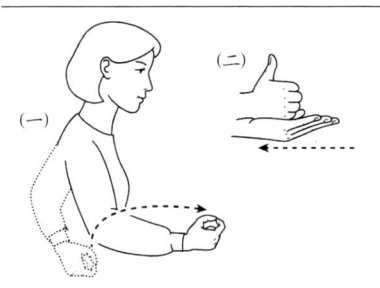

雇佣　gùyōng

（一）一手拇、食指捏成圆形，虎口朝前上方，从腰部向前移出，表示掏钱。

（二）左手平伸；右手伸拇指，置于左手掌心上，双手同时向内移动。

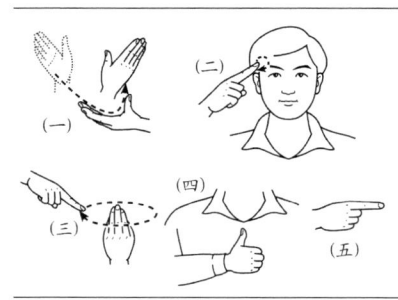

空想社会主义　kōngxiǎng shèhuì zhǔyì

（一）左手斜伸，掌心向斜后方；右手食、中、无名、小指并拢，指尖朝前，小指外侧从右向左在左手虎口处刮一下。

（二）一手伸食指，在太阳穴前后转动一圈。

（三）左手五指撮合，指尖朝上；右手伸食指，指尖朝下，绕左手转动一圈。

（四）一手伸拇指，贴于胸部。

（五）一手食指横伸，手背向外。"一"与"义"音近，借代。

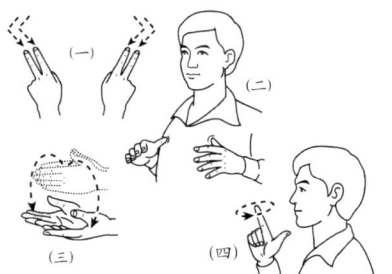

《资本论》　Zīběn Lùn

（一）双手伸食、中指，指尖朝前上方，书空书名号。

（二）双手五指张开，掌心向下，拇指尖抵于胸部。

（三）双手侧立，掌心相贴，然后向两侧打开。

（四）一手打手指字母"L"的指式，逆时针平行转动一下。

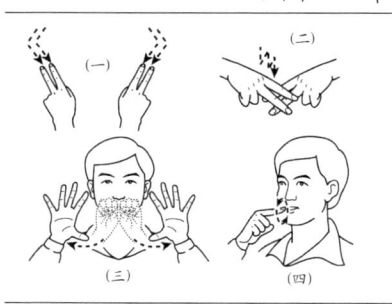

《共产党宣言》　Gòngchǎndǎng Xuānyán

（一）双手伸食、中指，指尖朝前上方，书空书名号。

（二）双手食、中指搭成"共"字形，手背向上，右手向下碰三下左手。

（三）双手虚握，掌心向外，置于嘴部，然后边向前方两侧移动边张开五指。

（四）一手食指横伸，在嘴前前后转动两下。

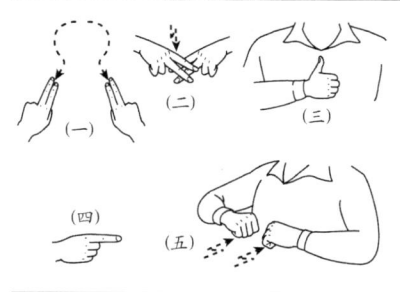

国际共产主义运动　guójì gòngchǎn zhǔyì yùndòng

（一）双手食、中指并拢，指尖朝前，从上向下做曲线形移动。

（二）双手食、中指搭成"共"字形，手背向上，右手向下碰两下左手。

（三）一手伸拇指，贴于胸部。

（四）一手食指横伸，手背向外。"一"与"义"音近，借代。

（五）双手握拳屈肘，手背向上，虎口朝内，用力向后移动两下。

第一国际 Dì-Yī Guójì

（一）左手伸拇指；右手食指横伸，手背向外，即数字"一"，先碰一下左手拇指，再向上移动。

（二）双手食、中指并拢，指尖朝前，从上向下做曲线形移动。

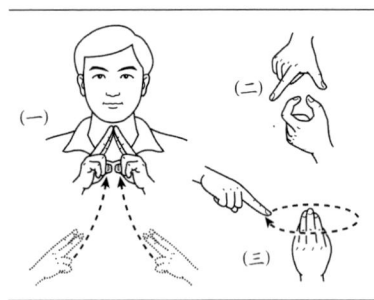

巴黎公社 Bālí Gōngshè

（一）双手食、中指分开，指尖朝上，斜向相对，虎口朝内，然后边向上移动边逐渐靠近，仿埃菲尔铁塔的形状。

（二）双手拇、食指搭成"公"字形，虎口朝外。

（三）左手五指撮合，指尖朝上；右手伸食指，指尖朝下，绕左手转动一圈。

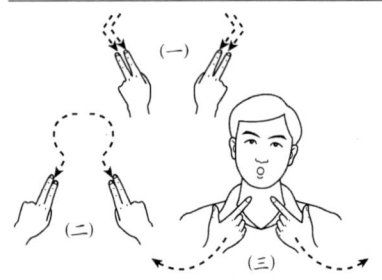

《国际歌》 Guójì Gē

（一）双手伸食、中指，指尖朝前上方，书空书名号。

（二）双手食、中指并拢，指尖朝前，从上向下做曲线形移动。

（三）双手伸拇、食指，食指尖对着喉部，然后同时向外移出，口张开。

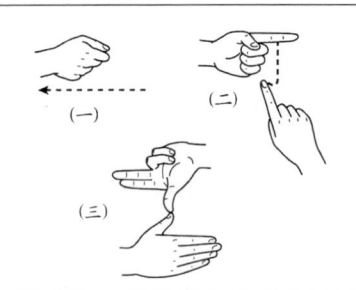

拉丁美洲 Lādīng Měizhōu

（一）一手握拳，向内拉动一下。

（二）左手食指横伸，手背向外；右手伸食指，指尖朝前，在左手食指下书空"丨"，仿"丁"字形。

（三）左手伸拇、食、中指，拇指尖朝下，食、中指横伸并拢，手背向内；右手食、中、无名、小指横伸并拢（或张开），拇指尖朝上，抵于左手拇指尖，手背向外。

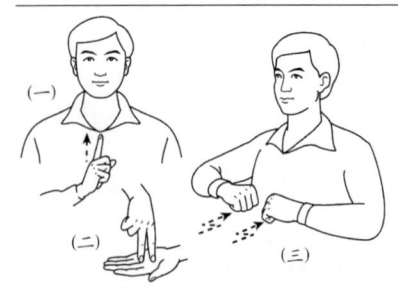

独立运动 dúlì yùndòng

（一）一手食指直立，虎口贴于胸部，向上移动少许。

（二）左手横伸；右手食、中指分开，指尖朝下，立于左手掌心上。

（三）双手握拳屈肘，手背向上，虎口朝内，用力向后移动两下。

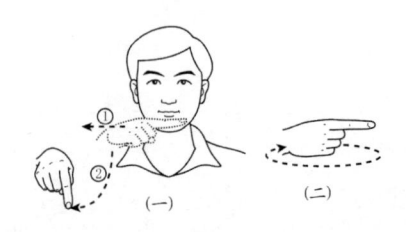

俄国 Éguó

（一）一手食指横伸，先在颏部横向移动一下，再向下一甩。

（二）一手打手指字母"G"的指式，顺时针平行转动一圈。

六、世界近代史　141

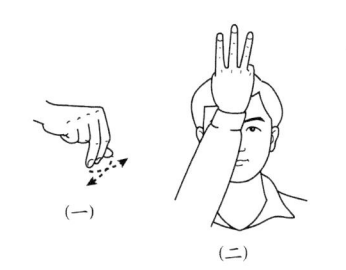

沙皇　shāhuáng
（一）一手拇、食、中指相捏，指尖朝下，互捻几下。
（二）一手食、中、无名指直立分开，掌心向内，置于前额。

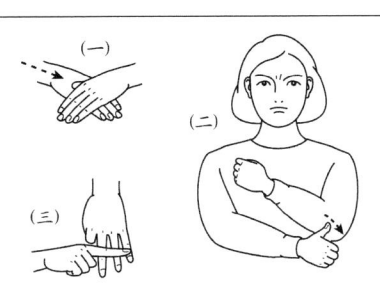

蓄奴州　xùnúzhōu
（一）左手横伸；右手平伸，手背向上，从后向前移入左手掌心下。
（二）左臂抬起，左手握拳，手背向外；右手伸拇指，指尖在左手肘部向下划一下。
（三）左手中、无名、小指分开，指尖朝下，手背向外；右手食指横伸，置于左手三指间，仿"州"字形。

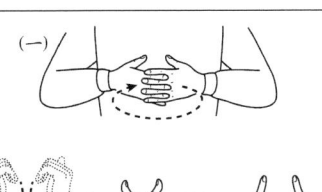

美国南北战争　Měiguó Nán-Běi Zhànzhēng
（一）双手斜立，五指张开，交叉相搭，顺时针平行转动一圈。
（二）双手五指弯曲，食、中、无名、小指指尖朝下，手腕向下转动一下。
（三）双手伸拇、食、中指，手背向外，手腕交叉相搭，仿"北"字形。
（四）双手伸拇、食指，食指尖朝上，掌心向内，小指下缘互碰两下。

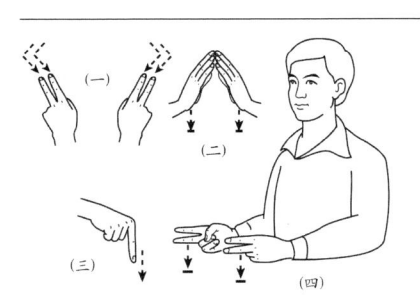

《宅地法》　Zháidìfǎ
（一）双手伸食、中指，指尖朝前上方，书空书名号。
（二）双手搭成"∧"形，同时向下一顿。
（三）一手伸食指，指尖朝下一指。
（四）双手打手指字母"F"的指式，指尖朝前，向下一顿。

《解放黑人奴隶宣言》　Jiěfàng Hēirén Núlì Xuānyán
（一）双手伸食、中指，指尖朝前上方，书空书名号。
（二）双手握拳，手腕交叉相贴，置于胸前，然后用力向两侧斜上方移动。
（三）一手打手指字母"H"的指式，摸一下头发。
（四）双手食指搭成"人"字形。
（五）双手虚握，虎口朝内，手腕相挨，表示手被上了枷锁。
（六）左臂抬起，左手握拳，手背向外；右手伸拇指，指尖在左手肘部向下划一下。
（七）双手虚握，掌心向外，置于嘴部，然后边向前方两侧移动边张开五指。
（八）一手食指横伸，在嘴前前后转动两下。

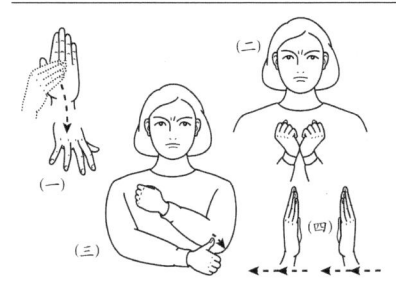

废除奴隶制　fèichú núlìzhì
（一）左手直立，掌心向右；右手五指在左手掌心上抓一下，然后向下一甩。
（二）双手虚握，虎口朝内，手腕相挨，表示手被上了枷锁。
（三）左臂抬起，左手握拳，手背向外；右手伸拇指，指尖在左手肘部向下划一下。
（四）双手直立，掌心左右相对，向一侧一顿一顿移动几下。

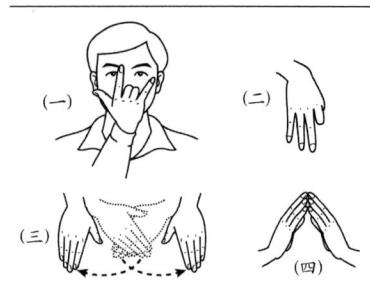

德川幕府 Déchuān Mùfǔ

（一）一手拇、食、小指直立，手背向外，置于鼻前。

（二）一手中、无名、小指分开，指尖朝下，手背向外，仿"川"字形。

（三）双手斜伸，指尖朝斜下方，手背向外，斜向相搭，然后分别向两侧转腕，指尖朝下。

（四）双手搭成"∧"形。

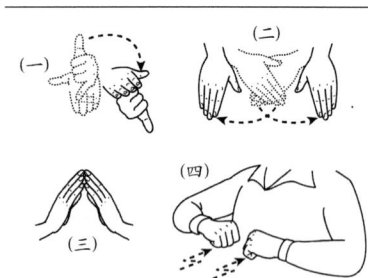

倒幕运动 dǎomù yùndòng

（一）左手伸拇、小指，置于右手掌心上，然后右手转腕，将左手倾覆。

（二）双手斜伸，指尖朝斜下方，手背向外，斜向相搭，然后分别向两侧转腕，指尖朝下。

（三）双手搭成"∧"形。

（四）双手握拳屈肘，手背向上，虎口朝内，用力向后移动两下。

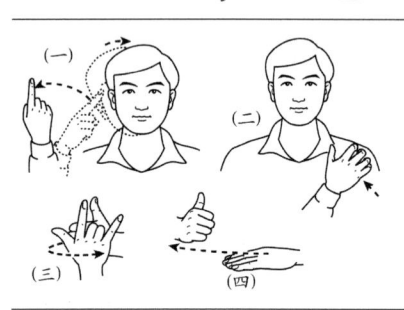

明治维新 Míngzhì Wéixīn

（一）头微偏，一手食指抵于太阳穴，然后向外移动，头转正。

（二）右手五指微曲，指尖朝内，按向左肩。

（三）左手伸拇指；右手拇、食、小指直立，绕左手转动半圈。

（四）左手横伸；右手伸拇指，在左手背上从左向右划出。

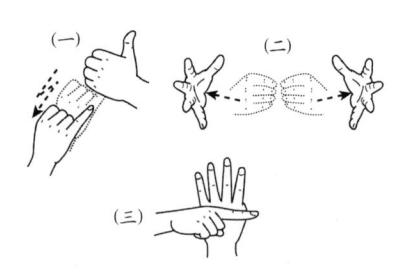

殖产兴业 zhíchǎn xīngyè

（一）左手伸拇指，其他四指攥住右手小指，然后右手小指从左手掌心内向下移出两下。

（二）双手虚握，虎口朝上，然后边向两侧移动边张开五指。

（三）左手食、中、无名、小指直立分开，手背向外；右手食指横伸，置于左手四指根部，仿"业"字形。

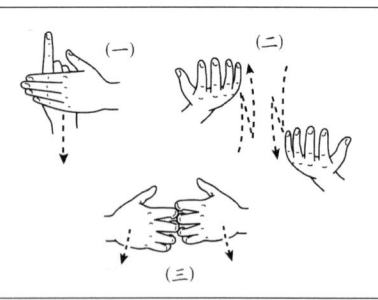

内燃机 nèiránjī

（一）左手横立；右手食指直立，在左手掌心内从上向下移动。

（二）双手五指微曲，指尖朝上，上下交替动几下，如火苗跳动状。

（三）双手五指弯曲，食、中、无名、小指关节交错相触，向下转动一下。

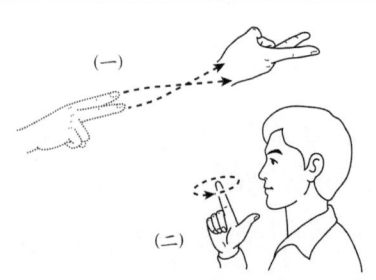

进化论 jìnhuàlùn

（一）一手食、中指分开，指尖朝前上方，边转腕边向前移动。

（二）一手打手指字母"L"的指式，逆时针平行转动一下。

2. 人物

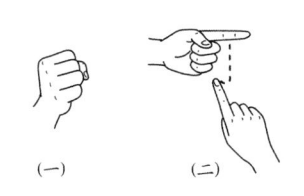

但丁①　Dàndīng①
（一）一手打手指字母"D"的指式。
（二）左手食指横伸，手背向外；右手伸食指，指尖朝前，在左手食指下书空"丁"，仿"丁"字形。

但丁②　Dàndīng②
一手拇、食、中指成"冂"形，拇指贴于鼻部，食、中指并拢，虎口朝内，然后向下转腕，虎口朝上。
（此为国外聋人手语）

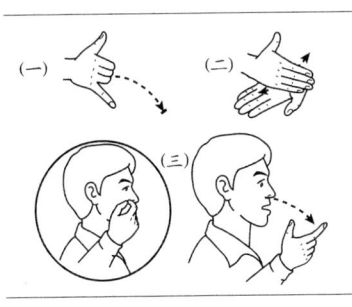

达·芬奇①　Dá·Fēnqí①
（一）一手伸拇、小指，向前做弧形移动，然后向下一顿。
（二）左手横伸；右手侧立，置于左手掌心上，并左右拨动一下。"分"与"芬"音同形近，借代。
（三）一手拇、食指相捏，置于鼻翼一侧，然后向前张开，面露惊奇的表情。

达·芬奇②　Dá·Fēnqí②
双手直立，手背向外，五指张开，边交替点动边从颌部向下移动。
（此为国外聋人手语）

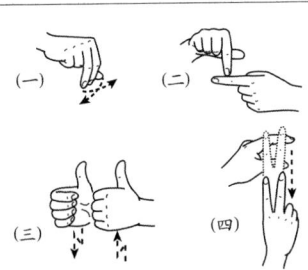

莎士比亚①　Shāshìbǐyà①
（一）一手拇、食、中指相捏，指尖朝下，互捻几下。"沙"与"莎"音同形近，借代。
（二）左手食指与右手拇、食指搭成"士"字形。
（三）双手伸拇指，上下交替动两下。
（四）左手拇、食指成"匚"形，虎口朝内；右手食、中指直立分开，手背向内，在左手拇、食指上向下划动一下，仿繁体"亞"字的部分字形。

莎士比亚② Shāshìbǐyà ②

双手食、中、无名、小指分开，拇指弯回，指尖朝内，掌心向上，置于颈部两侧，然后同时向前做弧形移动，小指相贴，仿莎士比亚衣服领子的形状。

（此为国外聋人手语）

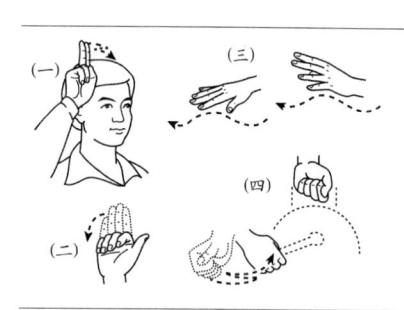

马可·波罗① Mǎkě·Bōluó ①

（一）一手食、中指直立并拢，虎口贴于太阳穴，向前微动两下，仿马的耳朵。
（二）一手直立，掌心向外，然后食、中、无名、小指弯动一下。
（三）双手平伸，掌心向下，五指张开，一前一后，一高一低，同时向前做大的起伏状移动。
（四）左手握拳如提锣；右手握拳如持棒槌，模仿敲锣的动作。"锣"与"罗"音同形近，借代。

马可·波罗② Mǎkě·Bōluó ②

双手斜伸，掌心向前上方，置于两侧耳后，然后边向下做弧形移动边撮合，仿马可·波罗的发型。

（此为国外聋人手语）

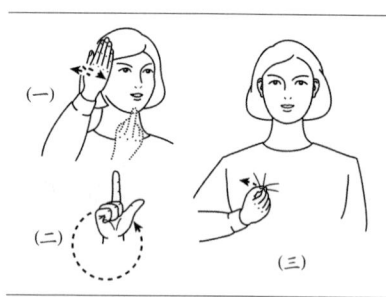

哥伦布 Gēlúnbù

（一）一手伸中指，指尖朝上，指面贴于颊部，然后手直立，掌心贴于头一侧，前后移动两下。
（二）一手打手指字母"L"的指式，顺时针上下转动一圈。
（三）一手拇、食指揪一下胸前衣服。

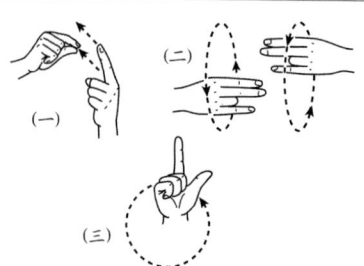

麦哲伦 Màizhélún

（一）左手食指直立微曲；右手拇、食指相捏，在左手食指不同位置向斜上方移动两下，如麦芒状。
（二）双手打手指字母"ZH"的指式，前后交替转动两下。
（三）一手打手指字母"L"的指式，顺时针上下转动一圈。

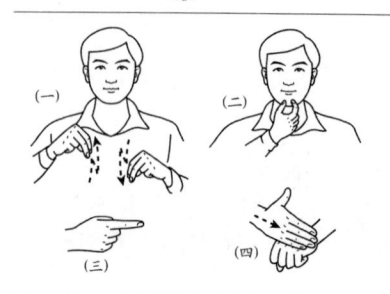

查理一世 Chálǐ Yī Shì

（一）双手拇、食、中指相捏，指尖朝下，上下交替动两下。
（二）一手拇、食指弯曲，指尖朝内，抵于颏部。
（三）一手食指横伸，手背向外。
（四）左手握拳，手背向上；右手侧立，沿左手食、中、无名指根部关节从后向前移动一下。

六、世界近代史

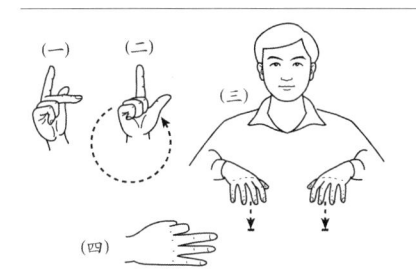

克伦威尔　Kèlúnwēi'ěr
（一）一手打手指字母"K"的指式。
（二）一手打手指字母"L"的指式，顺时针上下转动一圈。
（三）双手五指微曲，指尖朝下一顿。
（四）一手打手指字母"E"的指式。

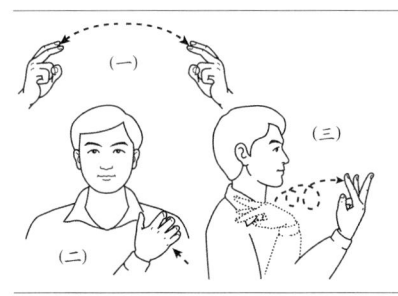

乔治·华盛顿　Qiáozhì·Huáshèngdùn
（一）双手食、中指微曲分开，指尖相对，指背向上，从中间向两侧下方做弧形移动。"桥"与"乔"音同形近，借代。
（二）右手五指微曲，指尖朝内，按向左肩。
（三）右手食、中、无名指分开，中指在上，食、无名指在下，成三角形，指尖对着右肩，然后旋转移出，指尖朝上（此为国外聋人手语）。

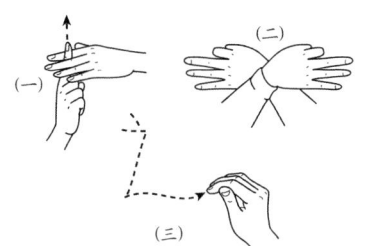

杰斐逊　Jiéfěixùn
（一）左手横伸，掌心向下，五指稍张开；右手食指直立，从左手食、中指指缝间用力伸出。
（二）双手中、无名、小指横伸分开，手背向外，手腕交叉相搭。
（三）一手打手指字母"S"的指式，做"辶"形移动。

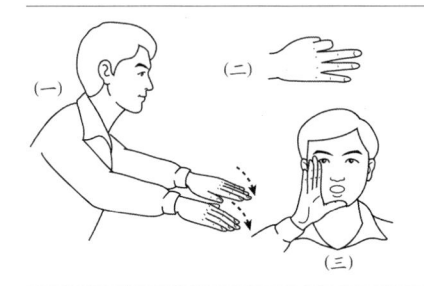

伏尔泰①　Fú'ěrtài ①
（一）双手平伸，掌心向下，身体前倾，向前做趴下的动作。
（二）一手打手指字母"E"的指式。
（三）一手五指成"」"形，虎口贴于嘴边，口张开。

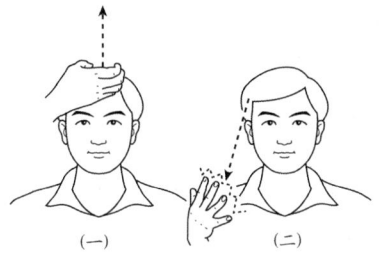

伏尔泰②　Fú'ěrtài ②
（一）一手五指弯曲，指尖朝内，虎口朝上，从头顶向上移动。
（二）一手五指张开，指尖朝上，边交替点动边在头一侧向斜下方移动，仿伏尔泰的发型。
（此为国外聋人手语）

孟德斯鸠①　Mèngdésījiū ①
（一）一手打手指字母"M"的指式，置于鼻翼一侧。
（二）一手拇、食、小指直立，手背向外，置于鼻前。
（三）一手打手指字母"S"的指式。
（四）一手手背贴于嘴部，拇、食指先张开再相捏。

孟德斯鸠②　Mèngdésījiū ②
　　右手食指弯曲，拇指尖抵于食指中部，虎口朝左，先向右转腕，再向前移动。
　　（此为国外聋人手语）

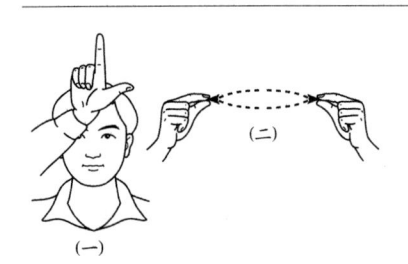

卢梭①　Lúsuō ①
　　（一）一手打手指字母"L"的指式，手背贴于前额。
　　（二）双手拇、食指张开，指尖相对，虎口朝内，边从中间向两侧移动边相捏。

卢梭②　Lúsuō ②
　　一手五指在头一侧一抓，然后撮合，指尖朝下，再向下一甩，五指张开。
　　（此为国外聋人手语）

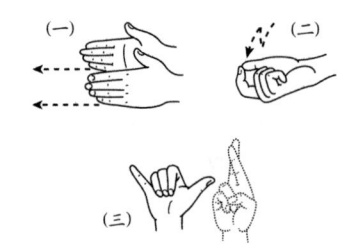

路易十六　Lùyì Shíliù
　　（一）双手侧立，掌心相对，向前移动。
　　（二）一手拇、食指相捏，指尖朝上，向下晃动两下。
　　（三）一手连续打数字"10"和"6"的手势。

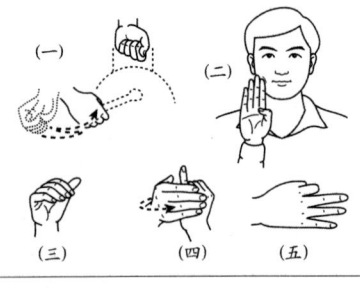

罗伯斯庇尔　Luóbósībì'ěr
　　（一）左手握拳如提锣；右手握拳如持棒槌，模仿敲锣的动作。"锣"与"罗"音同形近，借代。
　　（二）一手打手指字母"B"的指式，掌心向外，置于颊部一侧。
　　（三）一手打手指字母"S"的指式。
　　（四）左手伸小指，指尖朝上；右手五指弯曲，从右向左绕左手小指转动半圈。
　　（五）一手打手指字母"E"的指式。

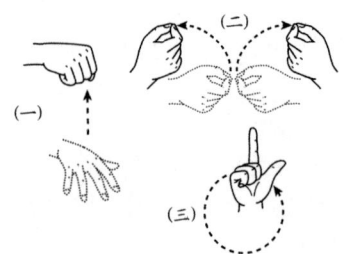

拿破仑①　Nápòlún ①
　　（一）一手五指张开，指尖朝下，边向上移动边握拳，如拿东西状。
　　（二）双手拇、食指相捏，虎口朝上，然后向上掰动一下。
　　（三）一手打手指字母"L"的指式，顺时针上下转动一圈。

六、世界近代史　147

拿破仑② Nápòlún ②
右手斜伸，指尖朝左下方，手背向外，在胸部斜向移动一下。
（此为国外聋人手语）

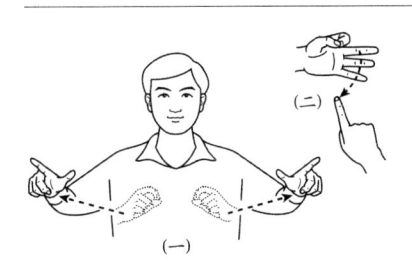

凯伊 Kǎiyī
（一）双手拇、食指相捏，虎口朝内，置于胸前，然后边向前移动边张开。
（二）左手中、无名、小指横伸分开，手背向外；右手伸食指，指尖朝前，从左手中指向下一划，仿"伊"字部分字形。

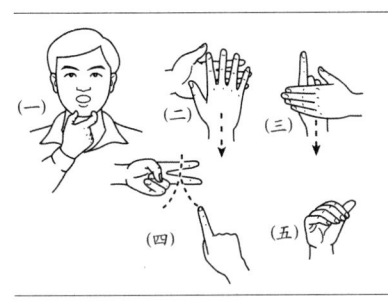

哈格里夫斯 Hāgélǐfūsī
（一）一手拇、食指弯曲，指尖朝内，抵于颏部。
（二）双手五指张开，一横一竖搭成方格形，然后左手不动，右手向下移动。
（三）左手横立；右手食指直立，在左手掌心内从上向下移动。
（四）左手食、中指横伸分开，掌心向内；右手伸食指，在左手食、中指处书空"人"字，仿"夫"字形。
（五）一手打手指字母"S"的指式。

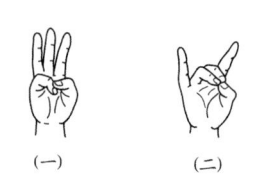

瓦特 Wǎtè
（一）一手打手指字母"W"的指式。
（二）一手打手指字母"T"的指式。

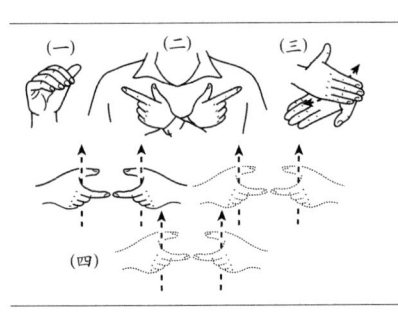

斯蒂芬森 Sīdìfēnsēn
（一）一手打手指字母"S"的指式。
（二）双手伸拇、食指，手背向外，手腕交叉相搭，贴于胸部。"帝"与"蒂"音同形近，借代。
（三）左手横伸；右手侧立，置于左手掌心上，并左右拨动一下。"分"与"芬"音同形近，借代。
（四）双手拇、食指成大圆形，虎口朝上，在不同位置连续向上移动几下。

马克思 Mǎkèsī
一手五指弯曲，指尖朝上，从脸颊一侧移向另一侧，如马克思的络腮胡状。

恩格斯　Ēngésī

一手五指弯曲，指尖对着颏部，边弯动边向下移动，如恩格斯的胡须状。

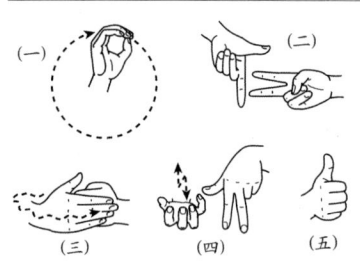

欧仁·鲍狄埃　Ōurén·Bàodí'āi

（一）一手五指捏成圆形，虎口朝内，在面前逆时针转动一圈。
（二）左手拇、食指成"亻"形；右手食、中指横伸，手背向外，置于左手旁，仿"仁"字形。
（三）左手握拳；右手食、中、无名、小指并拢，边摆动边从右向左绕左拳转动半圈。
（四）左手伸拇、食、中指，指尖朝下，手背向外；右手五指微曲，指尖朝上，在左手旁上下微动几下。
（五）一手打手指字母"A"的指式。

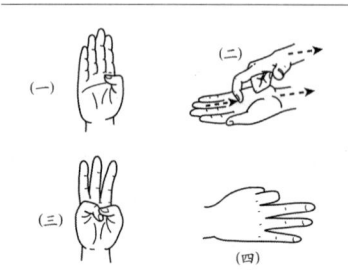

玻利瓦尔①　Bōlìwǎ'ěr ①

（一）一手打手指字母"B"指式。
（二）左手平伸；右手伸拇、食指，食指边向后划一下左手掌心边缩回，双手同时向内移动。
（三）一手打手指字母"W"的指式。
（四）一手打手指字母"E"的指式。

玻利瓦尔②　Bōlìwǎ'ěr ②

一手拇、食指微张，指尖从耳前发际处划向脸颊。
（此为国外聋人手语）

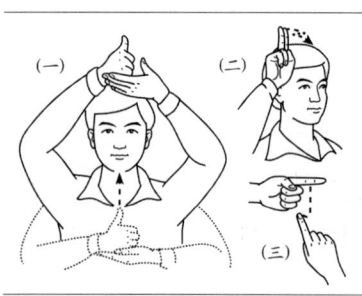

圣马丁　Shèngmǎdīng

（一）左手横伸；右手伸拇指，置于左手掌心上，然后左手向上抬至前额。
（二）一手食、中指直立并拢，虎口贴于太阳穴，向前微动两下，仿马的耳朵。
（三）左手食指横伸，手背向外；右手伸食指，指尖朝前，在左手食指下书空"亅"，仿"丁"字形。

章西女王　Zhāngxī Nǚwáng

（一）左手横伸；右手拇、食、中指相捏，指尖朝下，按向左手掌心，模仿盖印章的动作。
（二）左手拇、食指成"匚"形，虎口朝内；右手食、中指直立分开，手背向内，贴于左手拇指，仿"西"字部分字形。
（三）一手拇、食指捏一下耳垂。
（四）左手中、无名、小指与右手食指搭成"王"字形。

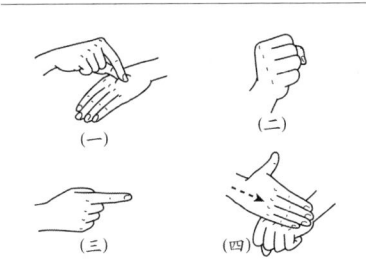

彼得一世（彼得大帝） Bǐdé Yī Shì (Bǐdé Dàdì)

（一）左手横伸，手背向上；右手拇、食指捏一下左手背皮肤。"皮"与"彼"形近，借代。
（二）一手打手指字母"D"的指式。
（三）一手食指横伸，手背向外。
（四）左手握拳，手背向上；右手侧立，沿左手食、中、无名指根部关节从后向前移动一下。

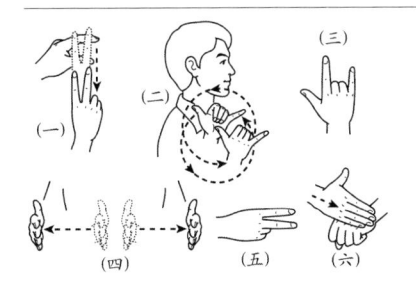

亚历山大二世 Yàlìshāndà Èr Shì

（一）左手拇、食指成"匚"形，虎口朝内；右手食、中指直立分开，手背向内，在左手拇、食指上向下划动一下，仿繁体"亚"字的部分字形。
（二）双手伸拇、小指，指尖朝上，交替向肩后转动。
（三）一手拇、食、小指直立，手背向外，仿"山"字形。
（四）双手侧立，掌心相对，同时向两侧移动，幅度要大些。
（五）一手食、中指横伸分开，手背向外。
（六）左手握拳，手背向上；右手侧立，沿左手食、中、无名指根部关节从后向前移动一下。

林肯 Línkěn

一手打手指字母"L"的指式，朝一侧太阳穴碰两下。
（此为国外聋人手语）

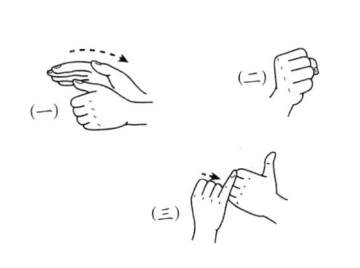

爱迪生 Àidíshēng

（一）左手伸拇指；右手轻轻抚摸左手拇指背。
（二）一手打手指字母"D"的指式。
（三）左手伸拇指，手背向外；右手伸小指，小指外侧在左手食、中、无名、小指指背上碰一下。

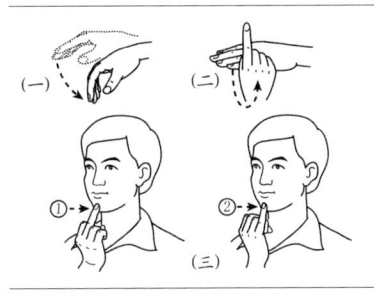

莱特兄弟 Láitè Xiōngdì

（一）一手平伸，掌心向下，五指微曲，向内挥动一下。"来"与"莱"音同形近，借代。
（二）左手横伸，手背向上；右手伸食指，从左手小指外侧向上伸出。
（三）一手伸中指，指尖朝上，指面贴一下颊部，再伸小指，指尖朝上，指面贴一下颊部。

诺贝尔 Nuòbèi'ěr

一手食、中指并拢，指尖朝下，然后向内转腕。
（此为国外聋人手语）

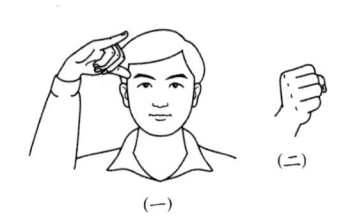

牛顿 Niúdùn

（一）一手伸拇、小指，拇指尖抵于太阳穴，小指尖朝前。
（二）一手打手指字母"D"的指式。

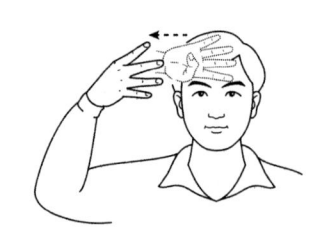

达尔文 Dá'ěrwén

右手食、中、无名、小指横伸分开，掌心向外，置于前额，然后边向右微移边翻转为掌心向内。
（此为国外聋人手语）

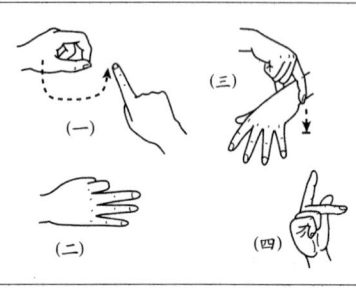

巴尔扎克 Bā'ěrzhākè

（一）左手拇、食指相捏，虎口朝内；右手伸食指，指尖朝前，在左手下书空"∟"，仿"巴"字形。
（二）一手打手指字母"E"的指式。
（三）左手五指张开，手背向上；右手拇、食指张开，指尖朝下，置于左手腕两侧，双手同时向下一顿。
（四）一手打手指字母"K"的指式。

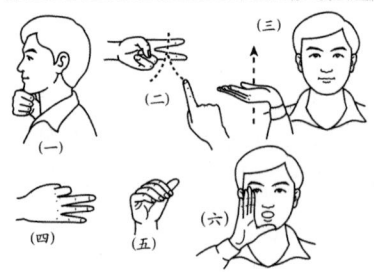

列夫·托尔斯泰 Lièfū·Tuō'ěrsītài

（一）一手虚握，虎口贴于颏部。
（二）左手食、中指横伸分开，掌心向内；右手伸食指，在左手食、中指处书空"人"字，仿"夫"字形。
（三）一手横伸，掌心向上，置于同侧肩膀前，并向上移动，如托物状。
（四）一手打手指字母"E"的指式。
（五）一手打手指字母"S"的指式。
（六）一手五指成"⌐"形，虎口贴于嘴边，口张开。

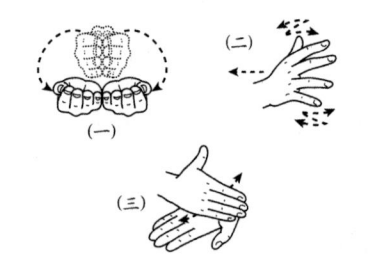

贝多芬 Bèiduōfēn

（一）双手侧立，掌心相合，手背拱起，然后打开。
（二）一手侧立，五指张开，边抖动边向一侧移动。
（三）左手横伸；右手侧立，置于左手掌心上，并左右拨动一下。"分"与"芬"音同形近，借代。

梵高 Fàn'gāo

右手伸拇、食、中指，食、中指并拢，指尖朝左，手背向外，在右耳旁向下移动两下。
（此为国外聋人手语）

六、世界近代史

居里夫人　Jūlǐ Fūrén

一手直立，五指并拢，贴于头一侧，然后边向下做弧形移动边握拳，再捶向头一侧。

（此为国外聋人手语）

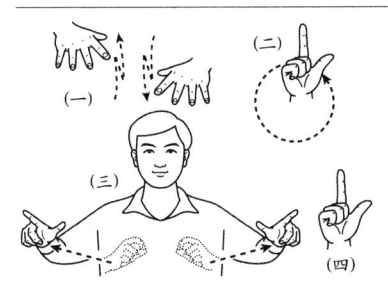

海伦·凯勒　Hǎilún·Kǎilè

（一）双手平伸，掌心向下，五指张开，上下交替移动。
（二）一手打手指字母"L"的指式，顺时针上下转动一圈。
（三）双手拇、食指相捏，虎口朝内，置于胸前，然后边向前移动边张开。
（四）一手打手指字母"L"的指式。

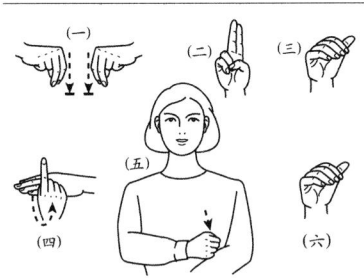

约翰·斯特劳斯　Yuēhàn·Sītèláosī

（一）双手拇、食、中指相捏，指尖朝下，同时向下一顿。
（二）一手打手指字母"H"的指式。
（三）一手打手指字母"S"的指式。
（四）左手横伸，手背向上；右手伸食指，从左手小指外侧向上伸出。
（五）右手握拳，手背向外，捶一下左肘窝处。
（六）一手打手指字母"S"的指式。

七、世界现代史

1. 历史事件和现象

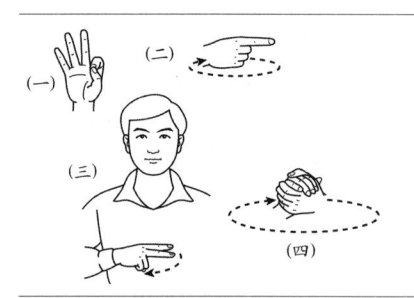

三国同盟 Sān Guó Tóngméng
（一）一手中、无名、小指直立分开，掌心向外。
（二）一手打手指字母"G"的指式，顺时针平行转动一圈。
（三）一手食、中指横伸分开，手背向上，向前移动一下。
（四）双手一横一竖，相互握住，顺时针平行转动一圈。

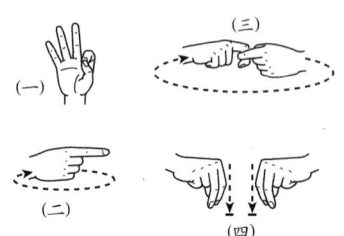

三国协约 Sān Guó Xiéyuē
（一）一手中、无名、小指直立分开，掌心向外。
（二）一手打手指字母"G"的指式，顺时针平行转动一圈。
（三）双手食指相互勾住，顺时针平行转动一圈。
（四）双手拇、食、中指相捏，指尖朝下，同时向下一顿。

萨拉热窝事件 Sàlārèwō Shìjiàn
（一）一手直立，掌心向外，五指张开，拇指尖抵于颊部一侧，其他四指交替点动几下（此为国外聋人手语）。
（二）一手食、中指相叠，指尖朝前上方。
（三）双手直立，掌心前后相贴，五指张开，左手不动，右手向右转动一下。
（"事件"的手语存在地域差异，可根据实际选择使用）

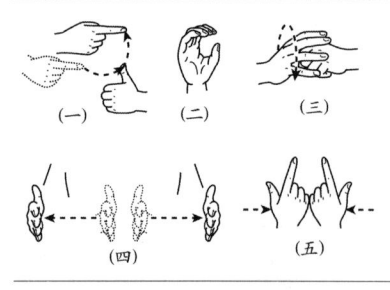

第一次世界大战 Dì-Yī Cì Shìjiè Dàzhàn
（一）左手伸拇指；右手食指横伸，手背向外，即数字"一"，先碰一下左手拇指，再向上移动。
（二）一手打手指字母"C"的指式。
（三）左手握拳，手背向上；右手五指微曲张开，从后向前绕左拳转动半圈。
（四）双手侧立，掌心相对，同时向两侧移动，幅度要大些。
（五）双手伸拇、食指，食指尖朝上，掌心向内，小指下缘互碰一下。

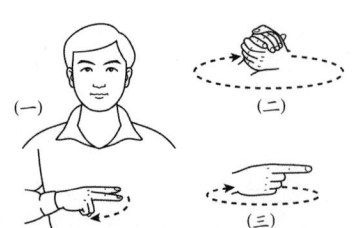

同盟国 tóngméngguó
（一）一手食、中指横伸分开，手背向上，向前移动一下。
（二）双手一横一竖，相互握住，顺时针平行转动一圈。
（三）一手打手指字母"G"的指式，顺时针平行转动一圈。

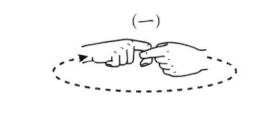

七、世界现代史

协约国 xiéyuēguó
（一）双手食指相互勾住，顺时针平行转动一圈。
（二）双手拇、食、中指相捏，指尖朝下，同时向下一顿。
（三）一手打手指字母"G"的指式，顺时针平行转动一圈。

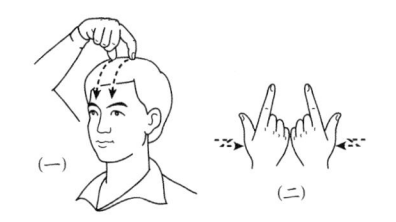

凡尔登战役 Fán'ěrdēng Zhànyì
（一）一手拇、食指张开，指尖朝下，从脑后沿头顶划至前额（此为国外聋人手语）。
（二）双手伸拇、食指，食指尖朝上，掌心向内，小指下缘互碰两下。

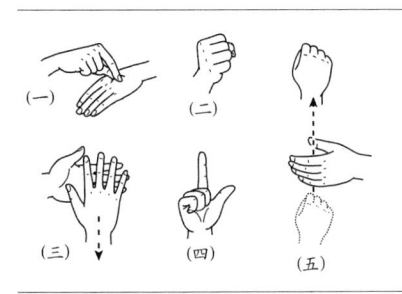

彼得格勒起义 Bǐdégélè Qǐyì
（一）左手横伸，手背向上；右手拇、食指捏一下左手背皮肤。"皮"与"彼"形近，借代。
（二）一手打手指字母"D"的指式。
（三）双手五指张开，一横一竖搭成方格形，然后左手不动，右手向下移动。
（四）一手打手指字母"L"的指式。
（五）左手五指弯曲，虎口朝上；右手握拳，手背向外，从左手虎口处向上一举。

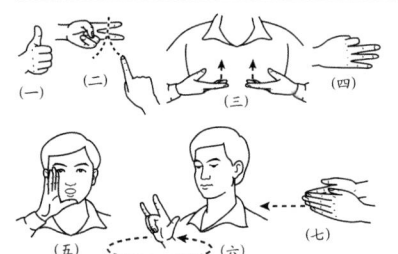

"阿芙乐尔号"巡洋舰 Āfúlè'ěrhào Xúnyángjiàn
（一）一手打手指字母"A"的指式。
（二）左手食、中指横伸分开，掌心向内；右手伸食指，在左手食、中指处书空"人"字，仿"夫"字形。"夫"与"芙"音同形近，借代。
（三）双手横伸，掌心向上，在胸前同时向上移动一下。
（四）一手打手指字母"E"的指式。
（五）一手五指成"⌐"形，虎口贴至嘴边，口张开。
（六）一手伸拇、食、小指，掌心向前下方，平行转动一圈，目光随之移动，表示巡视的意思。
（七）双手斜立，指尖相抵，向前移动，如船向前行驶状。

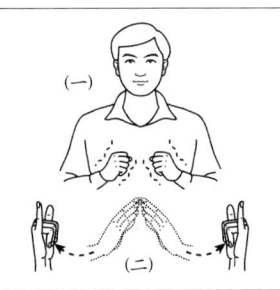

冬宫 Dōng Gōng
（一）双手握拳屈肘，小臂颤动几下，如哆嗦状，表示冷，引申为冬。
（二）双手搭成"∧"形，然后左右分开并伸出拇、小指，指尖朝上，仿宫殿翘起的飞檐。

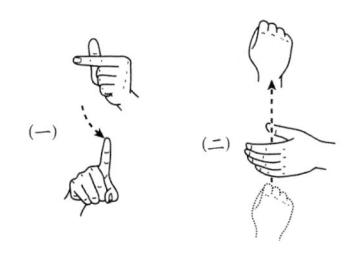

十月革命 Shíyuè Gémìng
（一）左手拇、食指搭成"十"字形；右手伸食指，指尖朝前，在左手下向左一撇。
（二）左手五指弯曲，虎口朝上；右手握拳，手背向外，从左手虎口处向上一举。

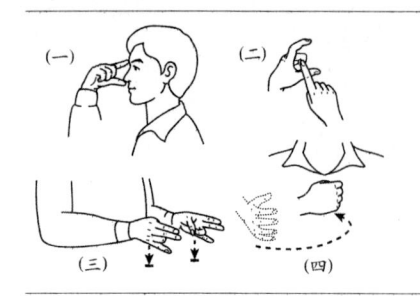

苏维埃政权　sūwéi'āi zhèngquán

（一）一手拇、食指成"⊿"形，拇指尖抵于鼻尖，食指尖抵于眉心。
（二）左手拇、食指成半圆形，虎口朝内；右手食指斜伸，贴于左手拇指，表示镰刀和锤子。
（三）双手打手指字母"ZH"的指式，指尖朝前，向下一顿。
（四）右手侧立，五指微曲张开，边向左做弧形移动边握拳。

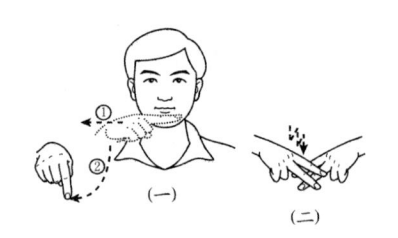

布尔什维克　bù'ěrshíwéikè

（一）一手食指横伸，先在颏部横向移动一下，再向下一甩。
（二）双手食、中指搭成"共"字形，手背向上，右手向下碰三下左手。

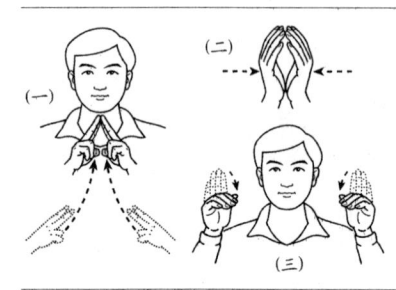

巴黎和会　Bālí Héhuì

（一）双手食、中指分开，指尖朝上，斜向相对，虎口朝内，然后边向上移动边逐渐靠近，仿埃菲尔铁塔的形状。
（二）双手直立，掌心左右相对，五指微曲，从两侧向中间移动。
（三）双手直立，掌心分别向左右斜前方，食、中、无名、小指弯动一下。

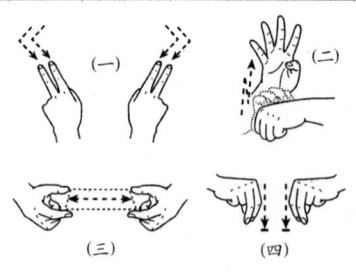

《凡尔赛条约》　Fán'ěrsài Tiáoyuē

（一）双手伸食、中指，指尖朝前上方，书空书名号。
（二）左手握拳，手背向上，虎口朝内；右手食、中、无名、小指弯曲，掌心贴于左手，然后边向上移动边张开，重复一次（此为国外聋人手语）。
（三）双手拇、食指张开，指尖相对，虎口朝上，从中间向两侧移动。
（四）双手拇、食、中指相捏，指尖朝下，同时向下一顿。

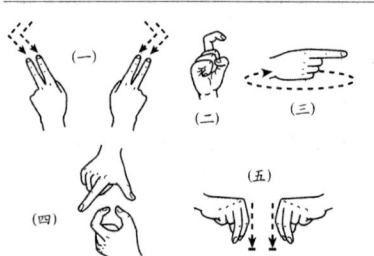

《九国公约》　Jiǔ Guó Gōngyuē

（一）双手伸食、中指，指尖朝前上方，书空书名号。
（二）一手食指弯曲，中节指指背向上，虎口朝内。
（三）一手打手指字母"G"的指式，顺时针平行转动一圈。
（四）双手拇、食指搭成"公"字形，虎口朝外。
（五）双手拇、食、中指相捏，指尖朝下，同时向下一顿。

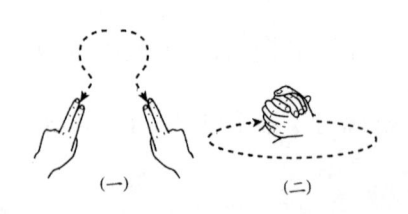

国际联盟　Guójì Liánméng

（一）双手食、中指并拢，指尖朝前，从上向下做曲线形移动。
（二）双手一横一竖，相互握住，顺时针平行转动一圈。

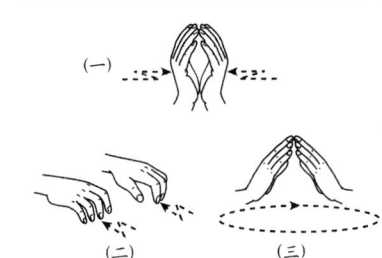

集体农庄　jítǐ nóngzhuāng

（一）双手直立，掌心左右相对，五指微曲，从两侧向中间移动两下。
（二）双手五指弯曲，掌心向下，一前一后，向后移动两下，模仿耙地的动作。
（三）双手搭成"∧"形，顺时针平行转动一圈。

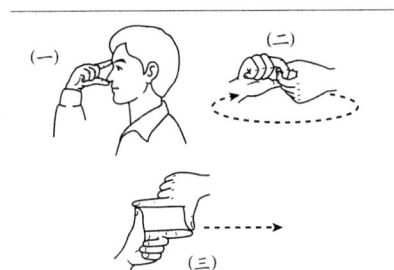

苏联模式　Sūlián Móshì

（一）一手拇、食指成"⌐"形，拇指尖抵于鼻尖，食指尖抵于眉心。
（二）双手拇、食指套环，顺时针平行转动一圈。
（三）双手拇、食指搭成"囗"形，同时向一侧移动一下。

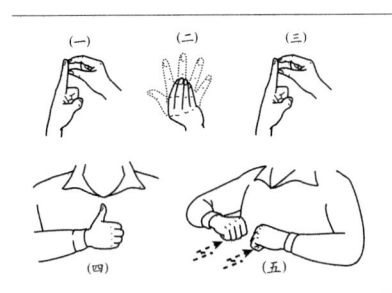

民族民主运动　mínzú mínzhǔ yùndòng

（一）左手食指与右手拇、食指搭成"民"字的一部分。
（二）一手五指张开，指尖朝上，然后撮合。
（三）左手食指与右手拇、食指搭成"民"字的一部分。
（四）一手伸拇指，贴于胸部。
（五）双手握拳屈肘，手背向上，虎口朝内，用力向后移动两下。

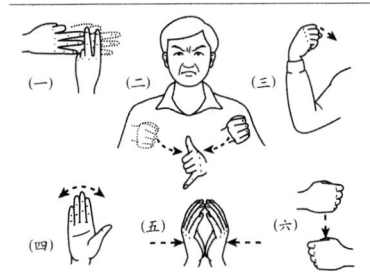

非暴力不合作　fēibàolì bùhézuò

（一）左手食、中指直立分开，手背向外；右手中、无名、小指横伸分开，手背向外，从左向右划过左手食、中指，仿"非"字形。
（二）左手伸拇、小指；右手握拳，朝左手左右挥动，如打人状，面露凶恶的表情。
（三）一手握拳屈肘，用力向内弯动一下。
（四）一手直立，掌心向外，左右摆动几下。
（五）双手直立，掌心左右相对，五指微曲，从两侧向中间移动。
（六）双手握拳，一上一下，右拳向下砸一下左拳。

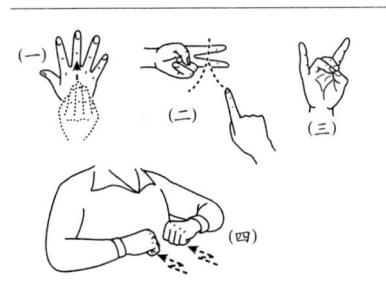

华夫脱运动　Huáfūtuō Yùndòng

（一）一手五指撮合，指尖朝上，边向上微移边张开。
（二）左手食、中指横伸分开，掌心向内；右手伸食指，在左手食、中指处书空"人"字，仿"夫"字形。
（三）一手打手指字母"T"的指式。
（四）双手握拳屈肘，手背向上，虎口朝内，用力向后移动两下。

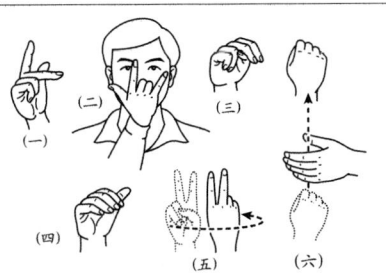

卡德纳斯改革　Kǎdénàsī Gǎigé

（一）一手打手指字母"K"的指式。
（二）一手拇、食、小指直立，手背向外，置于鼻前。
（三）一手打手指字母"N"的指式。
（四）一手打手指字母"S"的指式。
（五）一手食、中指直立分开，由掌心向外翻转为掌心向内。
（六）左手五指弯曲，虎口朝上；右手握拳，手背向外，从左手虎口处向上一举。

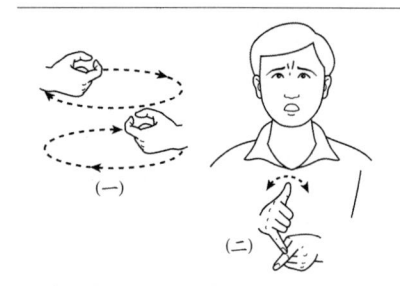

经济危机　jīngjì wēijī

（一）双手拇、食指成圆形，指尖稍分开，虎口朝上，交替顺时针平行转动。

（二）左手伸食指，指尖朝前；右手伸拇、小指，小指立于左手食指上，左右晃动几下，面露害怕的表情。

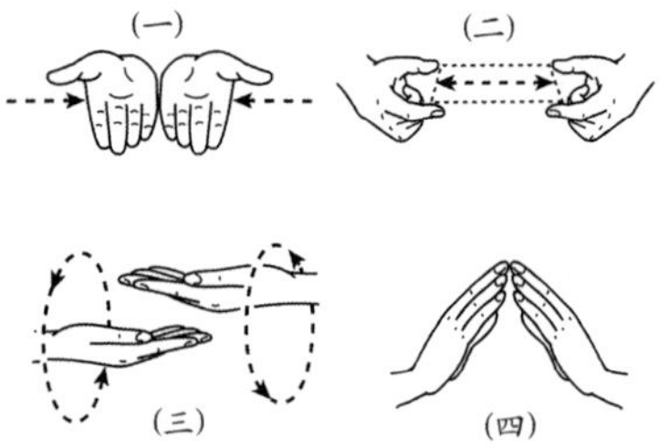

证券交易所　zhèngquàn jiāoyìsuǒ

（一）双手平伸，掌心向上，从两侧向中间移动并互碰。

（二）双手拇、食指张开，指尖相对，虎口朝上，从中间向两侧移动。

（三）双手横伸，掌心向上，前后交替转动两下。

（四）双手搭成"∧"形。

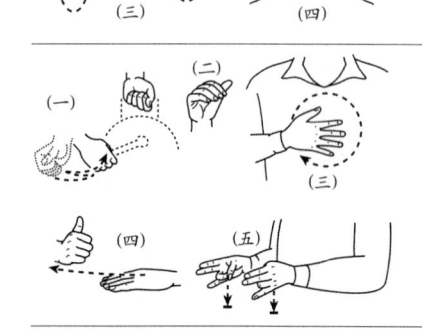

罗斯福新政　Luósīfú Xīnzhèng

（一）左手握拳如提锣；右手握拳如持棒槌，模仿敲锣的动作。"锣"与"罗"音同形近，借代。

（二）一手打手指字母"S"的指式。

（三）一手五指张开，掌心贴胸部逆时针转动一圈。

（四）左手横伸；右手伸拇指，在左手背上从左向右划出。

（五）双手打手指字母"ZH"的指式，指尖朝前，向下一顿。

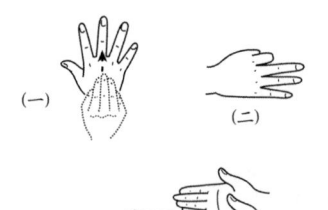

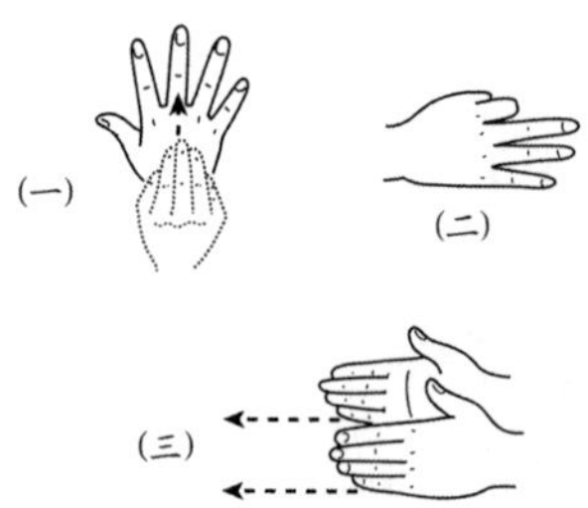

华尔街　Huá'ěr Jiē

（一）一手五指撮合，指尖朝上，边向上微移边张开。

（二）一手打手指字母"E"的指式。

（三）双手侧立，掌心相对，向前移动。

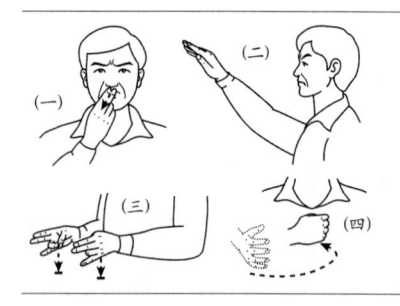

法西斯政权　fǎxīsī zhèngquán

（一）一手食、中指并拢，指尖朝内，在人中处向下划一下，表示希特勒的小胡子。

（二）一手斜伸，掌心向前下方，如德国法西斯举手礼状。

（三）双手打手指字母"ZH"的指式，指尖朝前，向下一顿。

（四）右手侧立，五指微曲张开，边向左做弧形移动边握拳。

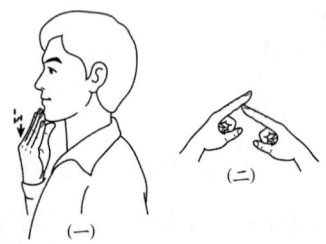

犹太人　Yóutàirén

（一）一手五指聚拢，指尖朝上，从颔部向下移动两下。

（二）双手食指搭成"人"字形。

七、世界现代史　157

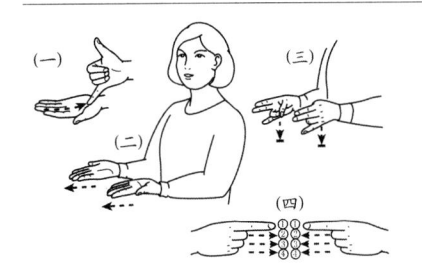

绥靖政策　suíjìng zhèngcè
（一）左手平伸，掌心向上；右手伸拇、小指，小指尖抵于左手指尖，再向后移动。
（二）双手平伸，掌心向上，同时向前移动一下，身体稍向后仰。
（三）双手打手指字母"ZH"的指式，指尖朝前，向下一顿。
（四）双手握拳，手背向外，虎口朝上，同时依次伸出食、中、无名、小指。

慕尼黑阴谋　Mùníhēi Yīnmóu
（一）一手打手指字母"M"的指式，从嘴角一侧向下移动一下。
（二）一手打手指字母"N"的指式。
（三）一手打手指字母"H"的指式，摸一下头发。
（四）左手横伸，置于胸前；右手伸小指，指尖朝上，在左手掌心下转动两圈，面带坏相。

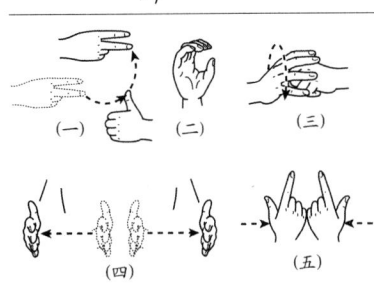

第二次世界大战　Dì-Èr Cì Shìjiè Dàzhàn
（一）左手伸拇指；右手食、中指横伸分开，手背向外，即数字"二"，先碰一下左手拇指，再向上移动。
（二）一手打手指字母"C"的指式。
（三）左手握拳，手背向上；右手五指微曲张开，从后向前绕左拳转动半圈。
（四）双手侧立，掌心相对，同时向两侧移动，幅度要大些。
（五）双手伸拇、食指，食指尖朝上，掌心向内，小指下缘互碰一下。

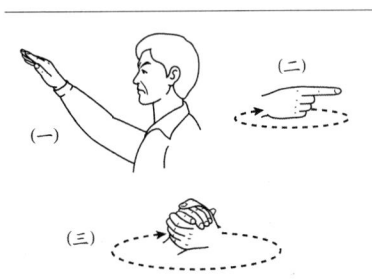

轴心国　Zhóuxīnguó
（一）一手斜伸，掌心向前下方，如德国法西斯举手礼状。
（二）一手打手指字母"G"的指式，顺时针平行转动一圈。
（三）双手一横一竖，相互握住，顺时针平行转动一圈。

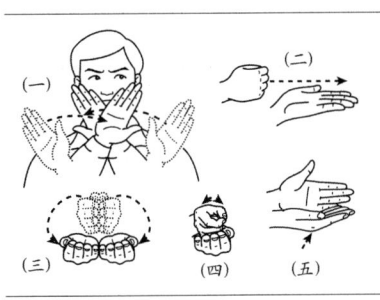

偷袭珍珠港　Tōuxí Zhēnzhū Gǎng
（一）双手直立，掌心向外，左右交叉移动一下，表示看不见。
（二）左手平伸；右手握拳，虎口朝上，从左手掌心上用力向外一击。
（三）双手侧立，掌心相合，手背拱起，然后打开。
（四）左手平伸，掌心凹进；右手拇、食指捏成圆形，虎口朝上，在左手掌心上微转几下。
（五）左手侧立；右手平伸，掌心凹进，仿船形，然后缓慢地靠向左手掌心。

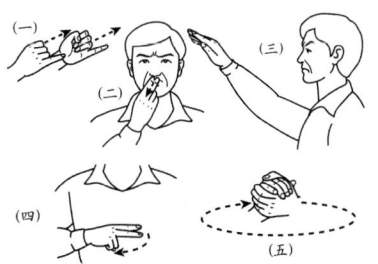

反法西斯同盟　Fǎn Fǎxīsī Tóngméng
（一）双手伸小指，指尖朝前，同时向前上方移动一下。
（二）一手食、中指并拢，指尖朝内，在人中处向下划一下，表示希特勒的小胡子。
（三）一手斜伸，掌心向前下方，如德国法西斯举手礼状。
（四）一手食、中指横伸分开，手背向上，向前移动一下。
（五）双手一横一竖，相互握住，顺时针平行转动一圈。

诺曼底登陆　Nuòmàndǐ Dēnglù

（一）一手上举，食、中、无名指直立并拢，掌心向外。
（二）一手打手指字母"M"的指式。
（三）左手伸小指；右手伸食指，敲一下左手小指。
（四）左手横伸，手背拱起；右手伸拇、小指，手背向外，从右下方移至左手背上。

开罗会议　Kāiluó Huìyì

（一）双手食、中指搭成"开"字形，左手不动，右手向下移动一下。
（二）左手握拳如提锣；右手握拳如持棒槌，模仿敲锣的动作。"锣"与"罗"音同形近，借代。
（三）双手直立，掌心分别向左右斜前方，食、中、无名、小指弯动两下。

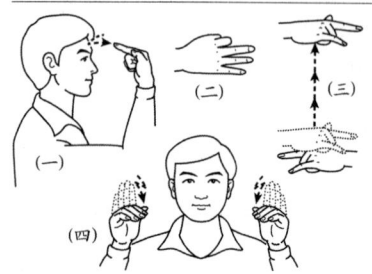

雅尔塔会议　Yǎ'ěrtǎ Huìyì

（一）一手拇指尖按于食指根部，食指点一下前额再弹出。
（二）一手打手指字母"E"的指式。
（三）双手伸拇、食、小指，手背向上，上下相叠，左手在下不动，右手向上一顿一顿移动几下。
（四）双手直立，掌心分别向左右斜前方，食、中、无名、小指弯动两下。

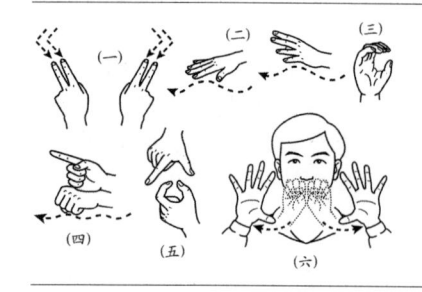

《波茨坦公告》　Bōcítǎn Gōnggào

（一）双手伸食、中指，指尖朝前上方，书空书名号。
（二）双手平伸，掌心向下，五指张开，一前一后，一高一低，同时向前做大的起伏状移动。
（三）一手打手指字母"C"的指式。
（四）左手握拳，手背向上；右手伸食指，指尖朝前上方，虎口朝上，置于左手背上，然后双手同时向前做起伏状移动。
（五）双手拇、食指搭成"公"字形，虎口朝外。
（六）双手虚握，掌心向外，置于嘴部，然后边向前方两侧移动边张开五指。

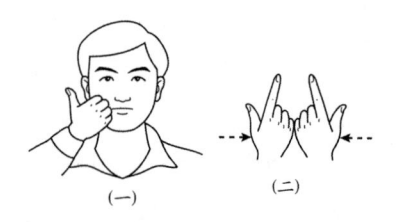

冷战　lěngzhàn

（一）一手食、中、无名、小指弯曲，指背贴于脸颊，面无表情。
（二）双手伸拇、食指，食指尖朝上，掌心向内，小指下缘互碰一下。

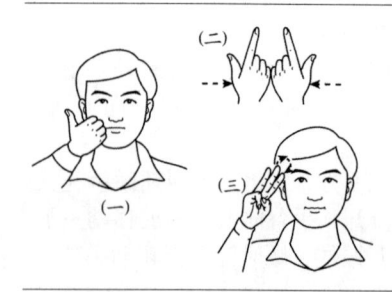

冷战思维　lěngzhàn sīwéi

（一）一手食、中、无名、小指弯曲，指背贴于脸颊，面无表情。
（二）双手伸拇、食指，食指尖朝上，掌心向内，小指下缘互碰一下。
（三）一手打手指字母"W"的指式，在太阳穴前后转动两圈，面露思考的表情。

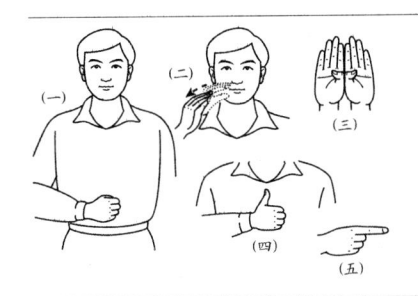

杜鲁门主义　Dùlǔmén Zhǔyì

（一）一手打手指字母"D"的指式，置于腹部。
（二）右手五指成"⊐"形，虎口朝内，在口鼻右侧边向右下方移动边撮合。
（三）双手并排直立，掌心向外，食、中、无名、小指并拢，拇指弯回。
（四）一手伸拇指，贴于胸部。
（五）一手食指横伸，手背向外。"一"与"义"音近，借代。

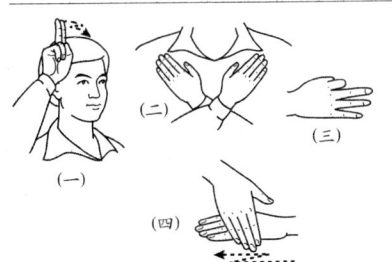

马歇尔计划　Mǎxiē'ěr Jìhuà

（一）一手食、中指直立并拢，虎口贴于太阳穴，向前微动两下，仿马的耳朵。
（二）双手交叉，手背向外，贴于胸部，表示休息的意思。
（三）一手打手指字母"E"的指式。
（四）左手横伸，掌心向下；右手食、中、无名、小指并拢，指尖朝下，沿左手小指外侧划两下。

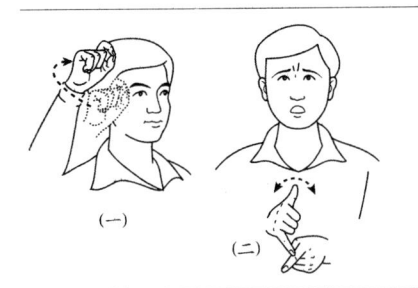

柏林危机　Bólín Wēijī

（一）一手拇、食指捏成圆形，虎口贴于太阳穴，然后向上移至头顶一侧（此为国外聋人手语）。
（二）左手伸食指，指尖朝前；右手伸拇、小指，小指立于左手食指上，左右晃动几下，面露害怕的表情。

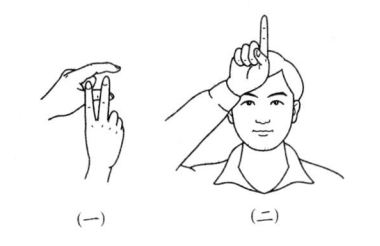

西德　Xī Dé

（一）左手拇、食指成"匚"形，虎口朝内；右手食、中指直立分开，手背向内，贴于左手拇指，仿"西"字部分字形。
（二）一手食指直立，手背贴于前额正中（此为国外聋人手语）。

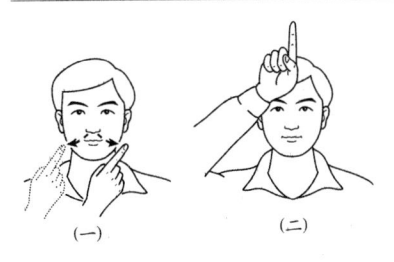

东德　Dōng Dé

（一）一手伸食指，在嘴两侧书写"八"，仿"东"字部分字形。
（二）一手食指直立，手背贴于前额正中（此为国外聋人手语）。

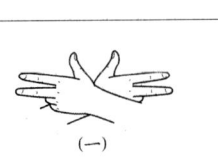

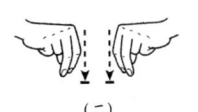

北约①（北大西洋公约组织①）
Běiyuē ① (Běidàxī Yáng Gōngyuē Zǔzhī ①)

（一）双手伸拇、食、中指，手背向外，手腕交叉相搭，仿"北"字形。
（二）双手拇、食、中指相捏，指尖朝下，同时向下一顿。

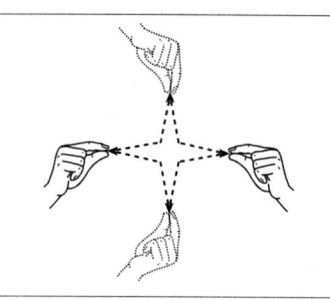

北约② (北大西洋公约组织②)
Běiyuē ② (Běidàxī Yáng Gōngyuē Zǔzhī ②)

双手拇、食指张开，先指尖上下相对，边分别向上下方向移动边相捏，再指尖左右相对，边分别向左右方向移动边相捏，仿"北约"的标志。

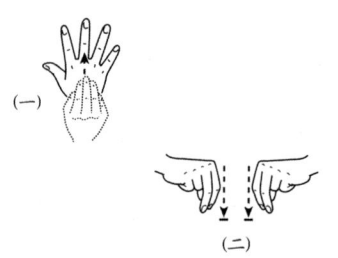

华约① (华沙条约组织①)
Huáyuē ① (Huáshā Tiáoyuē Zǔzhī ①)

（一）一手五指撮合，指尖朝上，边向上微移边张开。
（二）双手拇、食、中指相捏，指尖朝下，同时向下一顿。

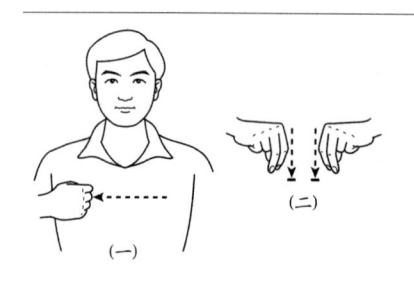

华约② (华沙条约组织②)
Huáyuē ② (Huáshā Tiáoyuē Zǔzhī ②)

（一）右手握拳，虎口朝上，从左胸部移向右胸部（此为国外聋人手语）。
（二）双手拇、食、中指相捏，指尖朝下，同时向下一顿。

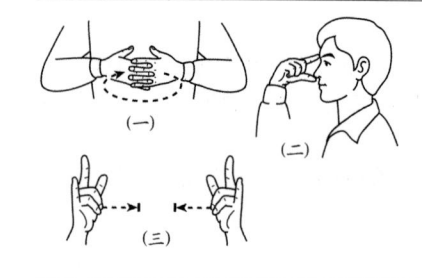

美苏对峙　Měi-Sū duìzhì

（一）双手斜立，五指张开，交叉相搭，顺时针平行转动一圈。
（二）一手拇、食指成"⌐"形，拇指尖抵于鼻尖，食指尖抵于眉心。
（三）双手拇、食、小指直立，掌心左右相对，同时向中间一顿。

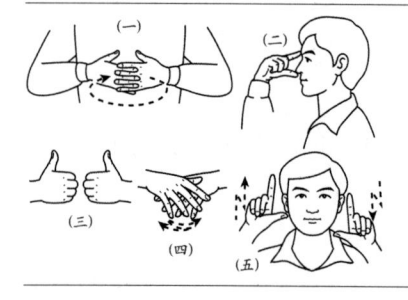

美苏两极格局　Měi-Sū liǎngjí géjú

（一）双手斜立，五指张开，交叉相搭，顺时针平行转动一圈。
（二）一手拇、食指成"⌐"形，拇指尖抵于鼻尖，食指尖抵于眉心。
（三）双手伸拇指，手背向外。
（四）双手五指张开，手背向上，交叉相搭，然后手腕左右平行转动几下。
（五）双手拇、食指成"⌐⌐"形，置于脸颊两侧，上下交替动两下。

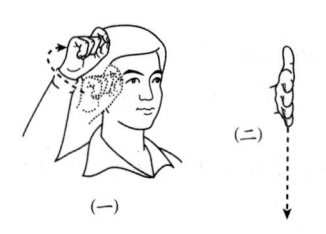

柏林墙　Bólínqiáng

（一）一手拇、食指捏成圆形，虎口贴于太阳穴，然后向上移至头顶一侧（此为国外聋人手语）。
（二）一手侧立，向下移动一下。

七、世界现代史　161

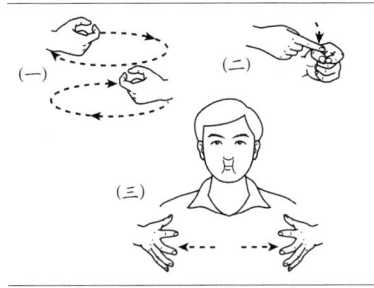

通货膨胀　tōnghuò péngzhàng
（一）双手拇、食指成圆形，指尖稍分开，虎口朝上，交替顺时针平行转动。
（二）左手拇、食指捏成圆形，虎口朝上；右手伸食指，敲一下左手拇指。
（三）双手五指弯曲张开，虎口朝上，从中间向两侧移动，同时鼓腮。

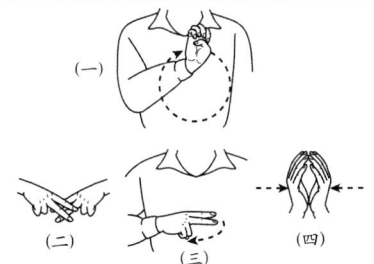

欧洲共同体　Ōuzhōu Gòngtóngtǐ
（一）一手拇指贴于掌心，其他四指弯曲，掌心向外，表示"欧洲"英文首字母"E"的指式，逆时针转动一圈。
（二）双手食、中指搭成"共"字形，手背向上。
（三）一手食、中指横伸分开，手背向上，向前移动一下。
（四）双手直立，掌心左右相对，五指微曲，从两侧向中间移动。

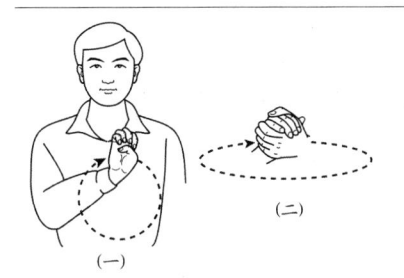

欧盟　Ōuméng
（一）一手拇指贴于掌心，其他四指弯曲，掌心向外，表示"欧洲"英文首字母"E"的指式，逆时针转动一圈。
（二）双手一横一竖，相互握住，顺时针平行转动一圈。

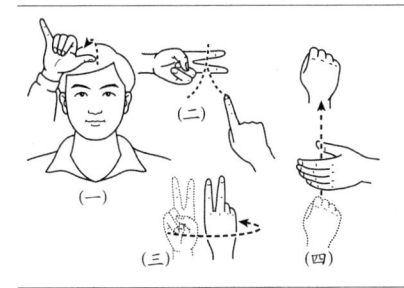

赫鲁晓夫改革　Hèlǔxiǎofū Gǎigé
（一）一手伸拇、小指，拇指尖在头顶上从前向后划动。
（二）左手食、中指横伸分开，掌心向内；右手伸食指，在左手食、中指处书空"人"字，仿"夫"字形。
（三）一手食、中指直立分开，由掌心向外翻转为掌心向内。
（四）左手五指弯曲，虎口朝上；右手握拳，手背向外，从左手虎口处向上一举。

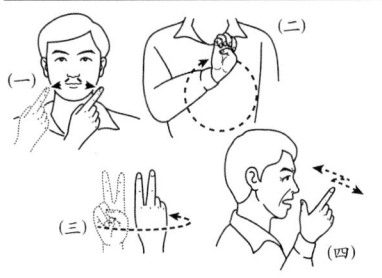

东欧剧变　Dōng Ōu Jùbiàn
（一）一手伸食指，在嘴两侧书写"八"，仿"东"字部分字形。
（二）一手拇指贴于掌心，其他四指弯曲，掌心向外，表示"欧洲"英文首字母"E"的指式，逆时针转动一圈。
（三）一手食、中指直立分开，由掌心向外翻转为掌心向内。
（四）一手伸拇、食指，食指尖朝上，前后用力晃动几下，面露紧张的表情。

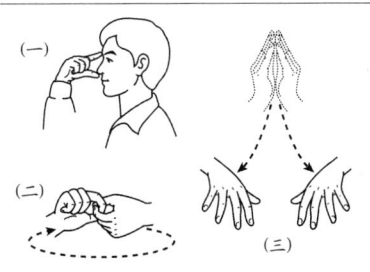

苏联解体　Sūlián Jiětǐ
（一）一手拇、食指成"⌐"形，拇指尖抵于鼻尖，食指尖抵于眉心。
（二）双手拇、食指套环，顺时针平行转动一圈。
（三）双手直立，掌心左右相合，手背拱起，边向下移动边张开五指。

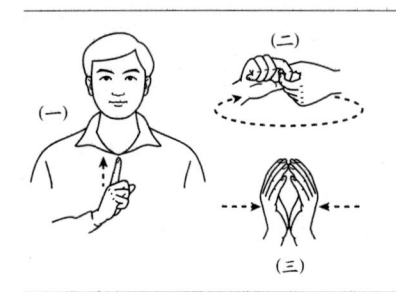

独联体　Dúliántǐ
（一）一手食指直立，虎口贴于胸部，向上移动少许。
（二）双手拇、食指套环，顺时针平行转动一圈。
（三）双手直立，掌心左右相对，五指微曲，从两侧向中间移动。

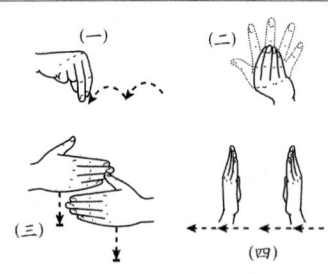

种族隔离制度　zhǒngzú gélí zhìdù
（一）一手拇、食、中指相捏，指尖朝下，在不同位置点动两下。
（二）一手五指张开，指尖朝上，然后撮合。
（三）双手横立，掌心向内，一前一后，同时向下一顿。
（四）双手直立，掌心左右相对，向一侧一顿一顿移动几下。

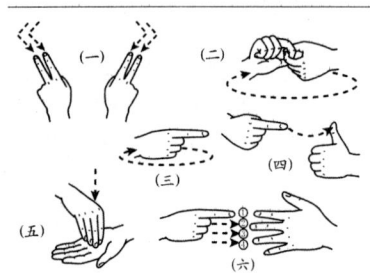

《联合国宪章》　Liánhéguó Xiànzhāng
（一）双手伸食、中指，指尖朝前上方，书空书名号。
（二）双手拇、食指套环，顺时针平行转动一圈。
（三）一手打手指字母"G"的指式，顺时针平行转动一圈。
（四）左手伸拇指；右手伸食指，碰一下左手拇指。
（五）左手横伸；右手五指撮合，指尖朝下，按向左手掌心。
（六）左手横立，手背向外，五指张开；右手握拳，手背向外，虎口朝上，在左手旁依次伸出食、中、无名、小指。

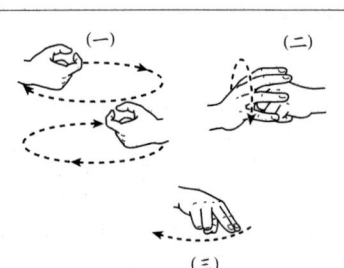

经济全球化　jīngjì quánqiúhuà
（一）双手拇、食指成圆形，指尖稍分开，虎口朝上，交替顺时针平行转动。
（二）左手握拳，手背向上；右手五指微曲张开，从后向前绕左拳转动半圈。
（三）一手打手指字母"H"的指式，指尖朝前斜下方，平行划动一下。

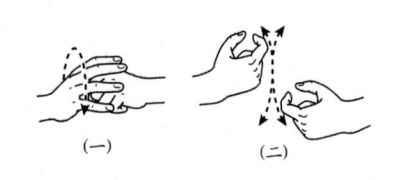

世界银行　Shìjiè Yínháng
（一）左手握拳，手背向上；右手五指微曲张开，从后向前绕左拳转动半圈。
（二）双手拇、食指成圆形，指尖稍分开，虎口朝上，食指上下交替互碰两下。

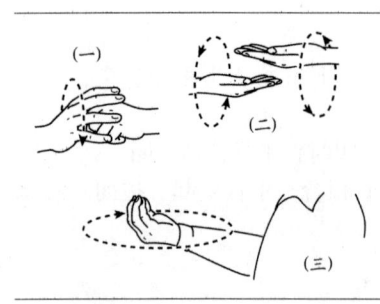

世界贸易组织（WTO）　Shìjiè Màoyì Zǔzhī
（一）左手握拳，手背向上；右手五指微曲张开，从后向前绕左拳转动半圈。
（二）双手横伸，掌心向上，前后交替转动两下。
（三）一手五指撮合，指尖朝上，平行转动一圈。

七、世界现代史

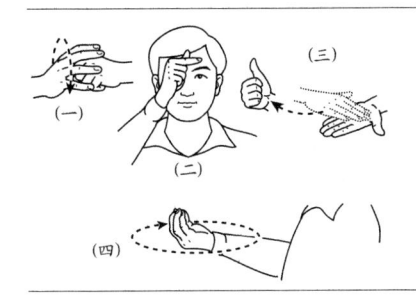

世界卫生组织（WHO） Shìjiè Wèishēng Zǔzhī

（一）左手握拳，手背向上；右手五指微曲张开，从后向前绕左拳转动半圈。
（二）一手拇、食指搭成"十"字形，置于前额。
（三）左手横伸；右手平伸，掌心向下，贴于左手掌心，边向左手指尖方向移动边弯曲食、中、无名、小指，指尖抵于掌心，拇指直立。
（四）一手五指撮合，指尖朝上，平行转动一圈。

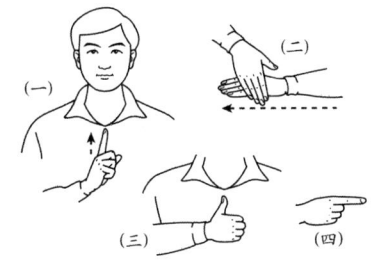

单边主义 dānbiān zhǔyì

（一）一手食指直立，虎口贴于胸部，向上移动少许。
（二）左手横伸，掌心向下；右手食、中、无名、小指并拢，指尖朝下，沿左小臂向指尖方向划动一下。
（三）一手伸拇指，贴于胸部。
（四）一手食指横伸，手背向外。"一"与"义"音近，借代。

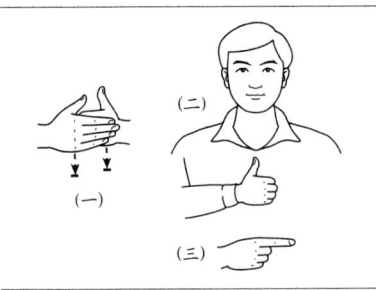

保护主义 bǎohù zhǔyì

（一）左手伸拇指；右手横立，掌心向内，五指微曲，置于左手前，然后双手同时向下一顿。
（二）一手伸拇指，贴于胸部。
（三）一手食指横伸，手背向外。"一"与"义"音近，借代。

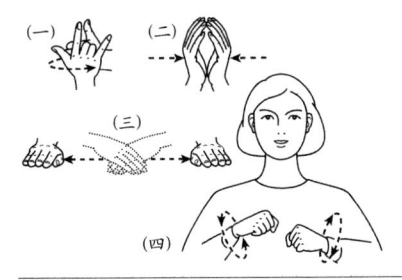

维和行动 wéihé xíngdòng

（一）左手伸拇指；右手拇、食、小指直立，绕左手转动半圈。
（二）双手直立，掌心左右相对，五指微曲，从两侧向中间移动。
（三）双手五指并拢，掌心向下，交叉相搭，然后分别向两侧移动。
（四）双手握拳屈肘，前后交替转动两下。

世界格局 shìjiè géjú

（一）左手握拳，手背向上；右手五指微曲张开，从后向前绕左拳转动半圈。
（二）双手五指张开，手背向上，交叉相搭，然后手腕左右平行转动几下。
（三）双手拇、食指成"⌐⌐"形，置于脸颊两侧，上下交替动两下。

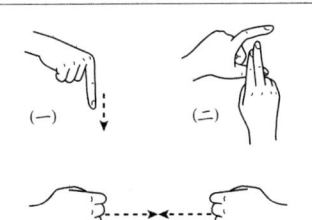

地区冲突 dìqū chōngtū

（一）一手伸食指，指尖朝下一指。
（二）左手拇、食指成"⊏"形，虎口朝内；右手食、中指相叠，手背向内，置于左手"⊏"形中，仿"区"字形。
（三）双手握拳，手背向外，用力互碰一下。

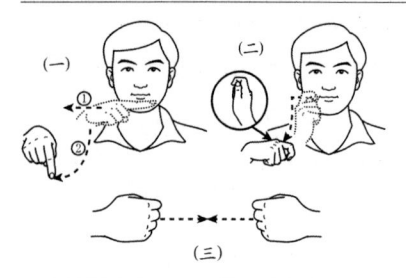

俄乌冲突　É-Wū chōngtū

（一）一手食指横伸，先在颏部横向移动一下，再向下一甩。

（二）右手食指弯曲，拇指尖抵于食指中部，掌心向左，置于嘴角右侧，先向右微移再向下一甩。

（三）双手握拳，手背向外，用力互碰一下。

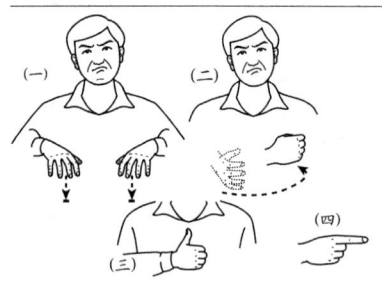

霸权主义　bàquán zhǔyì

（一）双手五指微曲，指尖朝下一顿，面露蛮横的表情。

（二）右手侧立，五指微曲张开，边向左做弧形移动边握拳，面露蛮横的表情。

（三）一手伸拇指，贴于胸部。

（四）一手食指横伸，手背向外。"一"与"义"音近，借代。

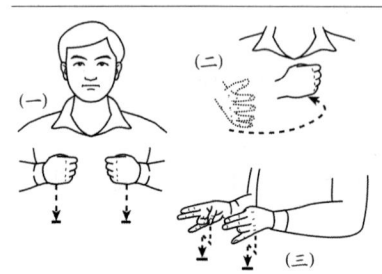

强权政治　qiángquán zhèngzhì

（一）双手握拳屈肘，同时用力向下一顿。

（二）右手侧立，五指微曲张开，边向左做弧形移动边握拳。

（三）双手打手指字母"ZH"的指式，指尖朝前，向下顿两下。

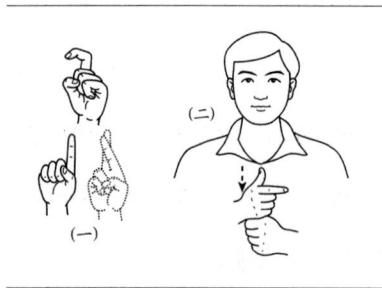

"9·11"事件　9·11 Shìjiàn

（一）左手食指弯曲，中节指指背向上，虎口朝内，在上；右手打数字"11"的手势，在下（或一手连续打数字"9、1、1"的手势）。

（二）左手握拳，虎口朝上；右手伸拇、食指，食指尖朝左，向下砸一下左拳。

（"事件"的手语存在地域差异，可根据实际选择使用）

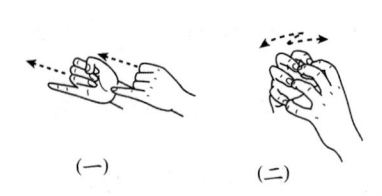

反恐　fǎnkǒng

（一）双手伸小指，指尖朝前，同时向前上方移动一下。

（二）双手五指弯曲，指尖左右相抵，前后晃动几下。

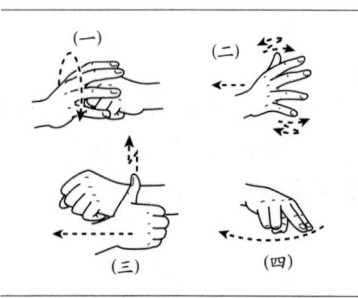

世界多极化　shìjiè duōjíhuà

（一）左手握拳，手背向上；右手五指微曲张开，从后向前绕左拳转动半圈。

（二）一手侧立，五指张开，边抖动边向一侧移动。

（三）左手握拳，手背向上；右手伸拇指，在左手前边向右移动边向上挑动几下。

（四）一手打手指字母"H"的指式，指尖朝前斜下方，平行划动一下。

七、世界现代史

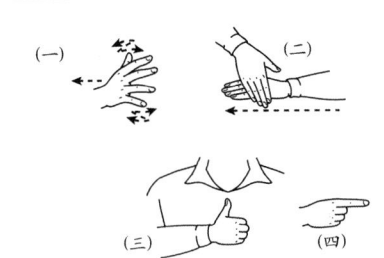

多边主义 duōbiān zhǔyì
（一）一手侧立，五指张开，边抖动边向一侧移动。
（二）左手横伸，掌心向下；右手食、中、无名、小指并拢，指尖朝下，沿左小臂向指尖方向划动一下。
（三）一手伸拇指，贴于胸部。
（四）一手食指横伸，手背向外。"一"与"义"音近，借代。

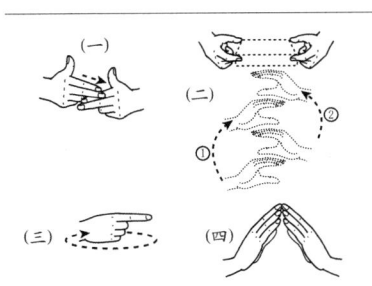

金砖国家 Jīnzhuān Guójiā
（一）双手伸拇、食、中指，食、中指并拢，交叉相搭，右手中指蹭一下左手食指。
（二）双手五指成"⊏⊐"形，虎口朝内，交替上叠，模仿垒砖的动作，然后双手拇、食指成"⊏⊐"形，虎口朝上。
（三）一手打手指字母"G"的指式，顺时针平行转动一圈。
（四）双手搭成"∧"形。

不结盟运动 Bùjiéméng Yùndòng
（一）一手直立，掌心向外，左右摆动几下。
（二）双手一横一竖，相互握住，顺时针平行转动一圈。
（三）双手握拳屈肘，手背向上，虎口朝内，用力向后移动两下。

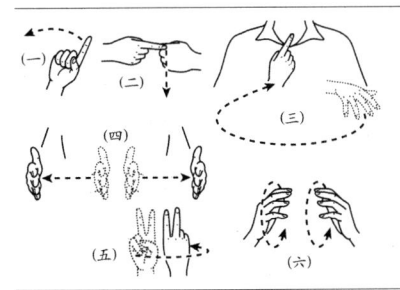

百年未有之大变局 bǎinián-wèiyǒu zhī dàbiànjú
（一）右手伸食指，从左向右挥动一下。
（二）左手握拳，手背向外，虎口朝上；右手食指横伸，手背向外，自左手食指根部关节向下划。
（三）一手五指张开，掌心向下，在胸前转动半圈，然后食指直立，手背向外。
（四）双手侧立，掌心相对，同时向两侧移动，幅度要大些。
（五）一手食、中指直立分开，由掌心向外翻转为掌心向内。
（六）双手五指微曲张开，掌心相对，同时向前转动一下。

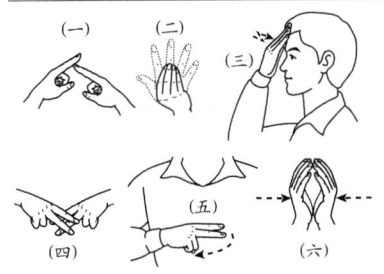

人类命运共同体 rénlèi mìngyùn gòngtóngtǐ
（一）双手食指搭成"人"字形。
（二）一手五指张开，指尖朝上，然后撮合。
（三）一手食、中、无名、小指并拢，掌心向内，拍两下前额。
（四）双手食、中指搭成"共"字形，手背向上。
（五）一手食、中指横伸分开，手背向上，向前移动一下。
（六）双手直立，掌心左右相对，五指微曲，从两侧向中间移动。

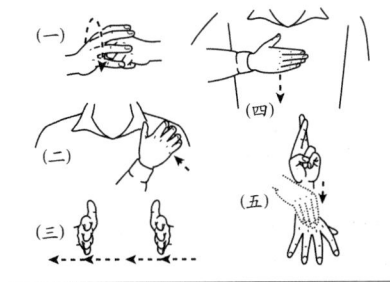

全球治理体系 quánqiú zhìlǐ tǐxì
（一）左手握拳，手背向上；右手五指微曲张开，从后向前绕左拳转动半圈。
（二）右手五指微曲，指尖朝内，按向左肩。
（三）双手侧立，掌心相对，向一侧一顿一顿移动几下。
（四）一手掌心贴于胸部，向下移动一下。
（五）左手打手指字母"X"的指式，在上不动；右手五指撮合，指尖朝下，边从左手腕向下移动边张开，表示系统。

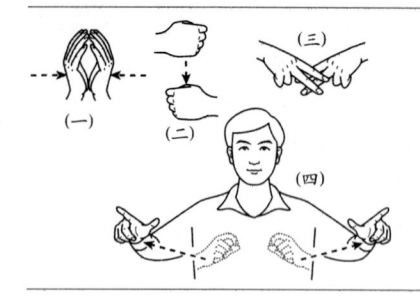

合作共赢　hézuò gòngyíng

（一）双手直立，掌心左右相对，五指微曲，从两侧向中间移动。

（二）双手握拳，一上一下，右拳向下砸一下左拳。

（三）双手食、中指搭成"共"字形，手背向上。

（四）双手拇、食指相捏，虎口朝内，置于胸前，然后边向前移动边张开。

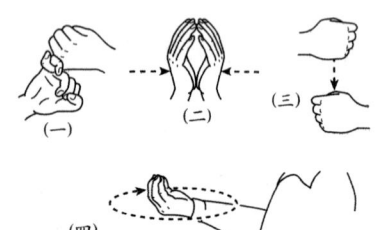

上海合作组织（上合组织）
Shànghǎi Hézuò Zǔzhī（Shàng Hé Zǔzhī）

（一）双手伸小指，一上一下相互勾住。

（二）双手直立，掌心左右相对，五指微曲，从两侧向中间移动。

（三）双手握拳，一上一下，右拳向下砸一下左拳。

（四）一手五指撮合，指尖朝上，平行转动一圈。

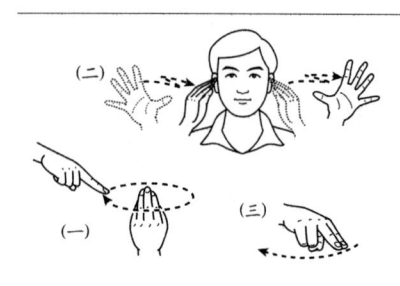

社会信息化　shèhuì xìnxīhuà

（一）左手五指撮合，指尖朝上；右手伸食指，指尖朝下，绕左手转动一圈。

（二）左手五指撮合，指尖抵于左耳，右手五指张开，掌心向外，然后左手向左移动并张开，掌心向外，右手同时向右耳移动并撮合，指尖抵于右耳，双手重复一次。

（三）一手打手指字母"H"的指式，指尖朝前斜下方，平行划动一下。

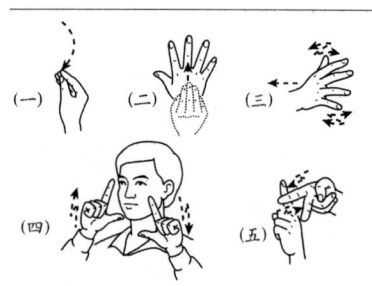

文化多样性　wénhuà duōyàngxìng

（一）一手五指撮合，指尖朝前，撇动一下，如执毛笔写字状。

（二）一手五指撮合，指尖朝上，边向上微移边张开。

（三）一手侧立，五指张开，边抖动边向一侧移动。

（四）双手拇、食指成"⌐"形，置于脸颊两侧，上下交替动两下。

（五）左手食指直立；右手食、中指横伸，指背交替弹左手食指背。

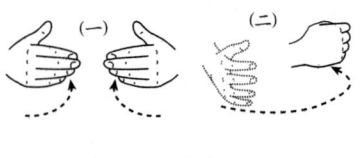

垄断组织　lǒngduàn zǔzhī

（一）双手横立，掌心向内，五指微曲，从外向内收进。

（二）右手侧立，五指微曲张开，边向左做弧形移动边握拳。

（三）一手五指撮合，指尖朝上，平行转动一圈。

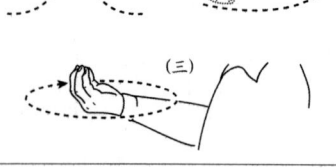

单边制裁　dānbiān zhìcái

（一）一手食指直立，虎口贴于胸部，向上移动少许。

（二）左手横伸，掌心向下；右手食、中、无名、小指并拢，指尖朝下，沿左小臂向指尖方向划动一下。

（三）左手伸拇指；右手拇、食指张开，指尖朝前，从后向下套向左手拇指，表示限定了范围。

（四）左手伸拇指，手背向外，置于身前；右手横伸，掌心向下，置于左手拇指上，然后用力向下一压。

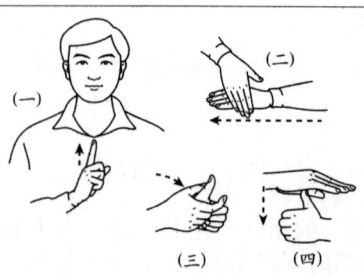

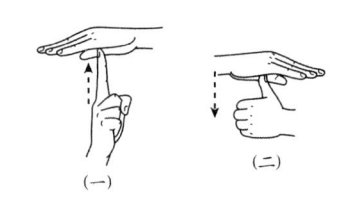

极限施压 jíxiàn shīyā

（一）左手横伸；右手食指直立，从下向上移动，指尖抵于左手掌心，表示已达到顶点。

（二）左手伸拇指，手背向外，置于身前；右手横伸，掌心向下，置于左手拇指上，然后用力向下一压。

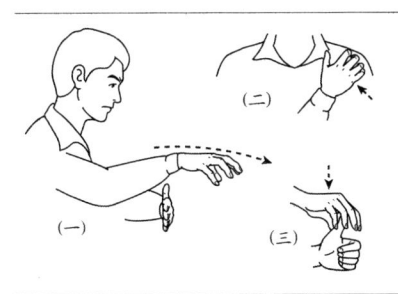

长臂管辖 chángbì guǎnxiá

（一）左手横立，掌心向内；右手五指微曲，掌心向下，从内向外移动，越过左手，身体随之前倾，表示手伸得太长，超出边界。

（二）右手五指微曲，指尖朝内，按向左肩。

（三）左手伸拇指；右手五指微曲，掌心向下，罩向左手拇指。

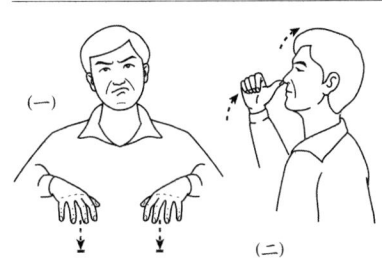

霸道 bàdào

（一）双手五指微曲，指尖朝下一顿，面露蛮横的表情。

（二）一手伸拇指，指尖置于鼻尖下，然后将鼻子向上顶起，面露蛮横的表情。

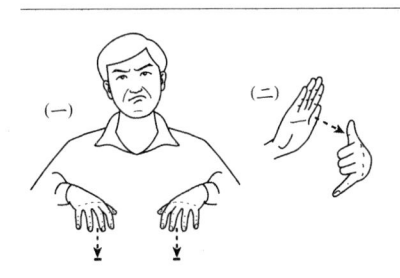

霸凌 bàlíng

（一）双手五指微曲，指尖朝下一顿，面露蛮横的表情。

（二）左手伸拇、小指，手背向左；右手直立，掌心向左，用力拍向左手拇指，表示强者欺负弱者。

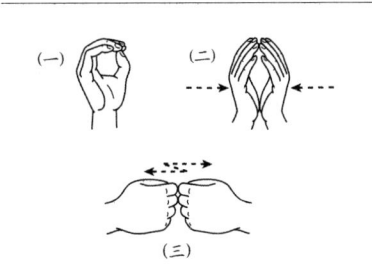

零和博弈 línghé bóyì

（一）一手五指捏成圆形，虎口朝内。

（二）双手直立，掌心左右相对，五指微曲，从两侧向中间移动。

（三）双手握拳，指背相抵，左右用力推动两下。

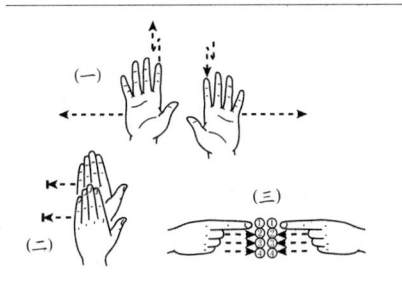

丛林规则 cónglín guīzé

（一）双手直立，掌心向外，五指张开，边上下交替移动边向两侧移动。

（二）双手直立，掌心左右相对，向前一顿。

（三）双手握拳，手背向外，虎口朝上，同时依次伸出食、中、无名、小指。

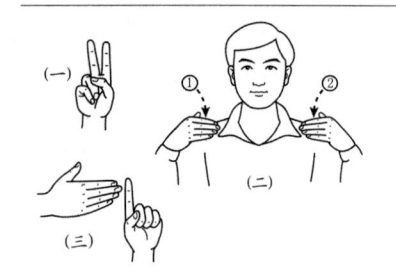

双重标准　shuāngchóng biāozhǔn
（一）一手食、中指直立分开，掌心向外。
（二）双手交替拍一下同侧肩膀。
（三）左手食指直立；右手侧立，指向左手食指。

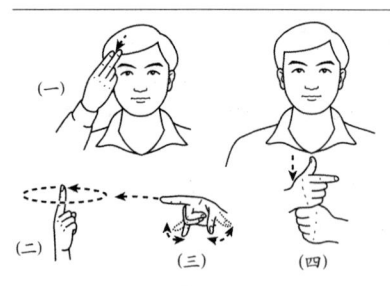

"黑天鹅"事件　hēitiān'é shìjiàn
（一）一手打手指字母"H"的指式，摸一下头发。
（二）一手食指直立，在头一侧上方转动一圈。
（三）一手伸拇、食、小指，手背向上，边弯动拇、小指边向前移动。
（四）左手握拳，虎口朝上；右手伸拇、食指，食指尖朝左，向下砸一下左拳。
（"事件"的手语存在地域差异，可根据实际选择使用）

"灰犀牛"事件　huīxīniú shìjiàn
（一）一手拇、食、中指相捏，指尖朝下，互捻几下。
（二）一手伸拇、食、小指，指尖朝上，拇指背贴于鼻尖，仿灰犀牛的角。
（三）左手握拳，虎口朝上；右手伸拇、食指，食指尖朝左，向下砸一下左拳。
（"事件"的手语存在地域差异，可根据实际选择使用）

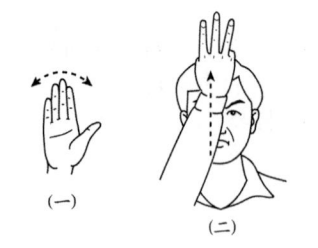

不称霸　bùchēngbà
（一）一手直立，掌心向外，左右摆动几下。
（二）一手食、中、无名指直立分开，掌心向内，从下向上移至前额。

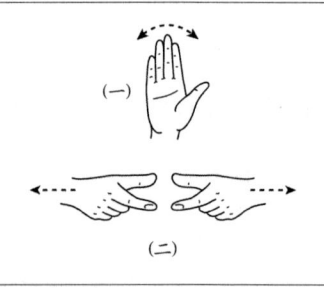

不扩张　bùkuòzhāng
（一）一手直立，掌心向外，左右摆动几下。
（二）双手拇、食指成大圆形，虎口朝上，从中间向两侧移动。

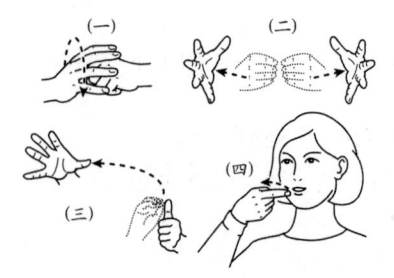

全球发展倡议　quánqiú fāzhǎn chàngyì
（一）左手握拳，手背向上；右手五指微曲张开，从后向前绕左拳转动半圈。
（二）双手虚握，虎口朝上，然后边向两侧移动边张开五指。
（三）左手伸拇指；右手五指撮合，指尖朝前，置于左手旁，然后边向前做弧形移动边张开，表示将好东西宣传出去。
（四）一手食指横伸，手背向外，从嘴部向前移出。

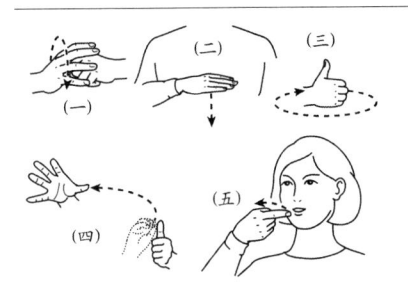

全球安全倡议　quánqiú ānquán chàngyì

（一）左手握拳，手背向上；右手五指微曲张开，从后向前绕左拳转动半圈。
（二）一手横伸，掌心向下，自胸部向下一按。
（三）一手伸拇指，顺时针平行转动一圈。
（四）左手伸拇指；右手五指撮合，指尖朝前，置于左手旁，然后边向前做弧形移动边张开，表示将好东西宣传出去。
（五）一手食指横伸，手背向外，从嘴部向前移出。

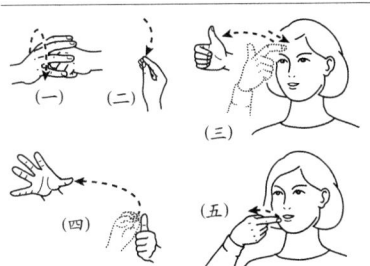

全球文明倡议　quánqiú wénmíng chàngyì

（一）左手握拳，手背向上；右手五指微曲张开，从后向前绕左拳转动半圈。
（二）一手五指撮合，指尖朝前，撇动一下，如执毛笔写字状。
（三）一手伸拇、食指，食指点一下前额，然后边向外移出边缩回食指。
（四）左手伸拇指；右手五指撮合，指尖朝前，置于左手旁，然后边向前做弧形移动边张开，表示将好东西宣传出去。
（五）一手食指横伸，手背向外，从嘴部向前移出。

2. 人物

列宁　Lièníng

一手虚握，虎口贴于颏部，再向上一翘，仿列宁胡子的样子。

斯大林　Sīdàlín

右手五指成"冂"形，虎口朝内，在口鼻右侧边向右移动边撮合，并向上一翘。

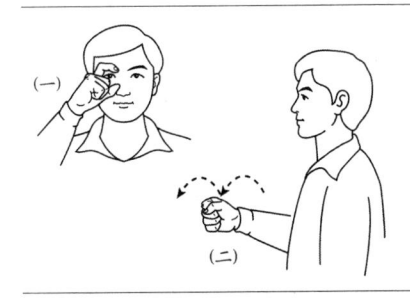

甘地　Gāndì

（一）一手拇、食指弯曲，虎口朝内，置于眼部。
（二）一手虚握，虎口朝上，向前杵动两下，如拄着手杖走路状。
（此为国外聋人手语）

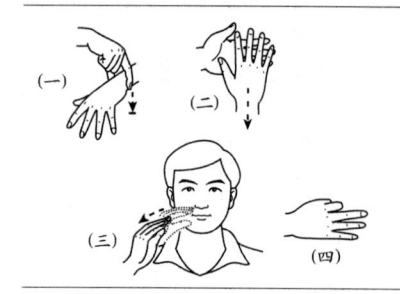

扎格鲁尔 Zhāgélǔ'ěr

（一）左手五指张开，手背向上；右手拇、食指张开，指尖朝下，置于左手腕两侧，双手同时向下一顿。
（二）双手五指张开，一横一竖搭成方格形，然后左手不动，右手向下移动。
（三）右手五指成"⊐"形，虎口朝内，在口鼻右侧边向右下方移动边撮合。
（四）一手打手指字母"E"的指式。

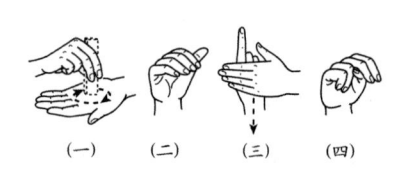

墨索里尼 Mòsuǒlǐní

（一）左手横伸；右手拇、食、中指相捏，指尖朝下，在左手掌心上方顺时针转动两下，如研墨状。
（二）一手打手指字母"S"的指式。
（三）左手横立；右手食指直立，在左手掌心内从上向下移动。
（四）一手打手指字母"N"的指式。

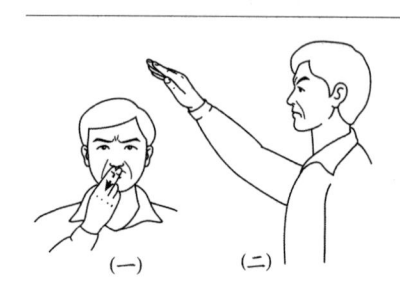

希特勒（法西斯） Xītèlè (fǎxīsī)

（一）一手食、中指并拢，指尖朝内，在人中处向下划一下，表示希特勒的小胡子。
（二）一手斜伸，掌心向前下方，如德国法西斯举手礼状。

爱因斯坦 Àiyīnsītǎn

一手拇、食指张开，指尖朝内，从口部向前下方移动，舌同时伸出。
（此为国外聋人手语）

丘吉尔 Qiūjí'ěr

（一）左手横伸；右手手背拱起，置于左手背上。
（二）一手打手指字母"J"的指式。
（三）一手打手指字母"E"的指式。

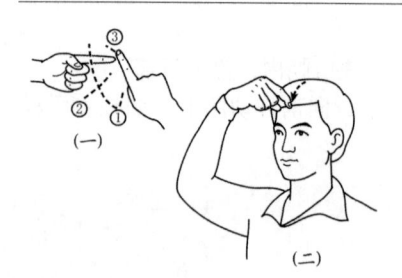

戈尔巴乔夫 Gē'ěrbāqiáofū

（一）左手食指横伸，手背向外；右手伸食指，指尖朝前，在左手食指上书空"乀""丿""、"，仿"戈"字形。
（二）一手拇、食指微张，指尖朝下，沿头顶从后向前划动一下，表示戈尔巴乔夫头上的胎记。

七、世界现代史　171

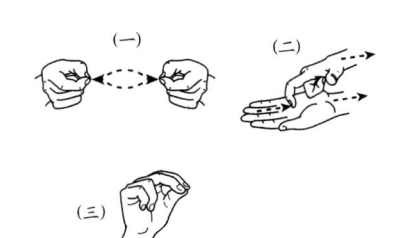

叶利钦　Yèlìqīn

（一）双手拇、食指张开，指尖相对，虎口朝上，边向两侧移动边相捏，如叶子状。

（二）左手平伸；右手伸拇、食指，食指边向后划一下左手掌心边缩回，双手同时向内移动。

（三）一手打手指字母"Q"的指式。

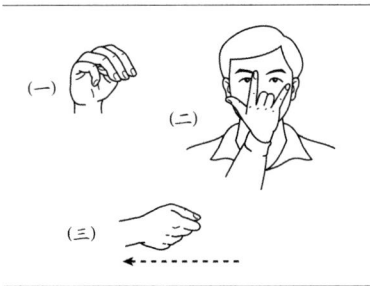

曼德拉　Màndélā

（一）一手打手指字母"M"的指式。

（二）一手拇、食、小指直立，手背向外，置于鼻前。

（三）一手握拳，向内拉动一下。

汉语拼音索引

A

Āfúlè'ěrhào Xúnyángjiàn "阿芙乐尔号"巡洋舰		153
Āgǔdǎ 阿骨打		51
Ājīmǐdé 阿基米德		131
Ālābó Dìguó 阿拉伯帝国		129
Àidíshēng 爱迪生		149
àiguózhě zhì Ào 爱国者治澳		114
àiguózhě zhì Gǎng 爱国者治港		113
àiguó zhǔyì① 爱国主义①		5
àiguó zhǔyì② 爱国主义②		6
àiguó zhǔyì jiàoyù jīdì 爱国主义教育基地		11
Àiqín Wénmíng 爱琴文明		123
Àiyīnsītǎn 爱因斯坦		170
Àihuī Tiáoyuē 《瑷珲条约》		77
Ān Lùshān 安禄山		43
Ān-Shǐ Zhī Luàn 安史之乱		44

B

bāgǔwén 八股文		60
Bā Guó Liánjūn 八国联军		78
Bā Lù Jūn 八路军		87
Bā-Qī Huìyì 八七会议		83
Bā'ěrzhākè 巴尔扎克		150
Bālí Gōngshè 巴黎公社		140
Bālí Héhuì 巴黎和会		154
Bāshìdǐ Yù 巴士底狱		136
bàchù bǎijiā 罢黜百家		31
bàdào 霸道		167
bàlíng 霸凌		167
bàquán zhǔyì 霸权主义		164
Báigǔjīng 白骨精		70
Bái Jūyì 白居易		47
Báiqiú'ēn 白求恩		99
bǎijiā-zhēngmíng 百家争鸣		21
bǎinián-wèiyǒu zhī dàbiànjú 百年未有之大变局		165
Bǎi Rì Wéixīn 百日维新		78
Bǎi Tuán Dàzhàn 百团大战		89
Bàizhàntíng Dìguó 拜占庭帝国		127
Bānchán 班禅		64
Bānchán'é'ěrdéní 班禅额尔德尼		64
bànfēngjiàn 半封建		75
Bànpōrén 半坡人		14
bànzhímíndì 半殖民地		75
bǎngyǎn 榜眼		41
bāogān dàohù 包干到户		106
bǎohù zhǔyì 保护主义		163
Běidàxī Yáng Gōngyuē Zǔzhī① 北大西洋公约组织①		159
Běidàxī Yáng Gōngyuē Zǔzhī② 北大西洋公约组织②		160
Běifá Zhànzhēng 北伐战争		82
Běijīngrén 北京人		13
Běijīng Tiáoyuē 《北京条约》		76
Běiyáng Jūnfá 北洋军阀		80
Běiyuē① 北约①		159
Běiyuē② 北约②		160
Bèiduōfēn 贝多芬		150
Běncǎo Gāngmù 《本草纲目》		65
Bǐdé Dàdì 彼得大帝		149
Bǐdégélè Qǐyì 彼得格勒起义		153
Bǐdé Yī Shì 彼得一世		149
Bì Shēng 毕昇		54
bìguān-suǒguó 闭关锁国		65
bìguān-zìshǒu 闭关自守		65
biānzhōng 编钟		26
Biǎnquè 扁鹊		25
biànfǎ 变法		21
biànfǎ-túqiáng 变法图强		78
bīngjiàn 兵谏		86
bīngmǎyǒng 兵马俑		28
bōluàn-fǎnzhèng 拨乱反正		105
Bōcítǎn Gōnggào 《波茨坦公告》		158
Bōshìdùn Qīngchá Shìjiàn 波士顿倾茶事件		134
Bōsī Dìguó 波斯帝国		124
Bōlìwǎ'ěr① 玻利瓦尔①		148
Bōlìwǎ'ěr② 玻利瓦尔②		148
Bólǐkèlì 伯里克利		129
Bólātú① 柏拉图①		130
Bólātú② 柏拉图②		131
Bólínqiáng 柏林墙		160
Bólín Wēijī 柏林危机		159
bówùguǎn 博物馆		11
Bóhǎiguó 渤海国		45
bùchēngbà 不称霸		168
Bùjiéméng Yùndòng 不结盟运动		165
bùkuòzhāng 不扩张		168
bùpínghéngxìng 不平衡性		12
bùwàng chūxīn 不忘初心		109
bù'ěrshíwéikè 布尔什维克		154

C

Cài Lún 蔡伦		32
Cài Xiāng 蔡襄		57
Cáo Cāo 曹操		35
Cáo Xuěqín 曹雪芹		70
cǎochuán jièjiàn 草船借箭		67
cèfēng① 册封①		28
cèfēng② 册封②		28
Chálǐmàn Dìguó 查理曼帝国		126
Chálǐ Yī Shì 查理一世		144
Cháng'ān 长安		48
chángbì guǎnxiá 长臂管辖		167
Chángshā Huìzhàn 长沙会战		88
chángzhēng 长征		85
Cháo Gài 晁盖		68
cháodài 朝代		2
Chén Dúxiù 陈独秀		96
Chén Shèng 陈胜		29
Chén Yún 陈云		118
Chéngjísīhán① 成吉思汗①		52
Chéngjísīhán② 成吉思汗②		53

chéngbāng 城邦	123
Chéng Hào 程颢	58
Chéng Yí 程颐	58
Chīyóu 蚩尤	15
Chìbì Zhī Zhàn 赤壁之战	36
Chóngqìng Tánpàn 重庆谈判	90
Chóngzhēn 崇祯	61
Chǔcí 楚辞	26
Chǔguó 楚国	19
chuántǒng wénhuà① 传统文化①	5
chuántǒng wénhuà② 传统文化②	5
chuílián tīngzhèng 垂帘听政	78
Chūnqiū Wǔ Bà 春秋五霸	19
Chūnqiū Zhànguó 春秋战国	17
Cíxǐ Tàihòu 慈禧太后	95
cónglín guīzé 丛林规则	167

D

Dá'ěrwén 达尔文	150
Dá·Fēnqí① 达·芬奇①	143
Dá·Fēnqí② 达·芬奇②	143
Dálài Lǎ·ma 达赖喇嘛	64
Dàhuà Gǎixīn 大化改新	127
dàjú yì·shí 大局意识	110
Dàmíng Gōng 大明宫	48
Dà Yùnhé 大运河	40
dānbiān zhìcái 单边制裁	166
dānbiān zhǔyì 单边主义	163
Dàndīng① 但丁①	143
Dàndīng② 但丁②	143
dāngdàishǐ 当代史	3
Dǎngxiàng 党项	51
dàng'àn 档案	8
dǎomù yùndòng 倒幕运动	142
Dàoguāng 道光	92
Dàojiā 道家	22
dàolù zìxìn 道路自信	111
Déchuān Mùfǔ 德川幕府	142
Dèng Jiàxiān 邓稼先	120
Dèng Shìchāng 邓世昌	94
Dèng Xiǎopíng 邓小平	117
Dèng Xiǎopíng lǐlùn 邓小平理论	108
díhòu zhànchǎng 敌后战场	88
dìqū chōngtū 地区冲突	163
dì❶ 帝❶	27
dì❷ 帝❷	126
Dìkù 帝喾	16

dìwáng❶ 帝王❶	27
dìwáng❷ 帝王❷	126
Dì-Èr Cì Shìjiè Dàzhàn 第二次世界大战	157
Dì-Èr Jiè Dàlù Huìyì 第二届大陆会议	135
Dì-Yī Cì Shìjiè Dàzhàn 第一次世界大战	152
Dì-Yī Guójì 第一国际	140
diànshì 殿试	43
diāobǎn yìnshuāshù 雕版印刷术	49
dìngxī 定息	104
Dōngběi Kàng Rì Liánjūn 东北抗日联军	86
dōngchǎng 东厂	60
Dōng Dé 东德	159
Dōng Ōu Jùbiàn 东欧剧变	161
Dōngtiáo Yīngjī 东条英机	99
Dōng Gōng 冬宫	153
Dǒng Cúnruì 董存瑞	100
Dǒng Qíchāng 董其昌	72
Dǒng Zhòngshū 董仲舒	30
Dòu É Yuān 《窦娥冤》	56
Dūjiāng Yàn 都江堰	21
Dúlì Xuānyán 《独立宣言》	135
dúlì yùndòng 独立运动	140
dúlì-zìzhǔ 独立自主	115
Dúliántǐ 独联体	162
Dù Fǔ 杜甫	46
Dùlǔmén Zhǔyì 杜鲁门主义	159
Dùjiāng Zhànyì 渡江战役	91
duìwài-kāifàng 对外开放	107
Dūnhuáng Bìhuà 敦煌壁画	49
duōbiān zhǔyì 多边主义	165
duōdǎng hézuò 多党合作	105
duōyuánxìng 多元性	12

E

Éguó 俄国	140
É-Wū chōngtū 俄乌冲突	164
Ēngésī 恩格斯	148

F

fāzhǎn guīlǜ 发展规律	10
fāzhǎn xiànsuǒ① 发展线索①	10
fāzhǎn xiànsuǒ② 发展线索②	10
Fǎguó Dà Gémìng 法国大革命	137

Fǎjiā 法家	22
Fǎlánkè Wángguó 法兰克王国	125
Fǎlánxī Dì-Yī Dìguó 法兰西第一帝国	138
Fǎlánxī Dì-Yī Gònghéguó 法兰西第一共和国	137
fǎlǎo 法老	121
fǎxīsī 法西斯	170
fǎxīsī zhèngquán 法西斯政权	156
fānwáng 藩王	60
Fán'ěrdēng Zhànyì 凡尔登战役	153
Fán'ěrsài Tiáoyuē 《凡尔赛条约》	154
Fǎn Fǎ Liánméng 反法联盟	137
Fǎn Fǎ Tóngméng 反法同盟	137
Fǎn Fǎxīsī Tóngméng 反法西斯同盟	157
fǎngémìng zhèngbiàn 反革命政变	82
fǎnkǒng 反恐	164
fǎnwéigōng 反围攻	85
fǎnwéijiǎo 反"围剿"	85
fànmài hēinú 贩卖黑奴	133
Fàn'gāo 梵高	150
fǎngzhìpǐn 仿制品	9
Fēiduó Lúdìngqiáo 飞夺泸定桥	86
fēisuō 飞梭	138
fēibàolì bùhézuò 非暴力不合作	155
fèichú núlìzhì 废除奴隶制	141
Fèichéng 费城	135
fēnfēngzhì 分封制	18
fēnhù jīngyíng 分户经营	106
fēngjiàn shèhuì 封建社会	4
Féng Tàihòu 冯太后	37
Fójiào 佛教	123
Fú'ěrtài① 伏尔泰①	145
Fú'ěrtài② 伏尔泰②	145
Fúxī 伏羲	14
fùxì shèhuì 父系社会	3
fùbì 复辟	80
fùzhìpǐn 复制品	9

G

gǎigé kāifàng 改革开放	105
Gāndì 甘地	169
Gāogōulí 高句丽	128

汉语拼音索引

Gāolí Wángcháo 高丽王朝		128
Gē'ěrbāqiáofū 戈尔巴乔夫		170
Gēlúnbù 哥伦布		144
gémìng chuántǒng 革命传统		5
gètǐ jīngjì 个体经济		107
gēnjùdì 根据地		84
gōng-nóng wǔzhuāng gējù 工农武装割据		84
gōngyè gémìng 工业革命		138
Gōngchē Shàngshū 公车上书		77
gōngsī héyíng 公私合营		104
gōngyǒuzhì 公有制		104
Gòngchǎndǎng Xuānyán 《共产党宣言》		139
Gòngchǎn Guójì 共产国际		81
gòngchǎn zhǔyì shèhuì 共产主义社会		4
gòngróngxìng 共容性		12
gòngtóng gānglǐng 共同纲领		102
gūběn 孤本		8
Gǔbābǐlún Wángguó 古巴比伦王国		122
gǔdài Āijí 古代埃及		121
gǔdài Luómǎ 古代罗马		124
gǔdàishǐ 古代史		2
gǔdài Xīlà 古代希腊		123
gǔdài Yìndù 古代印度		122
gǔjī 古迹		7
Gǔshǔguó 古蜀国		25
Gǔtián Huìyì 古田会议		84
gù·shi 故事		9
Gù Kǎizhī 顾恺之		38
Gù Yánwǔ 顾炎武		74
gùyōng 雇佣		139
Guān Hànqīng 关汉卿		56
Guān Tiānpéi 关天培		93
Guān Yǔ 关羽		36
Guāngróng Gémìng 光荣革命		134
Guāngxù 光绪		95
Guǎngzhōu Qǐyì 广州起义		83
guìzúzhì 贵族制		127
Gǔn 鲧		16
Guō Shǒujìng 郭守敬		55
guócuì 国粹		72
Guó-Gòng hézuò 国共合作		82
Guójì Gē 《国际歌》		140
guójì gòngchǎn zhǔyì yùndòng 国际共产主义运动		139
Guójì Liánméng 国际联盟		154
guójì shìyě 国际视野		6
guójì zhǔyì① 国际主义①		6
guójì zhǔyì② 国际主义②		6
guómíndǎng① 国民党①		80
guómíndǎng② 国民党②		80
Guómín Gémìngjūn 国民革命军		82
guówáng 国王		126
guóyǒu jīngjì 国有经济		106
guòdù shíqī 过渡时期		103

H

Hāgélǐfūsī 哈格里夫斯		147
Hǎijīhuì 海基会		114
Hǎilún·Kǎilè 海伦·凯勒		151
Hǎixiá Jiāoliú Jījīnhuì 海峡交流基金会		114
Hǎixiá Liǎng'àn Guānxì Xiéhuì 海峡两岸关系协会		114
Hǎixiéhuì 海协会		114
Hán Fēi 韩非		23
Hánfēizǐ 韩非子		23
Hánguó 韩国		20
Hàn Cháo 汉朝		27
hànfù 汉赋		34
Hàn Gāodì 汉高帝		29
Hàn Gāozǔ 汉高祖		29
Hàn Guāngwǔdì 汉光武帝		31
hànjiān 汉奸		89
Hàn Jǐngdì 汉景帝		30
Hànmólābǐ Fǎdiǎn 《汉谟拉比法典》		122
Hàn Wéndì 汉文帝		30
Hàn Wǔdì 汉武帝		30
héfǎ xíwèi 合法席位		116
hézuò gòngyíng 合作共赢		166
hépíng gòngchǔ wǔ xiàng yuánzé 和平共处五项原则		115
hépíng tǒngyī 和平统一		113
hépíng wàijiāo zhèngcè 和平外交政策		115
Hémǔdùrén 河姆渡人		13
Hémǎ Shǐshī 《荷马史诗》		125
héxīn dìwèi 核心地位		109
héxīn yì·shí 核心意识		110
Hèlǔxiǎofū Gǎigé 赫鲁晓夫改革		161
hēitiān'é shìjiàn "黑天鹅"事件		168
hóngjūn 红军		84
Hónglóumèng 《红楼梦》		70
Hóng Xiùquán 洪秀全		93
Hóu Débǎng 侯德榜		100
Hòumǔwùdǐng 后母戊鼎		25
Hūbìliè 忽必烈		53
Hú Jǐntāo 胡锦涛		118
Hú Shì 胡适		96
Hǔmén Xiāoyān 虎门销烟		75
Huá'ěr Jiē 华尔街		156
Huáfūtuō Yùndòng 华夫脱运动		155
Huáshā Tiáoyuē Zǔzhī① 华沙条约组织①		160
Huáshā Tiáoyuē Zǔzhī② 华沙条约组织②		160
Huáyuē① 华约①		160
Huáyuē② 华约②		160
Huátiělú 滑铁卢		138
Huà Tuó 华佗		33
Huái-Hǎi Zhànyì 淮海战役		91
huánqiú hángxíng 环球航行		133
huáng❶ 皇❶		27
huáng❷ 皇❷		126
huángdì❶ 皇帝❶		27
huángdì❷ 皇帝❷		126
huánghòu❶ 皇后❶		28
huánghòu❷ 皇后❷		126
Huángtàijí 皇太极		62
Huáng Cháo Qǐyì 黄巢起义		44
Huángdì 黄帝		15
Huángdì Nèijīng 《黄帝内经》		33
Huáng Jìguāng 黄继光		119
Huángjīn Qǐyì 黄巾起义		32
Huángpǔ Jūnxiào① 黄埔军校①		82
Huángpǔ Jūnxiào② 黄埔军校②		82
Huáng Tíngjiān 黄庭坚		57
Huáng Xīng 黄兴		95
Huáng Zōngxī 黄宗羲		74
huīxīniú shìjiàn "灰犀牛"事件		168
huíguī zǔguó 回归祖国		113
Huíhé 回纥		44
huózì yìnshuāshù 活字印刷术		54
huǒyào 火药		54
Huò Qùbìng 霍去病		31

J

Jīdūjiào 基督教		125
jíxiàn shīyā 极限施压		167
jítǐ jīngjì 集体经济		106

拼音	词条	页码
jítǐ nóngzhuāng	集体农庄	155
jìniànguǎn	纪念馆	11
jiā guó qínghuái	家国情怀	5
jiātíng liánchǎn chéngbāo zérènzhì	家庭联产承包责任制	106
Jiāqìng	嘉庆	63
Jiāxīng Nán Hú	嘉兴南湖	81
jiǎgǔwén①	甲骨文①	24
jiǎgǔwén②	甲骨文②	24
Jiǎwǔ Zhōng-Rì Zhànzhēng	甲午中日战争	77
Jiǎ Bǎoyù	贾宝玉	71
Jiǎ Sīxié	贾思勰	37
jiānchén	奸臣	42
jiànchén	谏臣	42
Jiànzhēn	鉴真	46
Jiāng Zémín	江泽民	118
Jiǎng Jièshí	蒋介石	97
Jiāo Yùlù	焦裕禄	119
jiàohuáng	教皇	125
Jiéfěixùn	杰斐逊	145
Jiěfàng Hēirén Núlì Xuānyán	《解放黑人奴隶宣言》	141
jiěfàngjūn	解放军	90
jiěfàng zhànzhēng	解放战争	90
Jīn	金	50
Jīnlíng Shí'èrchāi	金陵十二钗	71
jīnpíng chèqiān	金瓶掣签	64
Jīnshā Yízhǐ	金沙遗址	25
Jīntián Qǐyì	金田起义	76
jīnwén	金文	24
Jīn Wùzhú	金兀术	52
Jīnzhuān Guójiā	金砖国家	165
jīnzìtǎ	金字塔	121
jǐnyīwèi	锦衣卫	60
jìnhuàlùn	进化论	142
jìnshì	进士	40
jìndàishǐ	近代史	3
Jìn	晋	35
jīngjù	京剧	72
Jīngshī Dàxuétáng	京师大学堂	92
Jīng-Zhāng Tiělù	京张铁路	92
jīngjì quánqiúhuà	经济全球化	162
jīngjì tèqū	经济特区	108
jīngjì wēijī	经济危机	156
jīngshì zhìyòng	经世致用	74
Jǐnggāng Shān Huìshī	井冈山会师	84
Jiǔ-èr Gòngshí	九二共识	115
Jiǔ Guó Gōngyuē	《九国公约》	154
Jiǔ-Yībā Shìbiàn	九一八事变	86
Jiǔ Zhāng Suànshù	《九章算术》	32
jiù shíqì shídài	旧石器时代	2
Jūlǐ Fūrén	居里夫人	151
jǔrén	举人	40
jūnjīchù	军机处	63
jūnzhǔ	君主	27
jūnzhǔ lìxiànzhì	君主立宪制	134
jūnzhǔ zhuānzhì	君主专制	28
jùnxiànzhì	郡县制	28

K

拼音	词条	页码
Kǎdénàsī Gǎigé	卡德纳斯改革	155
Kāifēng	开封	54
kāiguó dàdiǎn	开国大典	102
Kāiluó Huìyì	开罗会议	158
Kāiyuán Shèngshì	开元盛世	43
Kǎisā	凯撒	130
Kǎiyī	凯伊	147
kànqí yì·shí	看齐意识	110
Kāngxī	康熙	62
Kāng Yǒuwéi	康有为	94
Kàng Měi Yuán Cháo	抗美援朝	103
Kàng Rì Zhànzhēng	抗日战争	86
kǎogǔ	考古	7
kējǔzhì	科举制	40
kēxué fāzhǎnguān	科学发展观	108
Kèlúnwēi'ěr	克伦威尔	145
kōngxiǎng shèhuì zhǔyì	空想社会主义	139
Kǒngzǐ	孔子	21
kuàxuékē	跨学科	12
kūnqǔ	昆曲	71

L

拼音	词条	页码
Lādīng Měizhōu	拉丁美洲	140
Láikèxīngdùn①	来克星顿①	135
Láikèxīngdùn②	来克星顿②	135
Láitè Xiōngdì	莱特兄弟	149
Lántiánrén	蓝田人	13
láojì shǐmìng	牢记使命	109
Lǎozǐ	老子	21
Léi Fēng	雷锋	119
lěngzhàn	冷战	158
lěngzhàn sīwéi	冷战思维	158
líjīng-pàndào	离经叛道	74
Lísāo	《离骚》	26
Lǐ Bái	李白	46
Lǐ Chuǎngwáng	李闯王	61
Lǐ Dàzhāo	李大钊	96
Lǐ Gōnglín	李公麟	58
Lǐ Hóngzhāng	李鸿章	93
Lǐ Qīngzhào	李清照	56
Lǐ Shízhēn	李时珍	65
Lǐ Zhì	李贽	73
Lǐ Zìchéng	李自成	61
Lǐ Zōngrén	李宗仁	99
lǐlùn zìxìn	理论自信	111
lǐxué	理学	58
lìshǐ	历史	1
lìshǐ jiěshì	历史解释	11
lìshǐ rénwù	历史人物	9
lìshǐ shìjiàn①	历史事件①	10
lìshǐ shìjiàn②	历史事件②	10
lìshǐ xiànxiàng	历史现象	10
Lì Dàoyuán	郦道元	38
liánbāngzhì	联邦制	136
Liánhéguó Xiànzhāng	《联合国宪章》	162
Liángzhǔ	良渚	14
Liáng Qǐchāo	梁启超	94
liǎng'àn guānxì	两岸关系	114
liǎng gè quèlì	"两个确立"	109
Liáo	辽	49
Liáo-Shěn Zhànyì	辽沈战役	91
Lièfū·Tuō'ěrsītài	列夫·托尔斯泰	150
lièguó	列国	20
Lièníng	列宁	169
lièshì língyuán	烈士陵园	11
Lín Chōng	林冲	68
Lín Dàiyù	林黛玉	70
Línkěn	林肯	149
Lín Zéxú	林则徐	92
línghé bóyì	零和博弈	167
Liú Bāng	刘邦	29
Liú Bèi	刘备	36
Liú Húlán	刘胡兰	100
Liú Shàoqí	刘少奇	117
Liǔ Gōngquán	柳公权	47
Lóngmén Shíkū	龙门石窟	39
lǒngduàn zǔzhī	垄断组织	166

汉语拼音索引

Lúgōuqiáo Shìbiàn 卢沟桥事变		87
Lúsuō① 卢梭①		146
Lúsuō② 卢梭②		146
Lǔ Xùn 鲁迅		96
Lǔ Zhìshēn 鲁智深		69
Lù Jiǔyuān 陆九渊		59
Lùyì Shíliù 路易十六		146
Lúnyǔ 《论语》		21
Luóbósībǐ'ěr 罗伯斯庇尔		146
Luó Guànzhōng 罗贯中		67
Luómǎ Dìguó 罗马帝国		125
Luómǎ Gònghéguó 罗马共和国		124
Luósīfú Xīnzhèng 罗斯福新政		156
Luòyáng 洛阳		37

M

Mǎguān Tiáoyuē 《马关条约》		77
Mǎkě·Bōluó① 马可·波罗①		144
Mǎkě·Bōluó② 马可·波罗②		144
Mǎkèsī 马克思		147
Mǎkèsī-Lièníng zhǔyì 马克思列宁主义		108
Mǎsài Qǔ 《马赛曲》		138
Mǎxiē'ěr Jìhuà 马歇尔计划		159
Màijiā① 麦加①		129
Màijiā② 麦加②		129
Màizhélún 麦哲伦		144
Mǎnzhōu 满洲		62
Màndélā 曼德拉		171
Máo Zédōng 毛泽东		117
Máo Zédōng sīxiǎng 毛泽东思想		108
Máo Yǐshēng 茅以升		100
Měiguó Dúlì Zhànzhēng 美国独立战争		135
Měiguó Nán-Běi Zhànzhēng 美国南北战争		141
Měi-Sū duìzhì 美苏对峙		160
Měi-Sū liǎngjí géjú 美苏两极格局		160
Měisuǒbùdámǐyà 美索不达米亚		122
Mèngdésījiū① 孟德斯鸠①		145
Mèngdésījiū② 孟德斯鸠②		146
Mèngzǐ 孟子		22
Mèngxī Bǐtán 《梦溪笔谈》		55

Mǐ Fú 米芾		57
mínzhǔ dǎngpài 民主党派		105
mínzú gōngyè 民族工业		91
mínzú jīngshén 民族精神		5
mínzú mínzhǔ yùndòng 民族民主运动		155
mínzú qūyù zìzhì 民族区域自治		105
Míng Cháo 明朝		59
míngjīng 明经		42
Míngzhì Wéixīn 明治维新		142
Mògāo Kū 莫高窟		49
Mòjiā 墨家		22
Mòsuǒlǐní 墨索里尼		170
Mòzǐ 墨子		23
mǔxì shèhuì 母系社会		3
Mǔdāntíng 《牡丹亭》		72
mùmǎjì 木马计		123
mùnǎiyī 木乃伊		121
mùfǔ 幕府		128
mùfǔ jiāngjūn 幕府将军		128
Mùníhēi Yīnmóu 慕尼黑阴谋		157
Mùhǎnmòdé 穆罕默德		131

N

Nápòlún① 拿破仑①		146
Nápòlún② 拿破仑②		147
Nápòlún Fǎdiǎn 《拿破仑法典》		137
Nán-Běi Cháo 南北朝		35
Nánchāng Qǐyì 南昌起义		83
Nánjīng Dà Túshā 南京大屠杀		88
Nánjīng Tiáoyuē 《南京条约》		75
Nánzhào 南诏		45
nèiránjī 内燃机		142
Níbùchǔ Tiáoyuē 《尼布楚条约》		64
Níkèsōng Fǎnghuá 尼克松访华		116
niándài 年代		1
niánhào 年号		2
Niè Ěr 聂耳		101
Niúdùn 牛顿		150
nóngyè hézuòhuà 农业合作化		103
Nóngzhèng Quánshū 《农政全书》		66
nú·cai 奴才		89
núlì shèhuì 奴隶社会		3
Nǚ'ěrhāchì 努尔哈赤		61

Nǚwā 女娲		14
Nǚzhēn 女真		51
Nuòbèi'ěr 诺贝尔		149
Nuòmàndǐ Dēnglù 诺曼底登陆		158

O

Ōuméng 欧盟		161
Ōurén·Bàodí'āi 欧仁·鲍狄埃		148
Ōuzhōu Gòngtóngtǐ 欧洲共同体		161

P

Pángǔ 盘古		14
Péng Déhuái 彭德怀		99
pīngpāng wàijiāo 乒乓外交		116
Píng-Jīn Zhànyì 平津战役		91
Píngxíngguān Dàjié 平型关大捷		89
Pǔyí 溥仪		98

Q

Qī Jìguāng 戚继光		61
Qíguó 齐国		19
Qímín Yàoshù 《齐民要术》		37
qíshì 骑士		127
qǐméng yùndòng 启蒙运动		136
Qìdān 契丹		51
Qiānlǐ Jiāngshān Tú 《千里江山图》		58
Qiántáng Jiāng Dàqiáo 钱塘江大桥		92
Qián Xuésēn 钱学森		119
Qiánlóng 乾隆		63
qiǎntángshǐ 遣唐使		46
Qiángdù Dàdùhé 强渡大渡河		85
qiángquán zhèngzhì 强权政治		164
Qiáozhì·Huáshèngdùn 乔治·华盛顿		145
Qín Cháo 秦朝		26
Qínguó 秦国		20
Qín Huì 秦桧		52
Qín Shǐhuáng 秦始皇		27
qīngtóngqì 青铜器		24
Qīng Cháo 清朝		59
Qīngmíng Shànghé Tú 《清明上河图》		57
Qiūjí'ěr 丘吉尔		170

Qiū Shàoyún	邱少云	119	Shāshìbǐyà②	莎士比亚②	144	Shuāng Shí Xiédìng		
Qiūshōu Qǐyì	秋收起义	83	Shāndǐngdòngrén	山顶洞人	13		双十协定	90
Qū Yuán	屈原	26	shànběn	善本	8	Shuǐhǔ Zhuàn	《水浒传》	67
Quánlì Fǎ'àn	《权利法案》	134	shànràngzhì	禅让制	17	Shuǐ Jīng Zhù	《水经注》	38
quánqiú ānquán chàngyì			Shāng Cháo	商朝	17	shuǐpō-liángshān		
	全球安全倡议	169	Shāng Yāng	商鞅	20		水泊梁山	68
quánqiú fāzhǎn chàngyì			Shànghǎi Hézuò Zǔzhī			Shùnzhì	顺治	62
	全球发展倡议	168		上海合作组织	166	Shùn	舜	16
quánqiú wénmíng chàngyì			Shàng Hé Zǔzhī	上合组织	166	Sīmǎ Guāng	司马光	55
	全球文明倡议	169	shèhuì xìnxīhuà			Sīmǎ Qiān	司马迁	33
quánqiú zhìlǐ tǐxì				社会信息化	166	Sīmǔwùdǐng	司母戊鼎	25
	全球治理体系	165	shèhuì zhǔyì shèhuì			sīnán	司南	54
				社会主义社会	4	sīyíng jīngjì	私营经济	107
R			shèhuì zhǔyì shìchǎng jīngjì tǐzhì			sīyǒuzhì	私有制	104
rénlèi mìngyùn gòngtóngtǐ				社会主义市场经济体制	107	Sībādá	斯巴达	124
	人类命运共同体	165	shénhuà	神话	9	Sībādákè	斯巴达克	130
rénlèi wénmíng	人类文明	1	Shénnóngshì	神农氏	15	Sīdàlín	斯大林	169
rénmín dàibiǎo dàhuì			Shénqǔ	《神曲》	132	Sīdìfēnsēn	斯蒂芬森	147
	人民代表大会	104	Shěn Kuò	沈括	54	sì dà fāmíng	四大发明	6
Rénquán Xuānyán			shēngchǎn hézuòshè			Sì Dù Chì Shuǐ	四渡赤水	85
	《人权宣言》	137		生产合作社	103	sì gè yì‧shí	"四个意识"	110
rénwén zhǔyì	人文主义	132	Shèngmǎdīng	圣马丁	148	sì gè zìxìn	"四个自信"	111
Rìnèiwǎ Huìyì①			Shījīng	《诗经》	25	Sìkù Quánshū		
	日内瓦会议①	115	shīshèng	诗圣	47		《四库全书》	73
Rìnèiwǎ Huìyì②			shīxiān	诗仙	46	Sìyángfāngzūn	四羊方尊	24
	日内瓦会议②	116	Shī Nài'ān	施耐庵	67	Sōngzàngānbù	松赞干布	45
Rújiā	儒家	22	Shísān Líng	十三陵	66	Sōnghù Huìzhàn		
			Shíyuè Gémìng	十月革命	153		淞沪会战	87
S			shíjīng	石经	49	Sòng Cháo	宋朝	50
Sàlārèwō Shìjiàn			shíkōng guānniàn	时空观念	4	sòngcí①	宋词①	55
	萨拉热窝事件	152	shíwù	实物	8	sòngcí②	宋词②	55
Sàlātuōjiā	萨拉托加	136	Shǐ Jì	《史记》	33	Sòng Huīzōng	宋徽宗	52
sān dà gǎizào	三大改造	103	shǐliào shízhèng	史料实证	6	Sòng Jiāng	宋江	68
sān gè dàibiǎo zhòngyào sīxiǎng			shǐqián shíqī	史前时期	2	Sòng Jiàorén	宋教仁	96
	"三个代表"重要思想	108	Shǐ Sīmíng	史思明	44	Sòng Yìngxīng	宋应星	65
Sān Guó	三国	34	shìjiè duōjíhuà			Sū Dōngpō	苏东坡	56
Sān Guó Tóngméng				世界多极化	164	Sūgélādǐ①	苏格拉底①	130
	三国同盟	152	shìjiè géjú	世界格局	163	Sūgélādǐ②	苏格拉底②	130
Sān Guó Xiéyuē	三国协约	152	shìjiè lìshǐ	世界历史	1	Sūlián Jiětǐ	苏联解体	161
Sān Guó Yǎnyì			Shìjiè Màoyì Zǔzhī			Sūlián Móshì	苏联模式	155
	《三国演义》	66		世界贸易组织	162	Sū Shì	苏轼	56
sānjiǎo màoyì	三角贸易	133	Shìjiè Wèishēng Zǔzhī			sūwéi'āi zhèngquán		
sānmín zhǔyì	三民主义	79		世界卫生组织	163		苏维埃政权	154
sānquán fēnlì	三权分立	136	shìjiè wénhuà yíchǎn			suíjìng zhèngcè	绥靖政策	157
sānshěng-liùbùzhì				世界文化遗产	11	Suí Cháo	隋朝	39
	三省六部制	42	Shìjiè Yínháng	世界银行	162	Suí Wéndì	隋文帝	39
Sānwān Gǎibiān	三湾改编	83	shìsú fēngjiànzhǔ			Suí Yángdì	隋炀帝	39
Sānxīngduī	三星堆	25		世俗封建主	127	Suìrénshì	燧人氏	15
Sēng Yīxíng	僧一行	48	Shìjiāmùní	释迦牟尼	129	Sūn Bìn	孙膑	23
Shā Hé‧shang	沙和尚	70	shúmǎi zhèngcè	赎买政策	104	Sūn Chuánfāng	孙传芳	97
shāhuáng	沙皇	141	Shǔ-Hàn	蜀汉	34	Sūn Quán	孙权	35
Shā Sēng	沙僧	70	shuāngchóng biāozhǔn			Sūn Sīmiǎo	孙思邈	48
Shāshìbǐyà①	莎士比亚①	143		双重标准	168	Sūn Wǔ	孙武	23

拼音	词条	页码
Sūn Wùkōng	孙悟空	69
Sūn Zhōngshān	孙中山	95
Sūnzǐ Bīngfǎ	《孙子兵法》	23

T

拼音	词条	页码
Tái'érzhuāng Zhànyì	台儿庄战役	88
Tàipíng Tiānguó	太平天国	76
Tán Sìtóng	谭嗣同	95
tànhuā	探花	41
Tāng Xiǎnzǔ	汤显祖	71
Táng Cháo	唐朝	39
Táng Gāozǔ	唐高祖	41
Táng Sēng	唐僧	69
tángshī	唐诗	46
Táng Tàizōng	唐太宗	41
Táng Xuánzōng	唐玄宗	43
táoyuán sān jiéyì	桃园三结义	67
Táosì	陶寺	14
Tiāngōng Kāiwù	《天工开物》	66
tiānhuángzhì	天皇制	127
Tiānjīn Tiáoyuē	《天津条约》	76
Tián Hàn	田汉	101
Tiěmùzhēn	铁木真	52
tōnghuò péngzhàng	通货膨胀	161
tóngménguó	同盟国	152
Tóng Língé	佟麟阁	98
Tōuxí Zhēnzhū Gǎng	偷袭珍珠港	157
Tūjué	突厥	44
túbiǎo	图表	9
Tú Yōuyōu	屠呦呦	120
tǔdì gǎigé	土地改革	90
tǔdì gémìng	土地革命	83
Tǔ'ěrhùtè	土尔扈特	64
Tǔbō	吐蕃	45
tuōpín gōngjiān	脱贫攻坚	112

W

拼音	词条	页码
Wǎtè	瓦特	147
wàishāng dúzī qǐyè	外商独资企业	107
Wǎnnán Shìbiàn	皖南事变	89
Wànlóng Huìyì①	万隆会议①	116
Wànlóng Huìyì②	万隆会议②	116
Wāng-Gū Huìtán	汪辜会谈	115
Wāng Jīngwèi	汪精卫	97
Wáng Ānshí	王安石	50
Wáng Fūzhī	王夫之	74
wánghòu	王后	126
Wáng Jìnxǐ	王进喜	119
Wáng Shǒurén	王守仁	73
wángwèi shìxízhì	王位世袭制	18
Wáng Xīmèng	王希孟	58
Wáng Xīfèng	王熙凤	71
Wáng Xīzhī	王羲之	38
Wáng Yángmíng	王阳明	73
wéiwù-shǐguān	唯物史观	4
wéihé xíngdòng	维和行动	163
wěijūn	伪军	89
Wěi Mǎnzhōuguó	伪满洲国	86
Wèi Qīng	卫青	31
Wèi	魏	34
Wèiguó	魏国	20
Wèi Yuán	魏源	93
Wèi Zhēng	魏征	41
Wénchéng Gōngzhǔ	文成公主	45
wénhuà duōyàngxìng	文化多样性	166
wénhuà zìxìn	文化自信	111
wénjiàn	文件	7
Wén-Jǐng Zhī Zhì	文景之治	30
Wén Tiānxiáng	文天祥	53
wénwù	文物	7
wénxiàn	文献	8
wényì fùxīng	文艺复兴	132
wénzìyù	文字狱	63
Wòbāxī	渥巴锡	64
Wūdàwéi	屋大维	130
Wú	吴	35
Wú Chéng'ēn	吴承恩	69
Wú Dàozǐ	吴道子	48
Wú Guǎng	吴广	29
Wú Pèifú	吴佩孚	97
Wú Sānguì	吴三桂	62
Wǔ Dài Shí Guó	五代十国	44
Wǔ Kǒu tōngshāng	五口通商	76
Wǔ-Sì Yùndòng	五四运动	81
Wǔchāng Qǐyì	武昌起义	79
Wǔhàn Huìzhàn	武汉会战	88
wǔjǔ	武举	43
wǔshì	武士	128
Wǔ Sōng	武松	68
Wǔ Zétiān	武则天	42
Wùxū Biànfǎ	戊戌变法	78

X

拼音	词条	页码
Xī'ān Shìbiàn	西安事变	87
xībù dàkāifā	西部大开发	113
Xī Chǔ Bàwáng	西楚霸王	29
Xī Dé	西德	159
xītiān qǔjīng	西天取经	70
Xī Xià	西夏	50
Xīyóu Jì	《西游记》	69
Xīyù	西域	32
Xītèlè	希特勒	170
Xí Jìnpíng	习近平	118
Xí Jìnpíng xīnshídài zhōngguó tèsè shèhuì zhǔyì sīxiǎng	习近平新时代中国特色社会主义思想	109
Xià Cháo	夏朝	17
Xiānbēi	鲜卑	36
Xiánfēng	咸丰	93
Xiǎn Xīnghǎi	冼星海	101
xiàndàishǐ	现代史	3
xiànfǎ	宪法	105
xiāngcūn zhènxīng	乡村振兴	112
Xiānggǎng Guó'ān Fǎ	香港国安法	114
Xiàng Yǔ	项羽	29
xiàngxíng wénzì	象形文字	121
xiǎokāng shèhuì	小康社会	111
xiǎoshuō	小说	66
Xiàowéndì	孝文帝	37
xiēxíng wénzì	楔形文字	122
xiéyuēguó	协约国	153
xīnxué	心学	73
Xīnchǒu Tiáoyuē	《辛丑条约》	79
Xīnhài Gémìng	辛亥革命	79
Xīn Qìjí	辛弃疾	56
xīnhánglù	新航路	132
xīn mínzhǔ zhǔyì gémìng	新民主主义革命	81
xīn shíqì shídài	新石器时代	2
Xīn Sì Jūn	新四军	87
xīnwénhuà yùndòng	新文化运动	80
xíngshěng	行省	53
xíngzhōngshūshěng	行中书省	53
Xiōngnú	匈奴	31
xiūyǎng-shēngxī	休养生息	30

xiù·cai 秀才		40
Xú Bēihóng 徐悲鸿		101
Xú Guāngqǐ 徐光启		66
Xú Wèi 徐渭		72
xùnúzhōu 蓄奴州		141
xuānzhèngyuàn 宣政院		53
Xuánzàng 玄奘		45
Xuē Bǎochāi 薛宝钗		71
xúnjiǎnsī 巡检司		53
Xúnzǐ 荀子		22

Y

Yāpiàn Zhànzhēng 鸦片战争		75
Yǎdiǎn 雅典		124
Yǎ'ěrtǎ Huìyì 雅尔塔会议		158
Yǎgèbīnpài 雅各宾派		137
Yǎkèsà Zhī Zhàn 雅克萨之战		63
Yàlǐshìduōdé ① 亚里士多德①		131
Yàlǐshìduōdé ② 亚里士多德②		131
Yàlìshāndà Dìguó 亚历山大帝国		124
Yàlìshāndà Èr Shì 亚历山大二世		149
Yàzhōu Jīchǔ Shèshī Tóuzī Yínháng 亚洲基础设施投资银行		112
Yānguó 燕国		19
Yán Fù 严复		95
Yándì ① 炎帝①		15
Yándì ② 炎帝②		15
Yán Lìběn 阎立本		47
Yán Zhēnqīng 颜真卿		47
yànpǐn 赝品		9
Yángzhōu Bā Guài 扬州八怪		72
Yáng Gēnsī 杨根思		118
Yáng Guìfēi 杨贵妃		43
Yáng Hǔchéng 杨虎城		98
Yáng Jìngyǔ 杨靖宇		98
Yángwù Yùndòng 洋务运动		77
Yáo 尧		16
Yēlǜ Ābǎojī 耶律阿保机		51
Yēsū 耶稣		131
Yèlìqīn 叶利钦		171
Yè Tǐng 叶挺		97
Yībǎilíngbā Jiàng 一百零八将		68

yī dài yī lù 一带一路		112
yī guó liǎng zhì 一国两制		113
Yīsīlánjiào 伊斯兰教		128
yíchǎn ❶ 遗产❶		7
yíchǎn ❷ 遗产❷		7
yíjì 遗迹		7
yíwù 遗物		7
yízhǐ 遗址		7
Yìhétuán 义和团		78
yìhuì 议会		134
Yīnxū 殷墟		18
Yìndì'ānrén ① 印第安人①		132
Yìndì'ānrén ② 印第安人②		133
yìnzhāng wénzì 印章文字		122
Yōngzhèng 雍正		62
Yǒnglè Dàdiǎn 《永乐大典》		73
Yóutàirén 犹太人		156
yóujīduì 游击队		89
yóujīzhàn 游击战		88
Yǒucháoshì 有巢氏		15
Yǔ 禹		16
Yuán Cháo 元朝		50
Yuán Hào 元昊		51
Yuánmóurén 元谋人		13
yuánqǔ 元曲		56
Yuán Lóngpíng 袁隆平		120
Yuán Shìkǎi 袁世凯		96
yuánshǐ shèhuì 原始社会		3
Yuánmíng Yuán 圆明园		76
Yuēhàn·Sītèláosī 约翰·斯特劳斯		151
Yuēkèzhèn Zhànyì 约克镇战役		136
yuèfǔshī 乐府诗		34
Yuè Fēi 岳飞		52
Yuèjìn Dàbiéshān 跃进大别山		91
Yuè-Gǎng-Ào Dàwānqū 粤港澳大湾区		114
Yún Gāng Shíkū 云冈石窟		38

Z

zàozhǐshù 造纸术		32
Zēng Guófān 曾国藩		93
Zhāgélǔ'ěr 扎格鲁尔		170
Zháidìfǎ 《宅地法》		141
Zhān Tiānyòu 詹天佑		100
zhǎnlǎnguǎn 展览馆		11
Zhǎn Zǐqián 展子虔		47
Zhànguó Qī Xióng 战国七雄		19
Zhāng Fēi 张飞		36

Zhāng Héng 张衡		33
Zhāng Jiǎn 张謇		100
Zhāng Jūzhèng 张居正		61
Zhāng Qiān 张骞		32
Zhāng Xuéliáng 张学良		98
Zhāng Zéduān 张择端		57
Zhāng Zhīdòng 张之洞		94
Zhāng Zhòngjǐng 张仲景		33
Zhāng Zìzhōng 张自忠		99
Zhāng Zuòlín 张作霖		97
Zhāngxī Nǚwáng 章西女王		148
Zhào Dēngyǔ 赵登禹		98
Zhàoguó 赵国		20
Zhào Kuāngyìn 赵匡胤		50
Zhào Mèngfǔ 赵孟頫		57
Zhào Yún 赵云		67
Zhàozhōu Qiáo 赵州桥		48
Zhēnguān Zhī Zhì 贞观之治		41
zhēnběn 珍本		8
Zhēnnījī 珍妮机		138
zhènyā fǎngémìng 镇压反革命		102
zhēngqìjī 蒸汽机		139
zhèngmiàn zhànchǎng 正面战场		87
zhèngquàn jiāoyìsuǒ 证券交易所		156
Zhèng Bǎnqiáo 郑板桥		73
Zhèng Chénggōng 郑成功		63
Zhèng Hé 郑和		60
Zhèng Xiè 郑燮		73
zhèngzhì yì·shí 政治意识		110
zhíchǎn xīngyè 殖产兴业		142
zhímín lüèduó 殖民掠夺		133
zhímín zhēngbà 殖民争霸		133
zhǐdǎo dìwèi 指导地位		110
zhǐnánzhēn 指南针		54
zhìyuànjūn 志愿军		103
zhìdù zìxìn 制度自信		111
Zhōnggòng Yī Dà 中共一大		81
zhōnggǔ shíqī 中古时期		125
Zhōngguó Gòngchǎndǎng 中国共产党		81
zhōngguó lìshǐ 中国历史		1
Zhōngguómèng 中国梦		112
Zhōngguó Rénmín Zhèngzhì Xiéshāng Huìyì 中国人民政治协商会议		102
Zhōngguóshì xiàndàihuà 中国式现代化		112

汉语拼音索引

Zhōngguó Tóngménghuì 中国同盟会		79
Zhōngguó Yuǎnzhēngjūn 中国远征军		90
Zhōnghuá Mínguó 中华民国		79
Zhōnghuá Mínzú gòngtóngtǐ 中华民族共同体		113
Zhōnghuá Rénmín Gònghéguó 中华人民共和国		102
Zhōnghuá Sūwéi'āi Gònghéguó 中华苏维埃共和国		84
zhōngwài hézī qǐyè 中外合资企业		107
zhōngyāng jíquán 中央集权		27
zhōngyāng sūqū 中央苏区		85
zhōngchén 忠臣		42
Zhōng Yáo 锺繇		38
zhǒngxìng zhìdù 种姓制度		123
zhǒngzú gélí zhìdù 种族隔离制度		162
zhòngdiǎn wénwù bǎohù dānwèi 重点文物保护单位		12
Zhōu Cháo 周朝		17
Zhōu Ēnlái 周恩来		117
Zhōu Wǔwáng 周武王		18
Zhōu Yú 周瑜		35
Zhóuxīnguó 轴心国		157
Zhòuwáng 纣王		18
Zhū Dé 朱德		117
Zhū Dì 朱棣		60
Zhū Xī 朱熹		59
Zhū Yuánzhāng 朱元璋		59
Zhūgě Liàng 诸葛亮		36
zhūhóu 诸侯		18
Zhū Bājiè 猪八戒		69
zhújiǎn 竹简		24
zhǔtí xuéxí 主题学习		12
Zhuānxū 颛顼		16
zhuǎnshì língtóng 转世灵童		65
zhuāngyuán 庄园		126
Zhuāngzǐ 庄子		23
zhuàng·yuan 状元		40
Zhǔngá'ěr 准噶尔		65
Zīběn Lùn 《资本论》		139
zīběn zhǔyì shèhuì 资本主义社会		4
zīchǎn jiējí gémìng 资产阶级革命		134
zīchǎn jiējí mínzhǔ gémìng 资产阶级民主革命		80
Zīzhì Tōngjiàn 《资治通鉴》		55
zìfù yíngkuī 自负盈亏		106
zōngfǎzhì 宗法制		19
zǒugǒu 走狗		89
zūjiè 租界		77
Zǔ Chōngzhī 祖冲之		37
zūnchóng rúshù 尊崇儒术		31
Zūnyì Huìyì 遵义会议		85
Zuǒ Bǎoguì 左宝贵		94
Zuǒ Quán 左权		99
Zuǒ Zōngtáng 左宗棠		94

其他

9·11 Shìjiàn "9·11"事件	164
WHO	163
WTO	162

笔画索引

一画

一百零八将	68
一国两制	113
一带一路	112

二画

十三陵	66
十月革命	153
八七会议	83
八国联军	78
八股文	60
八路军	87
人文主义	132
人民代表大会	104
《人权宣言》	137
人类文明	1
人类命运共同体	165
九一八事变	86
九二共识	115
《九国公约》	154
《九章算术》	32

三画

三大改造	103
"三个代表"重要思想	108
三民主义	79
三权分立	136
三角贸易	133
三国	34
三国协约	152
三国同盟	152
《三国演义》	66
三省六部制	42
三星堆	25
三湾改编	83
工业革命	138
工农武装割据	84
土尔扈特	64
土地改革	90
土地革命	83
大化改新	127
大运河	40

大局意识	110
大明宫	48
万隆会议①	116
万隆会议②	116
上合组织	166
上海合作组织	166
小说	66
小康社会	111
山顶洞人	13
《千里江山图》	58
个体经济	107
凡尔登战役	153
《凡尔赛条约》	154
广州起义	83
义和团	78
卫青	31
女真	51
女娲	14
飞夺泸定桥	86
飞梭	138
习近平	118
习近平新时代中国特色社会主义思想	109
马可·波罗①	144
马可·波罗②	144
《马关条约》	77
马克思	147
马克思列宁主义	108
马歇尔计划	159
《马赛曲》	138
乡村振兴	112

四画

王夫之	74
王后	126
王守仁	73
王安石	50
王阳明	73
王进喜	119
王位世袭制	18
王希孟	58
王熙凤	71
王羲之	38

开元盛世	43
开国大典	102
开罗会议	158
开封	54
井冈山会师	84
《天工开物》	66
天皇制	127
《天津条约》	76
元曲	56
元昊	51
元谋人	13
元朝	50
云冈石窟	38
扎格鲁尔	170
木乃伊	121
木马计	123
五口通商	76
五四运动	81
五代十国	44
不平衡性	12
不扩张	168
不忘初心	109
不结盟运动	165
不称霸	168
太平天国	76
历史	1
历史人物	9
历史现象	10
历史事件①	10
历史事件②	10
历史解释	11
戈尔巴乔夫	170
瓦特	147
日内瓦会议①	115
日内瓦会议②	116
中古时期	125
中央苏区	85
中央集权	27
中外合资企业	107
中共一大	81
中华人民共和国	102
中华民国	79
中华民族共同体	113

笔画索引

词条	页码
中华苏维埃共和国	84
中国人民政治协商会议	102
中国历史	1
中国式现代化	112
中国共产党	81
中国同盟会	79
中国远征军	90
中国梦	112
贝多芬	150
内燃机	142
水泊梁山	68
《水经注》	38
《水浒传》	67
牛顿	150
毛泽东	117
毛泽东思想	108
长安	48
长沙会战	88
长征	85
长臂管辖	167
反围攻	85
反"围剿"	85
反法西斯同盟	157
反法同盟	137
反法联盟	137
反革命政变	82
反恐	164
父系社会	3
分户经营	106
分封制	18
公车上书	77
公有制	104
公私合营	104
文天祥	53
文艺复兴	132
文化自信	111
文化多样性	166
文成公主	45
文件	7
文字狱	63
文物	7
文景之治	30
文献	8
火药	54
心学	73
巴士底狱	136
巴尔扎克	150
巴黎公社	140
巴黎和会	154
孔子	21
邓小平	117
邓小平理论	108
邓世昌	94

词条	页码
邓稼先	120
双十协定	90
双重标准	168

五画

词条	页码
正面战场	87
甘地	169
世界卫生组织	163
世界历史	1
世界文化遗产	11
世界多极化	164
世界贸易组织	162
世界格局	163
世界银行	162
世俗封建主	127
古巴比伦王国	122
古田会议	84
古代史	2
古代印度	122
古代希腊	123
古代罗马	124
古代埃及	121
古迹	7
古蜀国	25
《本草纲目》	65
左权	99
左宝贵	94
左宗棠	94
石经	49
布尔什维克	154
戊戌变法	78
龙门石窟	39
平型关大捷	89
平津战役	91
东厂	60
东北抗日联军	86
东条英机	99
东欧剧变	161
东德	159
卡德纳斯改革	155
北大西洋公约组织①	159
北大西洋公约组织②	160
北伐战争	82
北约①	159
北约②	160
北京人	13
《北京条约》	76
北洋军阀	80
卢沟桥事变	87
卢梭①	146
卢梭②	146
旧石器时代	2
叶利钦	171

词条	页码
叶挺	97
甲午中日战争	77
甲骨文①	24
甲骨文②	24
田汉	101
《史记》	33
史思明	44
史前时期	2
史料实证	6
四大发明	6
"四个自信"	111
"四个意识"	110
四羊方尊	24
《四库全书》	73
四渡赤水	85
生产合作社	103
丘吉尔	170
白求恩	99
白居易	47
白骨精	70
丛林规则	167
印第安人①	132
印第安人②	133
印章文字	122
乐府诗	34
册封①	28
册封②	28
外商独资企业	107
冬宫	153
包干到户	106
主题学习	12
冯太后	37
玄奘	45
半坡人	14
半封建	75
半殖民地	75
汉文帝	30
汉光武帝	31
汉奸	89
汉武帝	30
汉高帝	29
汉高祖	29
汉朝	27
汉景帝	30
汉赋	34
《汉谟拉比法典》	122
议会	134
《永乐大典》	73
司马光	55
司马迁	33
司母戊鼎	25
司南	54
《尼布楚条约》	64

尼克松访华	116	达赖喇嘛	64	多元性	12
民主党派	105	列夫·托尔斯泰	150	多边主义	165
民族工业	91	列宁	169	多党合作	105
民族区域自治	105	列国	20	庄子	23
民族民主运动	155	成吉思汗①	52	庄园	126
民族精神	5	成吉思汗②	53	刘少奇	117
辽	49	尧	16	刘邦	29
辽沈战役	91	毕昇	54	刘备	36
奴才	89	贞观之治	41	刘胡兰	100
奴隶社会	3	光荣革命	134	《齐民要术》	37
发展规律	10	光绪	95	齐国	19
发展线索①	10	当代史	3	闭关自守	65
发展线索②	10	吐蕃	45	闭关锁国	65
圣马丁	148	同盟国	152	关天培	93
对外开放	107	回归祖国	113	关汉卿	56
台儿庄战役	88	回纥	44	关羽	36
母系社会	3	年号	2	米芾	57
		年代	1	江泽民	118
六画		朱元璋	59	汤显祖	71
考古	7	朱棣	60	《宅地法》	141
老子	21	朱德	117	安史之乱	44
地区冲突	163	朱熹	59	安禄山	43
扬州八怪	72	竹简	24	军机处	63
共同纲领	102	乔治·华盛顿	145	《论语》	21
共产主义社会	4	传统文化①	5	农业合作化	103
共产国际	81	传统文化②	5	《农政全书》	66
《共产党宣言》	139	乒乓外交	116	《孙子兵法》	23
共容性	12	休养生息	30	孙中山	95
亚历山大二世	149	伏尔泰①	145	孙权	35
亚历山大帝国	124	伏尔泰②	145	孙传芳	97
亚里士多德①	131	伏羲	14	孙武	23
亚里士多德②	131	华夫脱运动	155	孙思邈	48
亚洲基础设施投资银行	112	华尔街	156	孙悟空	69
《权利法案》	134	华约①	160	孙膑	23
过渡时期	103	华约②	160	奸臣	42
协约国	153	华佗	33	红军	84
西天取经	70	华沙条约组织①	160	《红楼梦》	70
西安事变	87	华沙条约组织②	160	纣王	18
西夏	50	仿制品	9	约克镇战役	136
西部大开发	113	伪军	89	约翰·斯特劳斯	151
西域	32	伪满洲国	86	纪念馆	11
《西游记》	69	自负盈亏	106	巡检司	53
西楚霸王	29	伊斯兰教	128		
西德	159	后母戊鼎	25	**七画**	
百日维新	78	行中书省	53	麦加①	129
百团大战	89	行省	53	麦加②	129
百年未有之大变局	165	全球文明倡议	169	麦哲伦	144
百家争鸣	21	全球发展倡议	168	进士	40
有巢氏	15	全球安全倡议	169	进化论	142
"灰犀牛"事件	168	全球治理体系	165	走狗	89
达尔文	150	合作共赢	166	赤壁之战	36
达·芬奇①	143	合法席位	116	孝文帝	37
达·芬奇②	143	匈奴	31	抗日战争	86

抗美援朝	103	犹太人	156				
志愿军	103	状元	40	**八画**			
严复	95	冷战	158	环球航行	133		
克伦威尔	145	冷战思维	158	武士	128		
苏东坡	56	《辛丑条约》	79	武汉会战	88		
苏格拉底①	130	辛亥革命	79	武则天	42		
苏格拉底②	130	辛弃疾	56	武松	68		
苏轼	56	汪辜会谈	115	武昌起义	79		
苏维埃政权	154	汪精卫	97	武举	43		
苏联解体	161	沙和尚	70	青铜器	24		
苏联模式	155	沙皇	141	现代史	3		
杜甫	46	沙僧	70	拉丁美洲	140		
杜鲁门主义	159	沈括	54	拨乱反正	105		
极限施压	167	宋江	68	耶律阿保机	51		
李大钊	96	宋应星	65	耶稣	131		
李公麟	58	宋词①	55	茅以升	100		
李白	46	宋词②	55	林则徐	92		
李自成	61	宋教仁	96	林冲	68		
李闯王	61	宋朝	50	林肯	149		
李时珍	65	宋徽宗	52	林黛玉	70		
李宗仁	99	牢记使命	109	松赞干布	45		
李贽	73	良渚	14	杰斐逊	145		
李清照	56	证券交易所	156	欧仁·鲍狄埃	148		
李鸿章	93	启蒙运动	136	欧洲共同体	161		
杨虎城	98	社会主义市场经济体制	107	欧盟	161		
杨贵妃	43	社会主义社会	4	垄断组织	166		
杨根思	118	社会信息化	166	转世灵童	65		
杨靖宇	98	君主	27	非暴力不合作	155		
"两个确立"	109	君主专制	28	虎门销烟	75		
两岸关系	114	君主立宪制	134	昆曲	71		
来克星顿①	135	改革开放	105	国王	126		
来克星顿②	135	张之洞	94	国民革命军	82		
时空观念	4	张飞	36	国民党①	80		
吴	35	张仲景	33	国民党②	80		
吴三桂	62	张自忠	99	国共合作	82		
吴广	29	张作霖	97	国有经济	106		
吴佩孚	97	张择端	57	国际主义①	6		
吴承恩	69	张学良	98	国际主义②	6		
吴道子	48	张居正	61	国际共产主义运动	139		
《牡丹亭》	72	张骞	32	国际视野	6		
秀才	40	张衡	33	国际联盟	154		
私有制	104	张謇	100	《国际歌》	140		
私营经济	107	陆九渊	59	国粹	72		
兵马俑	28	"阿芙乐尔号"巡洋舰	153	明治维新	142		
兵谏	86	阿拉伯帝国	129	明经	42		
邱少云	119	阿骨打	51	明朝	59		
但丁①	143	阿基米德	131	忠臣	42		
但丁②	143	陈云	118	罗马共和国	124		
伯里克利	129	陈胜	29	罗马帝国	125		
佟麟阁	98	陈独秀	96	罗伯斯庇尔	146		
佛教	123	努尔哈赤	61	罗贯中	67		
近代史	3			罗斯福新政	156		
希特勒	170			凯伊	147		

词条	页码	词条	页码	词条	页码
凯撒	130	宗法制	19	柏林危机	159
贩卖黑奴	133	定息	104	柏林墙	160
图表	9	空想社会主义	139	柳公权	47
制度自信	111	实物	8	郦道元	38
垂帘听政	78	诗仙	46	咸丰	93
和平外交政策	115	诗圣	47	轴心国	157
和平共处五项原则	115	《诗经》	25	鸦片战争	75
和平统一	113	居里夫人	151	战国七雄	19
岳飞	52	屈原	26	贵族制	127
彼得一世	149	孟子	22	哈格里夫斯	147
彼得大帝	149	孟德斯鸠①	145	拜占庭帝国	127
彼得格勒起义	153	孟德斯鸠②	146	看齐意识	110
金	50	孤本	8	香港国安法	114
金兀术	52	经世致用	74	种姓制度	123
金文	24	经济全球化	162	种族隔离制度	162
金田起义	76	经济危机	156	秋收起义	83
金字塔	121	经济特区	108	科学发展观	108
金沙遗址	25			科举制	40
金砖国家	165	九画		重庆谈判	90
金瓶掣签	64	契丹	51	重点文物保护单位	12
金陵十二钗	71	春秋五霸	19	复制品	9
周武王	18	春秋战国	17	复辟	80
周恩来	117	珍本	8	顺治	62
周朝	17	珍妮机	138	保护主义	163
周瑜	35	玻利瓦尔①	148	俄乌冲突	164
忽必烈	53	玻利瓦尔②	148	俄国	140
变法	21	封建社会	4	皇❶	27
变法图强	78	项羽	29	皇❷	126
京师大学堂	92	城邦	123	皇太极	62
京张铁路	92	政治意识	110	皇后❶	28
京剧	72	赵云	67	皇后❷	126
冼星海	101	赵匡胤	50	皇帝❶	27
废除奴隶制	141	赵州桥	48	皇帝❷	126
郑成功	63	赵国	20	禹	16
郑板桥	73	赵孟頫	57	侯德榜	100
郑和	60	赵登禹	98	独立自主	115
郑燮	73	指导地位	110	独立运动	140
单边主义	163	指南针	54	《独立宣言》	135
单边制裁	166	革命传统	5	独联体	162
炎帝①	15	草船借箭	67	帝❶	27
炎帝②	15	荀子	22	帝❷	126
法兰西第一共和国	137	故事	9	帝王❶	27
法兰西第一帝国	138	胡适	96	帝王❷	126
法兰克王国	125	胡锦涛	118	帝喾	16
法老	121	南北朝	35	施耐庵	67
法西斯	170	南诏	45	美苏对峙	160
法西斯政权	156	南昌起义	83	美苏两极格局	160
法国大革命	137	南京大屠杀	88	美国南北战争	141
法家	22	《南京条约》	75	美国独立战争	135
河姆渡人	13	查理一世	144	美索不达米亚	122
波士顿倾茶事件	134	查理曼帝国	126	洪秀全	93
《波茨坦公告》	158	柏拉图①	130	活字印刷术	54
波斯帝国	124	柏拉图②	131	洛阳	37

笔画索引

洋务运动	77
举人	40
宣政院	53
宪法	105
突厥	44
扁鹊	25
祖冲之	37
《神曲》	132
神农氏	15
神话	9
郡县制	28
屋大维	130
费城	135

十画

秦国	20
秦始皇	27
秦桧	52
秦朝	26
班禅	64
班禅额尔德尼	64
袁世凯	96
袁隆平	120
都江堰	21
聂耳	101
莱特兄弟	149
莫高窟	49
《荷马史诗》	125
晋	35
莎士比亚①	143
莎士比亚②	144
档案	8
桃园三结义	67
核心地位	109
核心意识	110
根据地	84
哥伦布	144
贾宝玉	71
贾思勰	37
夏朝	17
原始社会	3
烈士陵园	11
顾炎武	74
顾恺之	38
党项	51
晁盖	68
恩格斯	148
罢黜百家	31
圆明园	76
钱学森	119
钱塘江大桥	92
铁木真	52
造纸术	32

敌后战场	88
租界	77
倒幕运动	142
徐光启	66
徐悲鸿	101
徐渭	72
殷墟	18
拿破仑①	146
拿破仑②	147
《拿破仑法典》	137
爱因斯坦	170
爱国主义①	5
爱国主义②	6
爱国主义教育基地	11
爱国者治港	113
爱国者治澳	114
爱迪生	149
爱琴文明	123
高句丽	128
高丽王朝	128
郭守敬	55
准噶尔	65
离经叛道	74
《离骚》	26
唐太宗	41
唐玄宗	43
唐诗	46
唐高祖	41
唐朝	39
唐僧	69
资本主义社会	4
《资本论》	139
资产阶级民主革命	80
资产阶级革命	134
《资治通鉴》	55
海协会	114
海伦·凯勒	151
海峡交流基金会	114
海峡两岸关系协会	114
海基会	114
家国情怀	5
家庭联产承包责任制	106
诸侯	18
诸葛亮	36
诺贝尔	149
诺曼底登陆	158
展子虔	47
展览馆	11
蚩尤	15
陶寺	14
通货膨胀	161
绥靖政策	157

十一画

理论自信	111
理学	58
教皇	125
探花	41
基督教	125
黄巾起义	32
黄兴	95
黄宗羲	74
黄庭坚	57
黄帝	15
《黄帝内经》	33
黄埔军校①	82
黄埔军校②	82
黄继光	119
黄巢起义	44
乾隆	63
萨拉托加	136
萨拉热窝事件	152
《梦溪笔谈》	55
梵高	150
曹雪芹	70
曹操	35
戚继光	61
曼德拉	171
跃进大别山	91
唯物史观	4
崇祯	61
第一次世界大战	152
第一国际	140
第二次世界大战	157
第二届大陆会议	135
偷袭珍珠港	157
盘古	14
脱贫攻坚	112
象形文字	121
猪八戒	69
康有为	94
康熙	62
章西女王	148
商朝	17
商鞅	20
阎立本	47
《清明上河图》	57
清朝	59
淞沪会战	87
淮海战役	91
梁启超	94
谏臣	42
屠呦呦	120
隋文帝	39
隋炀帝	39

词条	页码	词条	页码	词条	页码
隋朝	39	道家	22	嘉庆	63
骑士	127	道路自信	111	嘉兴南湖	81
维和行动	163	曾国藩	93	赫鲁晓夫改革	161
		渤海国	45	慕尼黑阴谋	157
十二画		滑铁卢	138	蔡伦	32
博物馆	11	渡江战役	91	蔡襄	57
彭德怀	99	游击队	89	榜眼	41
斯大林	169	游击战	88	锤鍱	38
斯巴达	124	渥巴锡	64	僧一行	48
斯巴达克	130	雇佣	139	鲜卑	36
斯蒂芬森	147	禅让制	17	谭嗣同	95
联邦制	136	强权政治	164		
《联合国宪章》	162	强渡大渡河	85	**十五画**	
董存瑞	100	编钟	26	颛顼	16
董仲舒	30			墨子	23
董其昌	72	**十三画**		墨索里尼	170
蒋介石	97	蓝田人	13	墨家	22
韩非	23	幕府	128	镇压反革命	102
韩非子	23	幕府将军	128	德川幕府	142
韩国	20	蓄奴州	141	鲧	16
朝代	2	蒸汽机	139	颜真卿	47
殖民争霸	133	楔形文字	122	遵义会议	85
殖民掠夺	133	楚国	19		
殖产兴业	142	楚辞	26	**十六画**	
雅尔塔会议	158	雷锋	119	燕国	19
雅各宾派	137	零和博弈	167	薛宝钗	71
雅克萨之战	63	鉴真	46	赝品	9
雅典	124	跨学科	12	霍去病	31
遗产❶	7	路易十六	146	穆罕默德	131
遗产❷	7	遣唐使	46	儒家	22
遗址	7	蜀汉	34	雕版印刷术	49
遗物	7	锦衣卫	60	燧人氏	15
遗迹	7	詹天佑	100		
赎买政策	104	解放军	90	**十七画**	
"黑天鹅"事件	168	解放战争	90	魏	34
程颐	58	《解放黑人奴隶宣言》	141	魏国	20
程颢	58	新文化运动	80	魏征	41
集体农庄	155	新石器时代	2	魏源	93
集体经济	106	新四军	87		
焦裕禄	119	新民主主义革命	81	**十八画**	
皖南事变	89	新航路	132	藩王	60
粤港澳大湾区	114	雍正	62		
释迦牟尼	129	慈禧太后	95	**二十一画**	
舜	16	满洲	62	霸权主义	164
鲁迅	96	溥仪	98	霸凌	167
鲁智深	69	《窦娥冤》	56	霸道	167
敦煌壁画	49	殿试	43		
善本	8			**其他**	
尊崇儒术	31	**十四画**		"9·11"事件	164
道光	92	《瑷珲条约》	77	WHO	163
				WTO	162

图书在版编目（CIP）数据

历史常用词通用手语 / 中国残疾人联合会组编；中国聋人协会，国家手语和盲文研究中心编 .-- 北京：华夏出版社有限公司，2024.4

（国家通用手语系列）

ISBN 978-7-5222-0600-4

Ⅰ. ①历… Ⅱ. ①中… ②中… ③国… Ⅲ. ①手势语—中国—特殊教育—教材 Ⅳ. ① H126.3 ② G762.4

中国国家版本馆 CIP 数据核字 (2023) 第 252540 号

© 华夏出版社有限公司 未经许可，不得以任何方式使用本书全部及任何部分内容，违者必究。

历史常用词通用手语

组 编 者	中国残疾人联合会
编　　者	中国聋人协会　国家手语和盲文研究中心
项目统筹	曾令真
责任编辑	王一博
美术编辑	徐　聪
装帧设计	王　颖
责任印制	顾瑞清
出版发行	华夏出版社有限公司
经　　销	新华书店
印　　装	三河市少明印务有限公司
版　　次	2024 年 4 月北京第 1 版 2024 年 4 月北京第 1 次印刷
开　　本	787×1092　1/16 开
印　　张	13.5
字　　数	302 千字
定　　价	49.00 元

华夏出版社有限公司　地址：北京市东直门外香河园北里 4 号　邮编：100028
网址：www.hxph.com.cn　电话：（010）64663331（转）

若发现本版图书有印装质量问题，请与我社营销中心联系调换。